·名师文库·

# 创课的勇气与艺术

孙建锋 ◎ 著

山东城市出版传媒集团·济南出版社

图书在版编目（CIP）数据

创课的勇气与艺术 / 孙建锋著. — 济南：济南出版社，2020.9
ISBN 978-7-5488-4441-9

Ⅰ.①创… Ⅱ.①孙… Ⅲ.①课程－教学研究 Ⅳ.①G423

中国版本图书馆CIP数据核字(2020)第170641号

## 创课的勇气与艺术

孙建锋　著

| 出 版 人 | 崔　刚 |
|---|---|
| 责任编辑 | 李圣红　董慧慧 |
| 封面设计 | 杨绍娟 |
| 封面插图 | 侯钧诚 |
| 出版发行 | 济南出版社 |
| 地　　址 | 济南市二环南路1号 |
| 邮　　编 | 250002 |
| 印　　刷 | 东营华泰印务有限公司 |
| 成品尺寸 | 170mm×240mm　16开 |
| 印　　张 | 15 |
| 字　　数 | 272千 |
| 印　　数 | 1—5000册 |
| 版　　次 | 2020年9月第1版 |
| 印　　次 | 2020年9月第1次印刷 |
| 书　　号 | ISBN 978-7-5488-4441-9 |
| 定　　价 | 59.00元 |

（如有倒页、缺页、白页，请直接与出版社联系调换。联系电话：0531-86131736）

# 自 序

　　**创课，是一种勇气与艺术**。其勇气在于创者为了原创教学，冻结"二手教学"；为了孩子的全人养成，摆脱应试羁绊；为了实现一种可能，不断尝试不可能，优雅地规定自身，勇敢地做自己——创思想、创教材、创设计、创教学、创反思、创发表，六创一体，一体六创，循环往复，永续不尽；其艺术在于创者能够践行自由中的规则，规则中的自由，既体谅学生的自由，又展示教师的自由。它不再是压抑和抹杀，而是解放和造就；不再是抹去一种主体，而是创造出一种主体。在这种规定自身的勇气与自我规定的艺术中，每一个创者的眼神，都极具穿透力，是灵魂投射的窗。每一次独一无二的创课都是全新的世界，它仿佛是自己生出了自己。它将教学的陌生世界点燃，使之光彩夺目，从而成为思考的重锤。它是创造精神能量的根茎，使创者永葆清明与活力。我对创课艺术的着迷，是对勇于创课的创造力的着迷。越成长越明白生而为人的极限，生活中很多事情我们用尽全力也只能到某个高度。而在创课的艺术里我能看到思维的张力、冲破局限的想象力。每一件创课作品都在表达，情、爱、对人事的追问，都让我觉得，人类伟大而美好了一点。而这一切，借用狐狸对小王子说的话：我告诉你一个秘密，只有用心才能看见本质的东西，用眼是看不见的。只有用心，才有超越的勇气与浪漫的艺术，让创课能成为你最心动的相遇，最不舍的离别。

　　**创课是一种勇气与艺术，其勇气在于创者能够认识自身**。"世界上最重要的事情就是认识自身。"第欧根尼·拉尔修记载,有人问泰勒斯,何事最难为,他回答:认识你自己。(《名哲言行录》第一卷)尼采也讨论过这个问题,在《论道德的谱系》中,他针对"认识你自己"的命题说了一段话:"我们无可避免跟自己保持陌生,我们不明白自己,我们搞不清楚自己,我们的永恒判词是:'离每个人最远的,就是他自己。'"那么,怎样认识自身?在卡希尔看来,人的突出特征,人的与众不同的标志,既不是他的形而上学本性,也不是他的物理本性,而是人的劳作。换言之,人的劳作怎样,人的本质就怎样,人的创造性活动如何,人的面貌也就如何。也就是说,创造才是人的自身。创课,就是一种创造,所以,创课恰恰体现人自身。勇于创课,建构新我,既实现人的真正本质,又凸显人的唯一本性;艺术创课,既是认识自我又是保持自我的过程。"世界上最了不起的事,是一个人明白自己是怎样一个人;一切艺术中的最高艺术乃是保持自我。"(蒙田)

**创课是一种勇气与艺术,其勇气在于创者能够关怀自身**。关怀自身是个人生命的基本单位及其生存过程,是决定个人自由以及创造个人生命的审美生存特有本色的基础力量。关怀自身,意味着不要和人云亦云的课拥抱,否则你将被同化,然后被打败,随之被抛弃;只有和自己拥抱,你才能永远抱着自己,然后有可能抱到成功。不要为应试去上课,要为自己的理想去创课——这不是不顾生存,而是勇气;不要为名利去上课,要为自己的内心情怀去创课——这不是清高,而是清醒。当我们转向自身,相信自身,关怀自身,塑造自身,在满足自身欲望的快感中创课,不断实现审美生存的自由逾越和好奇探索,以便创造、享受和鉴赏自身的生存审美快感,就会使自身成为真正独立自由和充满创造活力的审美教育生命体,其艺术性也会在创课的风格中造就和体现出来,并在其关怀自身的延绵不断的历程中一再更新。

**创课是一种勇气与艺术,其勇气在于创者能够生成自身**。生成自身,意味着教师个体能够通过自己的力量或者他人的帮助,进行一系列对自己的身体以及灵魂、思想、行为、存在方式的操控,以此达成自我转变。有时候,"解决之道越少,思想就越活跃。"每个教师在创课时必然将其生命内化于整个教学过程之中,它将使生成不断涌现,同时教师自身的生命也会由生成而流转或变异。真正的生命就是在创课中再活过的生命,而那再活过的生命是由记忆语言之再创造获得的。不接受让生命无端流逝的创者,总能以记忆的反思和更上一层楼的观照去追溯创课的一切。在追溯中，如果创者不止于战战兢兢地觅回一些表层的教学细节，而学会在其间渗入唤醒生命的启迪因素，那真正的生命会以更丰盛、更深沉、更具内涵的方式显示出来。在这种自己创造自己和自己生成自己的创课中，形成无限的自由；经由持续不断的拓展性"生成"，最终生成愈加广阔的自由空间。"生成"既没有起点也没有终点，它在有限和无限之间穿梭，在未定性和可能性之间综合。

这种创课艺术，终将化成一种"自我文化"的美。这种美从所有对它的限制中保持独立。本质保持完好，并在所有与他者的牵连中，保持丝毫无损。康德认为，这些牵连来自吸引力的、影响力的、使用的、功能的，甚至是情感的范畴。通过形式，美烦扰着世界，却不让自己牵累其中——甚至也许都不做停留，总之不融于此。它在其中保持着陌生。这种美在生成自身的时刻运动和变异；在生命力量的现实中运转与流动；在不断游走、不断虚拟的"游牧"空间和未定性创造过程中；在从教学的裂隙处逸出，从词语的破碎处逃逸，指向比教学域外更遥远的域外；在同一时刻，使创课的每个人都比原来大了，但比将来小；在课堂里的每一棵生命之树都在"变绿"。一句话，创课艺术之美，并不是一直待在那儿，它是正在变成美的"显现"，它始终在不停地朝向美的方向中演变，美在不断生成自身。

**创课是一种勇气与艺术，其勇气在于创者能够解放自身。**解放自身，意味着真正的教育乐观主义，它坚信所有的救赎中只有自救最有效，唯有自己可以帮到自己。每天教书啊教书，上课啊上课，应该想通一件事，我们都是被自己的脑子困死的，每个人的大脑就是每个人的坟墓。多年教学以来我们死去的不是身体，而是灵魂。思想的囚禁才是真实的囚禁，观念的僵死才是现实的僵死。只有观念才能打败观念。一种崭新的具有开放式纠错能力的观念来自哪里呢？这才是我们需要思考的问题。笔者笃信教育中可以改变的东西有很多，这些东西是如此脆弱，它们是暂时的而非永恒的，它们更多地取决于复杂的历史偶然性，而非必然的人类学恒量。因为任何认识都是一个间接的而且是无穷无尽的过程，而对象也是构建出来的。在认识的过程中，得出的结论是处处有断裂、有更新的。

譬如，阅读，倘若为了单纯满足求知的欲望或者为了应试死记硬背，只读逝者的书（跟逝者相处是没有社交成本的，当然逝者也是这个世界的一部分，过去的声音并不真的就过去了，它是存在于当下的，面对它们正是跟这个世界相处的一种方式，还能用它们的教益学会与当下相处。尽管笔者感觉，从逝者那里得到的智慧和乐趣并不比从活人那里得到的少）是有欠缺的，我还是主张与时代对话，我们这个时代可能也会有这个时代独特的事物，所以我告诉自己，与其活在书中，不如抓住现实，感受这个时代。所以，在创课者看来，阅读是一种特有的、在自身中得到实现的意义进程。它不应当受教参和标准答案的约束。它是一种解放自身的阅读，"是抛弃自己的一切意图与偏见，随时准备接受突如其来且不知来自何方的声音。这个声音不是来自书本，不是来自作者，不是来自约定俗成的文字，而是来自没有说出来的那部分，来自客观世界中尚未表达出来而且尚无合适的词语表达的部分。"（卡尔维诺《如果在冬夜，一个旅人》）迷信与盲从都是阅读的大忌："如果语言不是为同一事物在不同时间和地点寻找不同名称以欺骗我们，那么一切都会变好。"（米沃什《一个自然主义者的日记》）所以，从这个意义上来说，书中没有"黄金屋"，书中没有"颜如玉"，书中藏着一个更好的自己，等着自己去发现。谁通过阅读把自己发现出来，他就把文本所具有的意义指向置于自己所开辟的意义宇宙之中。同时被阅读的文本也将有一种存在增长，正是这种存在增长给予文本完全的当代性。这样，阅读就使自己得到自由，也使作品得到自由。再如，学习是相遇和对话，不是老师站在课桌前传授知识，学生们也不再只是坐在课桌后面被动地接受知识，老师要与学生们一起寻找答案。这种对话"就如永恒的和谐自身的对话，就如同上帝创造世界之前，在心中的流动，我好像没有了耳，没有了眼，没有了其他感官，而且我不需要用它们，内在自有一股律动，源源而出。"（歌德评巴赫的音乐）还如，考试评价，要由单一的考试排名，代之以学生自我评价和同伴评价。又如，死记硬背能力要让位于"思考与学习、感知与表达、自我照顾和生活技能、多元识读和创业精神、参与影响并为可持续性未来负责"的"横贯能力"。

基于此，只要我们迈进教室，就会感受到"权力"的无处不在，"压迫"的无所不在。"权力"在每个教师身上实际上都是个体的、特殊的，所以，真正有效的反抗是反抗这样的微观"权力"，或者说，在自我变异的意义上"反对自己"，也只有这样的反抗成功，才能获得真正的解放。真正的解放正是个体的解放，是解放自己，是要从自己习以为常的教学压迫中解放出来，这也是最艰难、最根本的解放，这样的解放不但需要勇气，而且要依靠理性。而这种解放的可能条件，归根结底是要尊重"异"。也就是说，每个人和每个人都不一样，每个人的过去和现在也是不一样的；尊重个体就是尊重个体的差异，真正的自由就是反抗任何压制个体差异的权力，追求从这些权力中解放出来的自由。创课的勇气与艺术在于求真。真的标志是"异"：在世界和人民的意见中制造差异的东西，迫使人们改变其生活方式的东西，差别打开了要建设和梦想的另一个世界的视野。创者要学会一个人走路，"一个人走路，才是你和风景之间的单独私会。"只有这样，你才会养成特立独行的人格，让自己强大。人格强大的人才有勇气真创课，才能艺术地使"异"的闪电划过天际。"如果没有对'异'的本质态度，就不会建立真理；真理从来就不是同一；只有在另一个世界和另一个生活的形式中才能有真理。"（福柯）

纵观列上，创课的勇气与艺术，只有在"规定自身""认识自身""关怀自身""生成自身"以及"解放自身"的审美生存中才能释放出来。我坚信，一个创课的教师要比不创课的教师更难被战胜。所以，隆重地对待自己的创课，是对自己最好的投资，那是发自内心的一种肯定。当下才是唯一。每一个今天，都是余下人生中的黄金时代。在属于自己最美好的时刻，请用勇气与艺术创课，伟大的创课都是雌雄同体。我爱创课的荒诞，胜过不创课的荒诞。创课除非一小点一小点向前，否则将一事无成。一次次创课，一次次蜕变，一次次精进，一次次超越，一定能闻到创课的花香，那仿佛低身直面阳光下的蔷薇闻到的花香，就在那一丝丝若隐若现的美妙体验中，我们独自与这个世界发生了一点关系，然后迷恋上了它，再也忘不掉。多年以后，我们能回忆和确定的自己，就是在创课的香味中一点点累积起来的，只要一想起创课，梅花便香满了南山。

当然，创者的最大勇气与艺术是默念一遍"创课的勇气与艺术"，然后携带着"创课的勇气与艺术"生活。

# 目 录

## 第一章　创课究竟为什么
什么是创课 …………………………………………… 2
为何要创课 …………………………………………… 13
创课创什么 …………………………………………… 19
创课的勇气与艺术 …………………………………… 23

## 第二章　创课技巧与艺术
抓文本中的"隐点"创课 …………………………… 26
创课：陪着学生走向文本 …………………………… 30
创造自己的教材与流程 ……………………………… 32
创课，是唤醒生命的对话艺术 ……………………… 37
创课，怎样体谅学生 ………………………………… 39
创课，怎样落实文本的"读" ……………………… 41
创课的出发点和落脚点 ……………………………… 45
创课，不妨从改变一点点开始 ……………………… 48
创课，请让学生评课 ………………………………… 51
创课，有时就像萤光 ………………………………… 56
创课，人人可为 ……………………………………… 58
创课者眼里，儿童优于我们 ………………………… 63
创课，创"点"在哪里 ……………………………… 67
创课贵在"一字未宜忽" …………………………… 70
怎样打造创课人生 …………………………………… 73

创课的艺术是保持自我 ………………………………………… 80
　　创课姓"做" ……………………………………………………… 82
　　创课，每个故事都有绝美的情节 …………………………… 84

## 第三章　创课与教师成长

　　创课，让生命成长 …………………………………………… 88
　　不拷贝课件，可能成长更快 ………………………………… 91
　　怎样成长为卓越教师 ………………………………………… 93
　　儿子帮我撕碎备课 …………………………………………… 95
　　文本读你，没有终审 ………………………………………… 97
　　创课在乎，活着就是成长 …………………………………… 104

## 第四章　创课设计与实录

　　不断追求创意设计之美 ……………………………………… 108
　　《自己的花是给别人看的》创课设计 ……………………… 113
　　创课《邀非老师到课堂来》实录与反思 …………………… 117
　　《目送》创课教学设计 ……………………………………… 127
　　《桥》主题阅读创课设计 …………………………………… 142
　　《妈妈家长学校现场招聘》创课实录与反思 ……………… 151
　　《童诗·师童》创课实录与反思 …………………………… 159
　　基于核心素养的主题创课教学——《天使，在身边》 …… 170
　　《审辩式习作——我和"公平"有个约会》创课实录与反思 … 178
　　《卖火柴的小女孩》"1+N+1"的创课设计 ………………… 189
　　中天月色好谁看 ……………………………………………… 194
　　《触摸春天》主题阅读创课设计 …………………………… 209
　　《注视美》创课实录与反思 ………………………………… 217

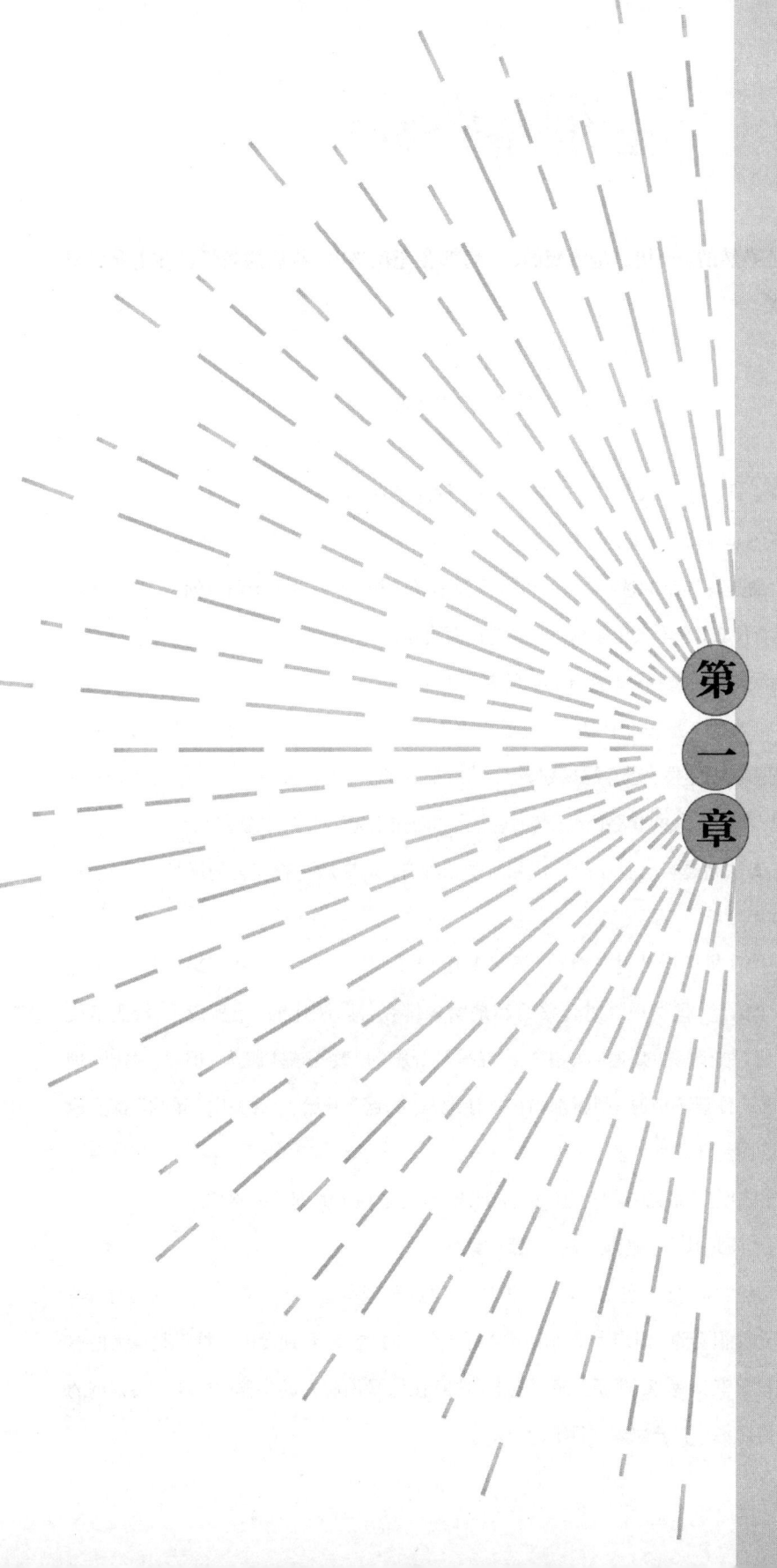

# 第一章 创课究竟为什么

# 什么是创课

**变化是必然的。一切都是可变的,一切都在变化当中。我们的教学也在走向新形态——创课。**

## 一、创课的"本质"

上课就上课,创什么课?!或许有人会说,创课是逐潮、卖萌、走秀、赶时髦。

创课既不是逐潮、卖萌,也不是走秀、赶时髦,而是选择一种教学生命模式。

教学生命是一连串的选择,我们可以选择墨守成规,也可以选择前卫创新。选择了什么,就会经历什么。教学人生是由自己的选择而决定的。

创课,无疑是在选择一种属于自己的教学人生。

创课,最难的不是技能技法,而是重构思维方式——包括对自己教学理念的颠覆以及对未来的重拾与定位,运筹与规划。

有人说,我们上课的套路已经驾轻就熟了,"动作定型"了,还能创课吗?

人也许无法超越自己所处的年代和所受的教育,尤其是随着年龄的增长,固化了自己的行为和态度。

我有一次在机场排队过安检。机场起先开了5个窗口,每个窗口排了20多个人。突然增开了第6个窗口,我发现瞬时转移的都是原来排在各队队尾的人。所以,"行业精英们"总是不愿意先改变的,他们是在业内混得最舒服的,改变成本最大。但是,"排队理论"开示:无论你情不情愿,创新都当仁不让地从"边缘"开始了,每一次"重启"都有成为排头兵的可能。不是吗?

不少人也想立马站到"第6个窗口"去创课,首先必须了解创课的本质。

创课的本质是什么?概言之——找到"紫牛"。

"紫牛"是赛斯·高汀在《紫牛》一书中的妙喻:如果你去北欧,看到许多巨大的白花奶牛,你会觉得很新奇,但当车子在山上穿行几个小时之后,看到漫山遍野都是巨大的白花奶牛,你就会审美疲劳,恹恹欲睡了。如果这时在那漫山遍野的牛群中出现一头紫色的牛,那肯定会让你一下子惊醒并且牢记一辈子。

"紫牛"隐喻着独特性。

除了独特性,"紫牛"还有极简目标和All in的特点。

极简目标是什么?如果一个目标用一句话甚至是一个词不能描述清楚的话,这个目标就必须重新思考。

创课的极简目标可用两个字概括——"创人"。

All in,则意味着找到"创人"这个极简的切入点后,就要毫不犹豫、全力以赴地去创课。

## 二、创课的"环链"

创课的核心就是把一种新的教学"想法"转化为教学"现实",即创课="想法"+"做法"。

创课有别于仿课,前者是从0到1,后者是从1到N。

从1到N,意味着克隆,教课10年,只是把同一教案抄写10遍,把同一流程"滚播"10年,末了只有量的增加;而从0到1则是创新课,课课有新思想萌生,天天有新教法生成,人人有新智慧增值,结果自然是形成质的飞跃。

创课可以有多种形式,创设新理念、开发新教材、设计新教法、组织新教学、开展新评价、撰写新反思……不一而足。在我看来,创课是个"综合创新工程"。一般而言,它有"六创"——"创想法、创教材、创设计、创教学、创反思、创发表"。"六创"合一形成完整的"环链"。如果把第一个"创想法"视作运筹帷幄,那么,后"五创"——"创做法"就是决战千里;"创想法"实现于"创做法";"创做法"验证着"创想法"。六创"环链",既相对独立,又相互回环、相互印证。

六创"环链",在创课实践中,可以因师而异、因生制宜,不可一概而论,不宜一刀切。但无论从哪个环节切入,都要规避头重脚轻的现象,即"1">"5"——"创想法">"创做法"——躺在床上想入非非的梦幻者>下到地里身体力行的耕作者。

李敖在说"善"时,已经道破了这种重"想法"轻"行动"的积习流弊。他说仅仅心存善念还不行,善必须实践,必须把钱掏出来、把血输出来、把弱小扶起来、把坏蛋打在地上,才叫善;反过来说,"想"掏钱、"准备"输血、"计划"抑强扶弱,都不叫作善。18世纪的西方哲人,就看出这点,所以他们点破——"通往地狱之路,常由善意铺就。"这就是说，有善意而无善行，照样下地狱。

育人，善莫大焉。"善念"一尺，不如"善行"一寸。

## 三、创课的"建议"

### （一）创想法

每个人都可"创想法"。

我们每个人都有独一无二的DNA、指纹、声线等。我们的思维也跟我们的生理特征一样各不相同，五花八门。我们的创造性想法来源于一个大熔炉——集我们的想象力、过往经历、与他人和他们创造性作品的接触、文化培养和教育、兴趣以及直觉感受于一体的大熔炉。

所以，"创想法"人人能行，个个可为。

纵使你有一千个想法要创，一万个想法要创，但万"创"不离其宗。这个"宗"是什么呢？

小香玉在《开讲啦》中谈从艺值得玩味——

艺校毕业后，奶奶常香玉和爷爷陈宪章以及时任市委书记，一起去看她出演的第一场戏——《拷红》。她想，奶奶会不会给我带礼物？是贴金镶银的昂贵戏装，还是价值好几十万的点翠头饰？她热烈期待。唱完以后，奶奶上台了，笑着拿出《拷红》中拷打红娘的板子就过来了，"啪啪"特别使劲打了两板子，打得小香玉眼泪都快流出来了，直说，哎呀好疼啊！常香玉说，咦，这回对了，刚才演《拷红》的时候，哎呀一下，哎呀一下，都是假的，再来试试！"啪啪"又是几下，打得小香玉身上的红印子好几天都没下去。奶奶给她的"礼物"就是几板子。当时，她一下子记住了：演所有的戏、做所有的事，都要真诚。

真，就是万创之宗。千教万教，教人求真；千学万学，学做真人。

真人，不说假话，不做假事。

请看《面对面》中柴静与卢安克的对话——

柴静："你不抽烟、不喝酒、不赌博、不恋爱、不吃肉，如果你不为这些，那你为什么生活？"

卢安克："有更大的乐趣——比能表达的更大的乐趣！"

"比能表达的更大的乐趣！"这难道不是真人真言，真"想法"？快不快乐？我们从卢安克开罐饮蜜般的眉宇间可以读到。

"你不快乐的每一天都不是你的,你只是虚度了它,无论你怎么活只要不快乐,就没有生活过。"佩索阿说得真有诗意。

柴静:"在这样的贫困山区长久地生活,靠的不是冲动和一时兴起,而必须是理解和长久的承受,是要把自己完全地交给学生。"

卢安克:"如果一个人为了自己的家,他家人就是他的后代;如果一个人为了自己的学生,那么学生就是他的后代;如果一个人为了人类的发展,那么全人类就是他的后代。"

此间有真意!没有这个"真纯的想法",没有真心真意真情怀,在广西的大山里,卢安克分文不取,支教10年……怎么可能?

### (二) 创教材

教材是学生的教材。在学校的每一天,学生都在读教材,用教材。

教材深刻地影响学生。很多熟读成诵的文质兼美的课文,让人终生难忘。

教材要对学生负责。负责任的教材要让学生喜欢,要让孩子有真情实感。

一位旅美学者的儿子在美国上小学的时候,他去考察学校,发现同一年级的各个班级上课的方式都不一样。同样是教美国历史,有的班级组织看电影,有的组织去博物馆,有的班级的作业是让孩子写文章,有的则是让孩子模仿历史人物进行演说,千奇百怪。

他本来是想跟老师商量一下,找一本教科书,配合课堂教学辅导一下孩子,却发现,老师根本没有什么教科书。

他问老师:"你们上历史课不指定教科书,学生怎么掌握要点啊?"

老师说:"对于历史,每个人的兴趣点完全不同,看法也完全不同,让孩子们知道一个大致的发展脉络就行了,我们不指定教科书正是为了让孩子们不受束缚地接触更多的史料,思考更多的问题!一本不适当的教科书,一是可能限制了孩子的眼界,让他们觉得历史就在一本小小的书里,更可怕的是可能破坏了孩子学习历史的兴趣,让他们此生把历史拒之门外。"

不同学科都是相通的。

一次听某老师的教学公开课《找春天》,我坐在一个男生旁边,只见他课桌上放着一本绘本,始终不见他的课本。我问他是否忘带了。他说这篇课文已经看过几遍了,都会背了,没啥意思。我说:"你有更有意思的文章吗?"他说:"有!"

## 原 谅

春天来了，

我去小溪边砸冰，

把春天砸得头破血流直淌眼泪。

到了花开的时候，

它就把那些事忘了，

真正原谅了我。

"你喜欢？"我问他。

"很喜欢！"他使劲地点点头。

课后，我向执教老师建议，可否把学生喜欢的"原创"诗歌增补到《找春天》的后面。

鼓励学生自创教材，自创真正属于自己的教材，哪怕学生生涯有过一次自创教材的经历，都是一种了不起的经验。这种经验有胜于无，多多益善。当然，学生自创教材可以是写意与象征性的，可以是改编的，最佳是原创的。自创教材要小步子，低起点，多维度，可以是给课文画一幅插图、配一段音乐，可以是改换一下文题、修改一个字词、增补一个注释，也可以删除不喜欢的课文、增添喜爱的文章。总之，要水长流，不断线。

教材也是教师的教材。好教材是既养学生也养教师的教材。

教师要养成开发教材的意识，要锻炼自编教材的能力，要逐渐具备创编教材的实力。

教师自编教材，若以教材文本为分水岭，可分"对内对外"两种："对外"主要是剥离教材本文，"自成一体式"独创教材；"对内"效果突出的是针对教材文本的"定点爆破式"创编。

"定点爆破式"创编，意味着与文本对话时，要善于深入到客观事物的内部，抓住问题的核心，实施"靶向"爆破。

美国作家安娜·昆德兰曾说："在书海中航行，我领略了异域风光，同时也走进了自己的内心世界，阅读帮助我发现我是谁、我有什么志向，以及我对自己和世界怀有怎样的梦想。"如果通过改编文本的"定点爆破"阅读，我们的学生对阅读都能有这样的体会，那么作为语文教师，我们就是了不起的。

剥离教材本文的"自成一体式"独创教材，不是"躲进小楼成一统"的作茧自缚，也不是"重打锣鼓另开戏"的别出心裁，更不是"泼洗澡水连孩子一起倒掉"的全盘否定，而是教材维生素的再补充，是"全教材"智慧的再充电，是"我在下一个路口等你的"再出发。

基于此，这些年来，从长白山到五指山，从青海到上海，走遍大江南北，我很多的教学公开课都是自创教材——《凄美的放手》《伟大的人有两颗心》《目送》《最浪漫的事》《邀非老师到课堂来》《情窦初开》《今生与你相遇》《那深情的一跪》《童诗·师童》《沙画人生》《妈妈家长学校现场招聘》《面对面交锋》《月亮C面》《学学说理》《注视美》《跪鸟与跪狗》《一片枫叶一片情》《情人眼》《让所有感动再来一遍》《V影习作》……

无论是教师自创教材，还是学生自创教材，都不要忘记一点，即学生与教师的自身也是有待开发的上佳教材。

### (三) 创设计

从无到有，固然是创造，但将已知的事物陌生化，也是一种创造。

憨豆，妇孺皆知吧？《火的战车》耳熟能详吧？伦敦交响乐队，如雷贯耳吧？这些熟悉的元素，再度组合便诞生了一个陌生化的别具一格的充满创意的场景。

回放2012年伦敦奥运会的开幕式，当享誉全球的伦敦交响乐队预备为开幕式带来精彩演出时，镜头却切到了队伍中的"憨豆"。他先是一根指头按着琴键，后又不耐烦地拿出手机玩起自拍。随之，他又在"梦乡"里与《火的战车》的主人公一同跑步训练……当他突然醒来时，指挥正严肃地盯着他，情急之下他竟不可思议地"口技"一个响亮的"屁"……

那英伦式的幽默，那出人意料的创意设计，怎能不令全球观众开怀大笑？

好的创意设计之所以吸引人，是因为设计者心中有人。

心中有人创设计，简言之就是"人创，创人"。

人创，意味着创造者自身是有灵性、有智慧、有艺术、有美感、会创造的人；创人，意味着创造者的一切创造都是为了唤醒人、增值人、愉悦人、升华人。

"人创，创人"的设计不会从"无"中自发出现。"人创"需要一个创造者，其角色首先是教师，但又并非全部落到教师的肩膀上。

几年前，我曾到访过加拿大的一所公立小学，在校墙醒目的位置上，挂着一帧裱好的学生照片。惯性思维告诉我可能是受表彰的"优秀学生干部"吧，直到走到跟前，仔细端详照片下面的一行字："1997-2008"，车祸带走了他鲜活的生命。我才知道自己的潜意识判断有误。是谁把他挂到墙上去的，这只手似乎并不重要，重要的是这只手后面的心；

这颗心似乎并不重要,重要的是其心中尊重生命的"设计"——对逝者缅怀,对生者警醒的"设计"。

来到洗手间,看到男生的坐便器里飘浮着几个"麦圈",我好奇地问:"为什么?"校长双肩一耸,双手一摊,双眸含笑:"你猜猜。"

从小养成"小便请对准"的习惯,麦圈可以成为"瞄准"的靶心,校长的"设计"是不是很有匠心呢?

来到操场,一节体育课正在进行,孩子们风一样在球场上练习折返跑,只见轮椅上的一位小姑娘被保育老师推着也随着队伍往返跑,她金发飘飘,笑声朗朗……那一刻,我耳闻目睹的不只是一节跑跑跳跳的体育课,还领略到了"在平等参与中不让一个孩子掉队"的设计理念。

来到课室,母语老师正席地而坐,看孩子们出演课本剧。所有的道具都是学生亲手制作的,每个学生仿佛都是设计师,特别是"纸质"的服装,丝毫不比"T"台的"潮装"逊色。"可以开始了吗?"学生问老师。"你说呢?"老师反问。"我从哪边上台?"一只"小白兔"跑过来问老师。"你觉得呢?""小白兔"立刻有了自己的路线……没有"对口型",只有"现场直播";没有"导演",只有"观众";没有"耳提面命",只有"自己教自己"。

创设计不能被单纯地理解成把一个别出心裁的设计写在教案上,就算大功告成、一劳永逸了。殊不知,很多"生成"在不断逼宫"预设",使得一些"预设即出,预设即死"。所以,从这个意义上来说,创设计是在创设计中设计,也是在创生成中再创设计。

## (四)创教学

创设计落地生根于创教学。

教学,在我看来,可以分为教学1.0、教学2.0、教学3.0和教学4.0。

教学1.0是被教学;教学2.0是仿教学;教学3.0是邀教学;教学4.0是创教学。

教学1.0,执教者"自身"未同创教发生关系,是教学生存本质的"缺席";教学2.0,是从1到N的克隆教学,是从0到1原创教学的"缺席";邀教学3.0,是受邀上课,仰人鼻息,"人在江湖,身不由己"的讲学;创教学4.0,由于有了自由的自身,是真正靠自己本身的自由意向创建教学,找到了教学的"紫牛",并不间断地实现审美超越的生命单位和生存过程,因而是有生命的教学。

从评选特级教师的考评课开始,15年来,我坚持与"烫剩饭,搞彩排,对口型"的教学公开课绝缘,坚持现场直播"处女课"。行年渐长,与功名渐行渐远;"神马皆浮云",

与利禄绝尘而去，教学中，我始终以初心与孩子的童心对话，课课若只如初见。

"八个多月没落雨了，"当地人蹙眉告诉我，"这里大旱！"

不仅不喝他们的水，还要带给他们甘霖，我在心里祈愿！

上课了，我让初次见面的孩子们喊："孙建锋"，一喊他们说感到"亲切"；我再让他们喊"建锋"，二喊他们说像"朋友"；之后我让他们喊"锋"，三喊他们说是"亲人"。

"亲们，"我笑着说，"亲亲地把'锋'连喊三遍。"

"锋……锋……锋……"

"你们呼'锋'，必然落雨！"

天作之合，五点二十分，昆明机场，暴雨如注……

"锋"自彩云之南，雨落彩云之田。

这是2010年，我应邀赴云南昆明上课时，创造性地与学生进行的开场对话。

课始，我请学生邀几位听课教师和他们一起上课。受邀的教师在热烈的掌声中坐到了学生中间。教师"等高"于学生，教师"做回"了学生，教师与学生"平起平坐"。有了角色换位，有了过程体验，教师方识如今学生的"滋味"，方解当下学生的"风情"。

课中，学生的笔尖在纸上跳舞——写着《乡村趣事》，只见一位男生咬着笔杆，望着本子发呆。眼看时间快要到了，他索性把课文《桂花雨》抄了一段"交差"。我给他的评语是："这篇作文110分，5分是你抄写的辛苦分，5分是你懂得欣赏的分。其余100分是给作者琦君的，因为她是原创。"看了我的评语，他写道——

孙老师：

生在昆明，长在昆明，我"穷"得没有"乡村趣事"。没有"乡村趣事"的我，目光四处"流浪"，发现《桂花雨》好美，于是"偷"走。你不会认为我是"小偷"吧？

看了他的短文，我回语："此文200分，100分因你的坦言，100分给你的原创。"

南海里有种珍珠贝，当它吸进了沙粒之后，便把壳合起来。沙粒被温柔地包容、接纳，不久，便化成了珍珠。心智有了足够的高度，才能理解孩子并给予包容；有了足够的宽容，才有学生字字珠玑的"原创"。

学生批注完《做一片美的叶子》之后，我将固有的文本解读清零，蹲下身来，倾听学生与文本的个性对话：

"每一片叶子都有自己的位置。"家庭、学校、社会的大树上，不都有每个人的位置吗？

"树上没有两片相同的叶子。"地球上有两个相同的脑袋吗？

"大树上每片叶子都很美。"地球上每个人不都很美吗，为什么还有歧视与战争呢？

后来起身，我把一个孩子高高抱起，仰视并聆听他与文本充满哲思的对话：

"大树，春天叶子嫩绿，夏天茂盛，秋叶枯黄，冬日飘零。"在家族的大树上，我像春天的叶子般嫩绿，爸爸像夏天的叶子般茂盛，爷爷像秋叶般枯黄，爷爷的爸爸已经冬叶飘零了。但是，听爷爷说，叶子在树里，树在叶子里。我在爸爸的身体里，爸爸在我的身体里。

……

"蹲下来"，老师低于学生，学生创造性与文本对话的智慧之水才有了广阔的流域；"抱起来"，学生高于老师，学生便成了一片最美的叶子。

一元的课堂文化是静态的，它拒绝沟通，大一统与专制独语大行其道；二元的课堂文化是动态的，但是割裂的、对立的；三元的课堂文化是生态的，是生命的对话，是超越"二"的存在，是更高层次的"一"。这个"一"就是"以学生为中心"。

"以学生为中心"是创教4.0的重要表征——老师不是主角、不是中心、不是目的，学习者发现、发展和享受自己的语言本能才是目的。为实现这一目的，对老师实际上是提出了更高的要求。因为对每堂课来说，老师并不是"有备而来"，而都是打的"无准备之仗"，课堂学习的"内容"主要是学生定的，是学生的问题带着老师走，在看似随意的课堂学习中，老师确实要"真刀真枪"有效地帮助学生应对各种各样的困境。这对老师的知识结构、理论水平、职业素养都提出了更全面和更高的要求。

做到创教4.0，找到"紫牛"，教师需要"四心"：一要"静心"，"没有任何地方，可以是人们最安静和最无忧无虑的避难地，除了他自己的灵魂。"（马克·奥勒留）沉潜到茫茫人海的海底，任凭海面骇浪惊天，天上风云密布，沉在海底的心永远是温和的，不吵不闹的，有了如此的静心，纵使"三无"，照样"诺奖"；二要"匠心"，一颗像日本面包匠一样夜夜抱着面口袋睡觉去温暖面粉、去世了还在神龛前放着面袋遗言要带它到彼岸去的心，有了这样的匠心，何愁做不出养人的精神面包；三要"精心"，一如巴赫打造古典音乐的精心，即便把他古典音乐的五线谱倒过来，从最后一个音符往前弹，都一样好听；四要"童心"，怀揣"绝假纯真，最初一念"的童心，才有资格与儿童对话。

### (五)创反思

杜威在《民主主义与教育》中指出,"所谓思维或反思,就是识别我们所尝试的事和所发生的结果之间的关系。"思维的最好方式被称为反思性思维——对某个问题进行反复的、认真的深思,这是反思思维的起点。但是,思维未必都是反思性的。所谓的反思,除了掌握反思技能,还要养成反思态度。这种态度就是:开放、责任感和执着精神。

反思要与行动相连,要"在行动中对行动反思",即"对行动反思"和"在行动中反思"。

创教4.0的教师除了要反思教育目的、教学环境以及自身的专业能力之外,还要创造性地反思教学中"人"在哪里。

譬如,在对话教学中,我们要"创造性反思":与儿童能否成功对话?

首先,我们要追问自己和儿童对话是否感动。

感动并非因为我们比儿童有力量,比他们权威,比他们完善,比他们优越,觉得自己可以居高临下俯视儿童;而是因为我们的境遇受到限制,只能从受限制的这个地方出发仰视儿童所具有的无限可能性,仰视他们的纯真无邪。

其次,我们要追问自己与儿童对话能否从第一自然返回第二自然。

就我们人类自身而言,我们的童年期是第一自然,是有缺陷的,既无理性也无自由。我们要重返的那个自然是第二自然,它不仅拥有第一自然的完美,而且还有理性和自由。

读《祖父的园子》"……蜜蜂、蝴蝶、蜻蜓、蚂蚱,样样都有。蝴蝶有白蝴蝶、黄蝴蝶。这种蝴蝶小,不太好看。好看的是大红蝴蝶,满身带着金粉。蜻蜓是金的,蚂蚱是绿的……"执教老师问:"喜欢这些动物吗?"

"凭什么让我们喜欢它们呢?"一个学生将了老师一军。

……

显然,孩子的"为什么"属于第一自然,是纯真的,但却是无理性的,因受思维局限而心智不得自由。

"我很喜欢它们的状态:默默地创造生命,静静地自食其力,安安静静地活在园子里,它们永远在做它们自己。"

执教老师抓住契机与儿童对话,从第一自然返回第二自然。

再者,我们要追问自己与儿童对话是否"大于2等于3"。

中国文化中的"三元"是一种很高的境界。老子在《道德经》讲道:"道生一,一生二,二生三,三生万物。万物负阴而抱阳,冲气以为和。"道家的"一"指的是元气,"二"是阴阳,"三"是冲气,三生万物。这种宇宙观建立在气论基础上,是动态的,有机的。因为,从一到万物总要经过二。"三"既由"二"形成,又是不断提升的。

教学对话前,你、我好的东西各自藏着,这是"二";教学对话后,你、我好的东西都发挥出来,求真求美产生的效果超越了每个人所展现的美好,富有了新的创造,这就是"三"。宛如婚恋,不仅是两个人,还有心灵深处不断涌现的柔情与蜜意,激活了生命的原创力,引发了巨大的能量,诞生了令人怦然心动的"三"。当然,创反思与创教学的热恋,是超过情,超过景,情景交融创生的美的艺术品——"三"。

### (六)创发表

与创反思和创教4.0时代相匹配的教师是"自教师"。"自教师"是勇于突破体制框架,在"互联网+"时代敢于追逐自己的教育梦,开创一个"自专业"时代的教师。

自专业,典型的特征就是,个体可以符合行业标准而成为行业的一分子,但不必依附于任何组织。专业,意味着研究的成分,意味着创造性的工作;自专业,意味着个体即研究者,个体有能力创造性地工作。

自专业,关怀的基本问题是既探讨自身的专业现状及历史原因,又寻求自身专业实现自由的生存艺术。它不仅由此确定一定的行为规则,而且还设法改变自身、形塑自身,形成具有特定美学价值又符合特定风格标准的艺术作品。

如果说"教育是人的社会化""教育是使人成为他自己",那么对应教师的专业发展,前者强调的是教师的社会属性——即承载着社会化的功能性目的,需要在一定的标准框架内发展并符合提供教育服务的预期;后者强调的是教师的个体属性——即侧重激发教师个体潜能,创造性地从事教育活动。

自教师,是创教4.0时代教师的华丽转身,为了创建和实现美丽的教学人生,教师必须时时转向自身,朝向自身,靠向自身,相信自身,关怀自身,完善自身,在创教4.0的教学高峰体验中,不断实现审美生存的自由逾越和好奇性探索,使自身成为真正独立自由和充满创造活力的审美生命体。

创教4.0的教学人生并非仅仅局限于自身范围内的创造活动,也呈现在自身与他人的相互关联的创教活动中。自教师的"创发表"不止指向创文字发表,还有创"自身发表"——在待人宽而不慢、廉而不刿的氛围中与他者对话,使得"1+1>2=3"。

# 为何要创课

在每个教师的体内,始终都有一种巨大的冲动,要冲出我们的肉体去接触世界,这种意欲向外喷发的迫切生命力,可以引发我们写作,引发我们创课。我们创课,是因为——

## 一、创课"在乎"孩子

**在乎孩子的什么? 在乎孩子的"为什么"。**

（一）为什么月亮有时圆,有时弯

师:小时不识月,呼作白玉盘。

生:老师,月亮为什么有时圆、有时弯?

师（老师好像觉得终于有机会可以给学生科普了,就清了清嗓子,故意卖了个关子）：这个问题我一会儿告诉你。

生（不等老师整理完思路,学生就脱口而出）：因为她的圆衣服脏了,洗了还没干,只能穿弯衣服了啊!

（二）为什么没有进行投票表决

李小青是我们班的劳动委员。前几天,他转到别的学校上学了。

今天开班会,林老师让大家补选一名劳动委员。选谁呢? 教室里静悄悄的,大家都在想。突然,王宁站起来说:"我选我。"

大家都愣住了。林老师亲切地说:"王宁,说说吧,你为什么选自己?"王宁说:"我和李小青是好朋友。他爱劳动,爱集体。我要像他一样热爱劳动,关心集体。"

王宁的话刚说完,教室里响起了一片掌声。

"就这样鼓掌通过了吗?"执教老师范读课文《我选我》完毕,一个学生立马提问,"老师,为什么没有进行投票表决?"

（三）为什么老师不如巫师

师:下雪啦,下雪啦! 雪地里来了一群小画家。

生1:雪在哪里?

生2:老师你会魔法吗? 能变出雪来吗?

生3：迪斯尼里面的巫师说"下雪"就"下雪"。为什么老师不如巫师？

……

我倏地想起——猎豹上市，傅盛把五岁的女儿带到美国，去迪斯尼。在一个小朋友聚会的魔法屋里，一个巫师跑出来，要小朋友们跟他一起喊，"Snow, snow, snow"，孩子们一边喊，一边满心期待魔法发生。没多久，屋顶上真的飘下来真的雪花。孩子们的梦想成真了。傅盛看着他们欢呼，眼泪掉了下来。

……

置身如许的课堂，谛听到孩子们的"为什么"，心中总是充满无限喜悦。喜悦，不是因为孩子们"将了老师的军"，令其"尴尬"与"窘迫"，而是因为在听课的过程中，我发现自己还在乎：在乎能否好好理解孩子，在乎文字能否把孩子写得愈来愈清澈，在乎自己是否还有童心，在乎我们的课堂是否可以变得更好一点儿。我知道，如果我不在乎，我不会写下这些文字。我也知道，一如爱，愈在乎，人便愈容易受伤。许多人都明白这个道理，遂为了不受伤，宁愿不在乎。于是，所有关乎教学与孩子的事情都不愿意用心，都无可无不可，都权作一阵风吹过，都轻飘飘无重量。什么都不在乎的教学生活，是最好的教学生活吗？不在乎自己的教学信念，不在乎自己的精神家园，不在乎学生，不在乎自己，这样的教学生活，还能剩下什么呢？

**在乎，意味着在乎课堂上直达目标的孩子**——他们能注意到大人注意不到的细节，问出大人习以为常的问题。哪怕有时问得大人一时语塞，甚至瞠目结舌，那也是一种直达目标的"绿色天问"，因为他们帮助大人刷新了思维边界以及固化了几十年的逻辑。当然，这需要在一个真正属于儿童的课堂里，儿童才会表现得像儿童，才会"信口开河"。设若让儿童被迫去适应大人，完全背离其天性，那么儿童只是一个被预设的"未来式"，而非一个直达目标的"正在进行式"。只有用儿童的视角去看世界，保持着好奇和热爱，放下了所有的期待和设想，不再将儿童视为目标或实现目标的对象与工具，那样，才有可能在一瞬间与全然的儿童相遇。儿童才有可能过上我们从未看见与理解的生活。

**在乎，意味着在乎讲台上被工业化的自己**——被工业化的自己，活在复杂的教育体系里，植入了复杂的概念，习惯了体系的重要性。在今天扁平化的移动互联网时代，越来越多切下去不会流血的东西，我们不一定能够理解，但是，世界将不会被保存在互联网之中，它会被保存在人类的精神之中。当然，传统的不可能全是精华，造成了复杂的判断依据。孩子们直达出发点的思考模式，会在源头上质疑传统的合理性。或许有人会问，我们究竟哪里做错了？我们也许什么都没做错，只错在我们老了。老了，一方面意味着自我修行更迫切——我们对自己的觉察体验有多深，就会有多谦卑；另一方面意味着与自己建立良好关系的更必要——与自己建立了良好关系，才能与孩子建立良好关系，生命就是这样一场与自己及他人相互交织的关系。这个过程就是通过在乎自己而抵达。在乎自己，就是在乎孩子。

## 二、创课让儿童成为儿童

快乐与梦想，缺一不成为童年。

近阅一则小学生日记——

假如我的生命只剩三天，我会在第一天和我的亲人们道别，感谢他们曾给予我的爱与温暖；我还会给这个世界写一封信，告诉人们我曾经到过这里。而剩下的两天，我会在教室里度过，不是因为我多么好学，而是因为——在教室里我度日如年……

"在教室里度日如年"，孩子的童年被放逐。

个案或许说明不了问题。有人曾做过一项关于"微笑"的跟踪调查：用视频记录了一到六年级孩子的"面部语言"。六年的日常深度跟踪表明，孩子们的微笑和年级成反比。微笑是快乐的晴雨表，没有微笑的表情，何来快乐的心情？某市接受"国家质量监测"的四年级学生认为，"在学校里感到快乐"的只占总人数的59%。让孩子感到不快乐的教育能算成功的教育吗？

快乐的儿童是儿童，乃人性本然。当不快乐的儿童渐渐演变为一种心照不宣的实然，呼吁儿童回归儿童便是一种铁肩担道义的应然；让儿童成为儿童，则是一种不辱使命的必然。

让儿童成为儿童，与其说这是一项需要社会、家庭与学校齐手同构的系统工程，不如说这是一篇人人可以运笔的诗意文章。

**这篇文章的美好开头肇始于家庭——**

看，新的一天开始了，金发碧眼的四岁小女孩珍妮，站在梳妆台上，对着镜子，手舞足蹈，振臂欢呼——

我爱我爸爸！我爱我妈妈！我爱我姐姐！我喜欢我的姑姑！我喜欢我的表弟！我喜欢我的爱丽森！我喜欢我的头发！我喜欢我的睡衣！我喜欢我的东西！我喜欢我的房

间！我喜欢我的整个家！我的家太棒了！我比任何人都好！我可以把任何事做好！

愿每个家庭，每个孩子都能像珍妮一样有个天真快乐、自由生长的童年。

**这篇文章的主要内容功成于学校——**

一次，在杭州的"千课万人"上，我一如既往地以"处女课"面世，萃取两段V视，放飞孩子快乐习作之梦——

微视频1是《小鸭妈妈教小鸭子上台阶》：鸭妈妈在台阶上耐心等待一群小鸭子上台阶，它完全放手，让孩子们自己尝试……小鸭子个个都不怕摔，努力向上爬，最后全部登上了最高台阶……

微视频2是《小丫妈妈教小丫背乘法口诀》：小丫妈妈一遍又一遍地教小丫死记硬背乘法口诀。"三五一十五"太难了，小丫背得声泪俱下，还是涛声依旧——"三五三十五"……

孩子们看得津津有味，不时捧腹大笑，捧腹之余，便用笔说"梦"。

一个女孩写道：

如果我做妈妈，就做鸭妈妈。因为，它让事实告诉小鸭子，生活会遇到一个个台阶，遇到台阶就要自己爬。哪怕跌落N次，也要N+1次地往上爬。当你不知道这些台阶把你引向何方的时候，你已经攀登得比任何时候都高了。虽然鸭妈妈没有上过师范大学，但是，它懂教育。

愿每一堂课，每个孩子都能像"小女孩"一样有着畅所欲言、放飞梦想的童年。

**这篇文章的华彩乐章奏响于社会——**

阿莉娜出生在中国，10个月时被一对美国夫妇领养。10岁的她梦想当美国总统。但宪法规定，只有在美国出生的美国公民才有资格竞选总统。她认为这个宪法是不公平的，要求修改宪法。阿莉娜的舅舅是州议员，他支持她的想法，认为不能摧毁小孩子的理想。他向州议会提出了一项动议。于是，一项不可思议的事情发生了，阿莉娜在马萨诸塞州议会听证会上，对着议员们慷慨陈词，呼吁修宪："我们每个人都应该有竞选总统的机会，我知道我是个美国人，那么多人没有机会为国家服务，仅仅因为一项两百年前的法律……"

愿每个社区，每个孩子都能像阿莉娜一样拥有向梦想进发的童年。

任何一个成人的精神世界，都源自儿童时代的快乐与梦想。"儿童是成人之父"，因为他是历代祖先的代言人；"儿童是未来人的父亲"，因为他的任务是造就成人。成人有什么理由不让既是其前身又是其未来的儿童成为儿童呢？

## 三、创课让师生活成时光的"同谋"

### (一)"老师,我有一个发现!"

统编教材《祖先的摇篮》的教学公开课,经过一环扣一环的初读、熟读训练,学生已经会背了。在执教老师就要鸣金收兵,切入下一个教学环节之际,一个男孩子举手,说:"老师,我有一个发现!""请讲!""我发现课文上的《祖先的摇篮》和网上查到的'沪教版第八册课文'的第一节有不同!"

(沪教版第八册课文)

爷爷说:

那原始森林

是我们

祖先的摇篮。

真有意思,

这是多大的摇篮呀,

一望无边,

那浓绿的树荫

遮住了蓝天。

……

"我们继续发现",执教老师也像个孩子一样好奇,"为什么会不同?"

学生A说:"(沪教版)'这是多大的摇篮呀,一望无边'是说森林很大很大,一眼看不到边;'那浓绿的树荫,遮住了蓝天'是说森林里的树木枝繁叶茂,遮挡了人的视线。"

"嗯,有道理!"老师微笑着点点头。

"我认为'这是多大的摇篮呀,一望无边'是在森林之外看的;'那浓绿的树荫,遮住了蓝天'是在森林之内看的。"学生B补充道。

"观看森林的角度不一样。"老师伸出大拇指!

学生C说:"两个教材的课文一比较,我发现现在学习的课文让我有疑惑。树荫,是阳光照射树冠而投到地上的影子。统编教材和沪教版教材在这里都比较混乱:森林里的树影怎么可能'一望无边',难道没有树木遮挡视线?"

"这是个值得分析的问题。"老师相机"怂恿","能不能改一改呢?"

"我觉得这样改,是不是更合理一些?"学生D说出自己的想法,"这是多大的摇篮呀,一望无边,绿树荫浓,遮住了蓝天。"

"为什么这样改?"执教老师兴趣盎然地问道。

"原文'那浓绿的树荫',是说树荫;'绿树荫浓'是通过树荫说枝繁叶茂。这样,才能遮天蔽日。"……

当下课堂,最缺失的是"说理"教育。公共说理重点在于区分"事实"和"想法"。"事实"是公认的知识,而"想法"只是个人的看法。任何"想法"都不具有自动正确性,必须经过证明才能获得正确性。证明也就是说服别人,清楚地告诉别人为什么你的想法是正确的,理由是什么。想法必须加以证明,提供理由。

无疑,上文的创课,执教老师旨在培养孩子的说理能力。

在你我皆凡人的世界,即便学到老,也不可能掌握人生的所有技能,更不可能不出错(哪怕是权威的教材)。这个创课的教学环节开示我们:学会原谅那些"愚蠢"的瞬间,并把它们看作美丽的小错误,用"'美丽的小错误'创教材而教"。

**(二)"我们一直在和时间消耗……"**

学了《和时间赛跑》,一个孩子笑语盈盈——

"从出生到死亡,我们一直在和时间消耗('消耗'不见得比'赛跑'消极),如何消耗得美好是件不容易的事情。你有你的方式,我有我的方式,但都别具一格。"

执教老师相机纵向提升——

"我们终此一生都得迎接最后的大限之日,无法回头,因此当下根本无须介意年龄,只要努力、任性地活着就好,生命的滋味就在于向死而生,也向活而生。"

坐在这样的课堂里,校园从不寂静,我们心底都有声音,孩子的笑靥是声音,老师的美目是声音……万物的绽放都是声音。它与人讲出来的话不同,却具有更高的价值……

听学生与文本对话,听教师与学生对话,听生命与生命对话,听细胞与细胞对话……我愿在时光中大音希声、惜墨如金。在惊愕之余,收山而去。宛如一人听古琴可以听出古意和远意,仿佛万朵桃花跌入山谷,随水而流,那空灵、深邃,荡入我的神经末梢,它们在文字里再次活过来,张力十足地复活。请让我坚韧地在时光中蹉跎与等待。等待创课,等待下一个创课,等待一个又一个创课。

创课,让师生活成时光的"同谋"。

# 创课创什么

## 一、创课，创什么？

在创课者看来，创课即创人。因为人既是创课的主体，又是创课的客体。人是创者，也是被创者。

## 二、创课，创何人？

**创课，是创教师这个人。**

为什么？

在先哲恩斯特·卡西尔看来，人并没有什么与生俱来的抽象本质，也没有什么一成不变的永恒人性；人的本质是永远处在制作之中的，它只存在于人不断创造文化的辛勤劳作之中。因此，人性并不是一种实体性的东西，而是人自我塑造的一种过程：真正的人性无非就是人的无限的创造性活动。换言之，人的劳作怎样，人的本质也就怎样；人的创造性活动如何，人性的面貌也就如何。无疑，教师人性的面貌是以"能动的创造性教学活动"为媒介得以实现的。如果说"教师人性的面貌"是液态的，它遇到的最好法器就是创课。创课就是教师创造性的最好归属，当一个教师有所创造的时候，"教师人性的面貌"就归属创课。换言之，创课，呈现着"教师人性的面貌"。与其说是教师创造一节课，不如说是创课创造教师这个人。

**创课，是创学生这个人。**

创课，把学生创成怎样的人呢？

每张脸上都有一双不可复制的眼睛。创课，就是创每个学生成为他自己。

为什么？

"假定除了一人外的全体人类都持有同一意见，而仅仅一人持有相反的意见，这时，人类要使那一人沉默并不比那一人要使人类沉默更可视为正当。"英国哲学家密尔开示我们，创课，不就意味着"独树一帜的教师"创"特立独行的学生"吗？

## 三、创课，怎样创人？

创课怎样创"独树一帜"的人？

创人无疑是一种高级的创造性活动。既然是高级的创造性活动，就是一种难以预料和难以界定的活动，它只有当"教学在场"呈现中才能显示其正在展开的内容，才能显现出它的倾向和发展趋势，这就如同任何具体的教学一样，它只有在"现场实施"的时候才能显示其本质。

譬如，一次创课教学沙龙活动，我邀约的不仅有老师，还有几位四年级的学生。我们一起观看了三个"微视频"——

### （一）创人，在学校的"现场实施"

**【微视频1】**

课始，一位美国老师站在教室门口，利用自己不同的肢体语言，创造性地和进入教室的每一位小学生打招呼：他现场的每一个"打招呼"的动作都是即兴创造且没有重复的，学生与他的肢体语言"对话"也是绝无雷同、一拍即合的应运而生……

### （二）创人，在家庭的"现场实施"

**【微视频2】**

澳大利亚一位三岁的小朋友，用油墨笔把赤身裸体的一周岁小弟弟画成了一只小"斑马"……妈妈问她为什么，她调皮地笑道："老师的作业——《画弟弟》！"

### （三）创人，在社会的"现场实施"

**【微视频3】**

法官：早上好，先生。跟你一起的那个小孩是谁？

受审者：是我儿子。（示意儿子）跟法官问好！

法官：你好，年轻人，你叫什么名字？

孩子：乔波。

法官：乔波，你多大了？

孩子：5岁。

法官：过来，和我一起判案子。

（孩子走了过来，法官把孩子揽在怀里。）

法官（征求受审者意见）：请问你介意他坐在我的腿上吗？

受审者：没事，不介意的。

法官（问怀里的孩子）：你现在上学了吗？

孩子：还没有，得到9月才上学。

法官：我在这个案子上遇到点困难，因为我这里有一项关于你爸爸违章停车的指控。然后，我有三个选择：我可以罚他90美元，我可以罚他30美元，或者我也可以什么都不罚。你觉得我应该怎么做？

孩子：罚他30美元。

法官：你是一个好法官。有一个关于所罗门国王的老故事，他在法庭上的权力很大，但通常他都很公平。他总是遵守中庸之道选择中间的那个，而那也是你做出的决定。这也是很有逻辑的思考路径。你觉得有比这更好的选择吗？

孩子：没有。

法官：你吃过早饭了吗？

孩子：没有。

法官：我也跟你爸爸做个交易好吗？那就是他如果带你去吃早餐，我就撤销惩罚。你觉得怎么样？

孩子：可以的。

法官：我希望你能多点点东西，因为你刚帮你爸爸省了30美元。这个交易怎样？

孩子：这样挺好的！

法官：好的。谢谢你的帮忙！

"如上创人的'案例'，既有学校、家庭，也有社会的'现场实施'，我们耳闻目睹了创课是一个全方位的大课堂，它带给我们的启示是什么呢？"观看了三个"微视频"，我请参加创课沙龙的师生各抒己见。

生1：创课的教师=创课的学生。

生2：创课，让教师和学生都成为自己，成为最好的自己。

生3：我们要想在创课中做自己，离不开老师，离不开爸爸妈妈，离不开身边的每一个大人……

师1：学校、家庭、社会，是个创课的大课堂。视频中的"教师""妈妈""法官""孩子"都是创者，也都是被创者。

师2："微视频1"中的美国老师启示我们，创造什么样态的课，就成为什么样的老师。

真正的创课,是创造新的可能性,是创造属于自己的教学生活。

师3:或许有人说"微视频2"中那个三岁的小女生想象力富有真趣。其实,比想象力更难的是,按照自己的"价值"做出行动的勇气!如果你要创课,创造具有独立思想的课,不要因为别人的不喜欢而试图改变自己的行动。打开自己,你自身创课的深度和广度就会远远超越你现在的想象。

师4:"微视频3",这场法庭"审判",不就是一场别开生面的"创课"吗?它之所以"特别",就在于它让5岁的孩子能够打开自己,尽情释放。这样灵动生辉而又让人回味无穷的"创课",不是因为它拥有什么,而是因为它缺乏了一样东西——恐惧。

......

在我看来,创课,是在通过一场场"活生生"的教学事件、一场场"现场实施"的教学事件、一场场"开创性"的教学事件、一场场具有"散播性""碎片性""在场性""零散性""游击性"和"解构性"的教学事件,进行创人。

每个生命在本质上都充满创造潜能,而生命的自我创造精神,为生命本身的存在价值和尊严提供了最有力的基础。德国哲学家海德格尔曾说:人生在世不能满足于"被抛于世"的状态,而必须成为一种"能在"。法国哲学家萨特也说:活着,并不只是在那儿,并非自在,而是自为,人是以他的呈现而造就一个世界的存在。这就意味着:活着,就要发挥自身生命的自我创造精神,通过不断地自我超越,创造自己和他人所期盼的生活世界。创课创人,就在于它把师生同时提升到"创造者"尊严的高度,它让一次次激动人心的以生命唤醒生命的对话喷薄而出,从而激越伟大的创生节奏。

# 创课的勇气与艺术

**创课的勇气与艺术**，一如弗罗斯特在《桦树》中所示：我想离开大地一会儿，然后回来重新开始。

"重新开始"看待创课，"离开大地一会儿"，缓冲一下，真的把人作为人来善待，重拾创课的勇气与艺术。

**创课是一种追求——**

它追求"不可能"的"可能"。

**创课是一种欲望——**

欲望是创造的起始，欲望并不意味着欲望什么，而意味着要欲望。只有这种欲望之火才能燃起生命的烈焰，才是创造力——物质的、精神的创造力的真正根源。

**创课是一种目光——**

一种遥远的目光，每位教师都要用有遥远距离的陌生眼光来重新理性地审视自己的教学。像真正的演员必须善于用观众看你的方式——即以一种遥远的目光——来看自己一样。

**创课是一种解放——**

"权力"无处不在，"压迫"无处不在，"反抗"无处不在。权力分布在每个人身上，只是个人往往意识不到，在每个人身上实际都是个体的、特殊的，所以真正的反抗实际上是对自己的反抗。只有这样的反抗成功，才能获得真正的解放。真正的解放是个体的解放，需要你从已经习以为常的教学压迫中解放出来，这样的解放不但需要勇气，而且要依靠勇气。

**真正的解放正是个体的解放，是解放你自己，这样的解放不但需要勇气，而且要依靠理性。** 而这种解放的可能条件，归根结底是要尊重"异"。也就是说，每个人和每个人都不一样，每个人的过去和现在也是不一样的；尊重个体就是尊重个体的差异，真正的自由就是反抗任何压制个体差异的权力，追求从这些权力中解放出来的自由。

创课不仅需要勇气，而且需要艺术。

**创课的艺术**，意味着创课是生命自身的自我创造、自我展现和自我实现的过程。

每位创课教师，首先只有真正把握自身生命的脉动频率，只有掌握生命内在要求之精华，才有可能创造出富有生命力的教学艺术作品。教学艺术作品最生动地表现出教师本人的生命特征——教师有什么样的生命状态和生活风格，他就会创造出什么样的教学艺术作品。

每一天，每一课，每一次师生对话，都是教学生命的艺术品。只有当一位教师真切地感受到自身生命的快乐、痛苦并追求理想的时候，他才能创造出真正符合其自身品位的教学艺术作品。对生命无所感受、无所体验和无所忧虑的教师，不是真正的教师，他也不可能创造出优秀的富有生命力的教学艺术作品。

当然，任何真正的艺术作品都是有待展开的多种混合意义的开放性储存库。任何人任何时候都可以自由提取。意大利艺术评论家爱柯曾说："艺术品是基本上含糊不清的信息，它把多元化的所指同时共存于单一的能指。"在这种情况下，艺术品的含糊性越变成偶然的巧合，就越显示它的奇妙性，越具有鉴赏价值和吸引力。在我看来，理想的创课，就应该成为这样一种艺术品。这样的创课艺术品才能体现生命的尊严和价值。

生命的自我创造精神，是生命自身的尊严及基本价值的真正基础和源泉。生命在模糊不定的状态中自行诞生并延绵历险，在朝向希望的道途中，展现生命历程的曲折多样、险象环生、变幻无穷、不断创造、一再更新、柳暗花明、美不胜收；生命既坚韧、兴盛、繁荣，又轻柔、脆弱、袅娜。生命靠自身的自我创造来维持和提升其尊严和基本价值。生命的本质就是不断地自我创造和自我付出，但它的创造和付出是有方向性的，即有"意义"。生命，在自我显现中，总是将深含于自身生命基础的意向性，通过自身对生命运动的自我感受，朝着其选定的最美方向发展；生命总是自我决定自身的发展意义及自我付出的意义或价值。宛如一粒种子，以自身内在的强大生命意向性，面对环绕它的特殊而复杂的关系网络世界，总是选择对它的存在和发展最有利的方向脱颖而出，并继续顽强地调整生命生存同它的世界的关系，采取最优化的生存方向展现开来。

生命唤醒生命，意味着教师艺术地自我创造。自我创造的过程，就是教师维持和提升尊严与价值的过程。

我鼓足勇气离开大地一会儿，然后回来重新开始创课——十年艺术创课，搭建草舍三间，我一间，月亮一间，清风一间，江山无法入住，那就围绕欣赏吧。

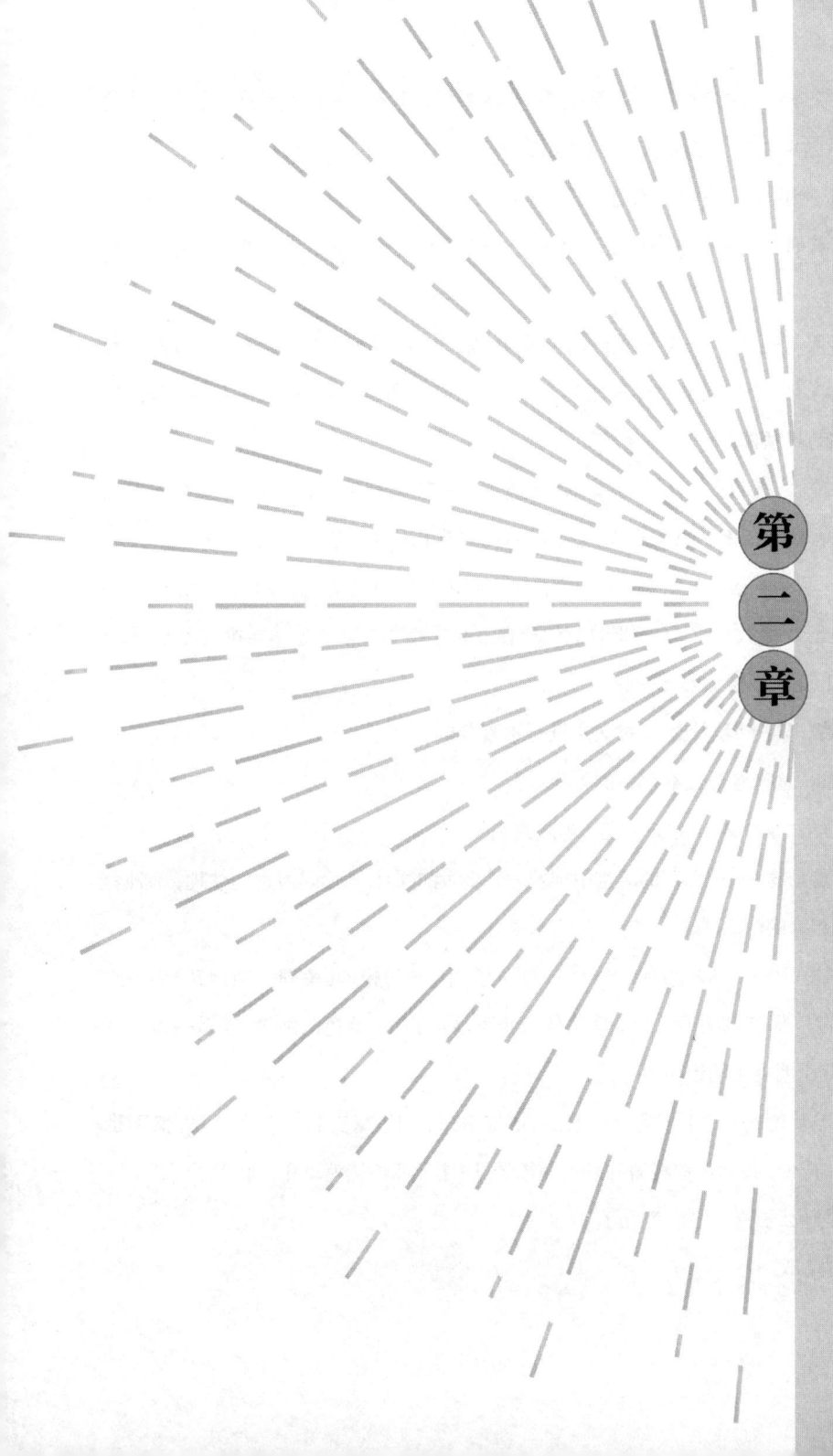

# 第二章 创课技巧与艺术

# 抓文本中的"隐点"创课

什么是文本中的"隐点"?"白鹭立雪,愚人看鹭,聪者观雪,智者见白。"文本中的"隐点",就是那"白"。创课,就是要透过文字表象,见到"白"。

譬如,《少年闰土》一文中有这样三个句段:

——深蓝的天空中挂着一轮金黄的圆月,下面是海边的沙地,都种着一望无际的碧绿的西瓜。

——其间有一个十一二岁的少年,项带银圈,手捏一柄钢叉,向一匹猹用力地刺去。那猹却将身一扭,反从他的胯下逃走了……紫色的圆脸,头戴一顶小毡帽,颈上套一个明晃晃的银项圈……

——下了雪,我扫出一块空地来,用短棒支起一个大竹匾,撒下秕谷,看鸟雀来吃时,我远远地将缚在棒上的绳子只一拉,那鸟雀就罩在竹匾下了。

这三个"看似寻常而最奇崛"的句段,在常规教学中,往往把它们割裂开来,读来讲去,不知所云。创课教学时,不妨把这它们放在一起寻找"隐点"。怎样寻找"隐点"呢?我们可以从以下三个层级发掘——

**第一层级:读出"是什么",对文本进行本真判断。**

本真判断,意味着对文本存在的无蔽展开。

**初读:** 读出"是什么",对文本进行本真判断。

第一句是景物——"深蓝的天空中挂着一轮金黄的圆月,下面是海边的沙地,都种着一望无际的碧绿的西瓜。"

第二句是人物——"其间有一个十一二岁的少年,项带银圈,手捏一柄钢叉,向一匹猹用力地刺去。那猹却将身一扭,反从他的胯下逃走了……紫色的圆脸,头戴一顶小毡帽,颈上套一个明晃晃的银项圈……"

第三句是事情——"下了雪,我扫出一块空地来,用短棒支起一个大竹匾,撒下秕谷,看鸟雀来吃时,我远远地将缚在棒上的绳子只一拉,那鸟雀就罩在竹匾下了。"

**再读:** 是什么景物、人物、事情?

是月、地、瓜。

是闰土。

是捕鸟。

**细读：** 是什么样的月，什么样的瓜，什么样的闰土，什么样的捕鸟工具？

是"圆月、西瓜、银圈、圆脸、竹匾……"

**深读：** "圆月、西瓜、银圈、圆脸、竹匾……"的背后隐藏着一个什么样的符号或者说什么样的几何图形？

**圆**。

本真判断是认知文本的起点和基础。只有实现了本真判断，才会有明确的情感、态度、价值观，才会有进一步的价值判断。

**第二层级：读出"怎么样"，对文本进行价值判断。**

价值判断，意味着对事物属性与人的需要关系作出判断。

"圆月、西瓜、银圈、圆脸、竹匾……"这些词语的背后隐藏着一个共同的符号——圆。

怎么会隐藏一个"圆"呢？

**首先，从哲学层面看——**

**宏观宇宙是圆的：** 时空广袤的宇宙所包括的太阳系、银河系、河外星系等无数亿个星系，每个星系所包含的千亿、万亿的恒星及大小行星都是圆形体，都是按照椭圆的公转和圆的自转轨迹而运行的。

**中观万物是圆的：** 一草一木，一鱼一虫，究其形体无一不是由圆点状的基本物质构成的。沧桑之变，万汇之颐，春夏秋冬，吐故纳新，新陈代谢，无不相抱成圆而无一不圆。大千世界，林林总总，万事万物都是圆的。

**微观世界是圆的：** 所有物质，无论是固态、液态、气态，都是由肉眼看不见的原子组成。原子是由正电荷的原子核和绕核运动着的带负电荷的电子组成，原子核又是由质子和中子构成，而这些一般呈圆点状态。

**人体结构是圆的：** 地球是圆的，母亲的卵子是圆的，人的大脑是圆的，人的眼睛也是圆的。地球绕太阳公转一周为365天，人体有穴位365个，月球绕地球公转12圈为12个月，人恰有大骨节12个；人体的八大循环系统也都符合自然界圆的规律。

**人生轨迹是圆的：** 无论是达官显贵还是平民，无论经历怎样的曲折、传奇，无论业绩怎样辉煌，无论是人生喜剧、悲剧，每个人都在做着从宇宙中来、又回到宇宙中去，从点到圆、又从圆到点归根复命的旅行。

27

人的思维是圆的："人的认识不是直线（也就是说，不是沿着直线进行的），而是无限近似于一串圆圈，近似于螺旋的曲线。"（列宁）

**总之，万物皆以圆统之**。整个世界宛如湖面上一张青盘滚珠的大荷叶，叶上洒水，散为露珠，大者如豆，小者如粟，细者如尘，无不浑然圆成！

设若不从哲学的背景与文本对话，就难以理解"圆月、西瓜、银圈、圆脸、竹匾……"的形态之圆。

**其次，从美学层面看——**

圆是一大美学定理。

如古希腊毕达哥拉斯派就提出："一切立体图形中最美的是球形，一切平面图形中最美的是圆形。"

在一切形式中，圆是最和谐、最完美的形式，圆常常给人以满足、快乐和幸福的感觉。圆美的本质是圆的流转变化，因流转变化，事物才变得绚丽多姿、气象万千。

圆是完美的极致，是无以复加的美。

设若，从美学的层面与文本对话，就不难管窥"月圆、瓜圆、圈圆、脸圆、匾圆……"的大美。

**再者，从心理层面看——**

圆，是人类的心灵图腾，是人类的精神寄托与慰藉。以圆为美是人的一种心理特征，是一大审美法则。对"圆"的同构是无意识的，并且是集体无意识的，所形成的"圆"之原型，在"所有人身上都是相同的，因此它组成了一种超个性的心理基础，并且普遍地存在于我们每一个人身上"，它以"无声的命令"决定、支配着人的行为，使我们都以祖先的同样方式把握世界和作出反映——以圆为美。

人们渴望生活"圆满"，精神"圆成"。圆是中国文化中的一个重要精神原型与心理期盼。

然而，人生总是有欠缺的，不圆满的。所以，缺什么，爱什么。爱圆，圆对人是一种安慰，是一种心理补偿。

阔别三十载，再回原乡。与其说是在视觉上回忆"圆月、西瓜、银圈、圆脸、竹匾……"的形态圆，不如说是在这种"圆"里回归童心（因为只有一个人达到人生智慧和真趣的极致，才能"复归于婴孩"与其精神状态一致，有一颗真纯朴素的童心。）寻回那份单纯、质朴、率真、爱与神圣，享受一份心理的安宁与抚慰。

自然，回原乡，咀原点，也是为加深体验今天，展望明天。作家的使命之一就是回向人生的原点，带着读者领悟原点，眷恋原点。文学有义务、有责任达到其所在历史时期的最高认识，并将其提升到哲学洞照的层面。

**第三层级：读出"怎么办"，对文本进行策略选择。**

策略选择，意味着在与文本对话"过程"中进行思考或行动选择。

我们要学会追求圆满，追求"人性"的圆满；追求"天地人合一"的圆满；追求在变中圆、在圆中变的圆满。

同时，我们还要善于从作者那里习得用笔的"神圆"。况周颐曾云："笔圆下乘，意圆中乘，神圆上乘。"笔圆是形式的完美体现，意圆是情感通过形式恰当的表现，神圆则是浑化无迹、微妙玄深的圆融至境。何以达至？文以气为主，气昌则辞达，气通则神圆。这里的气主要指精气、才气、灵气、神气。它是圆点之气、圆融之气、圆明之气。气，要养，要根据自己的个性特点通过主观努力以静养气，以心养气，以志养气。气韵充盈，蕴思含毫，放言落笔，文章自然神圆天成。

# 创课：陪着学生走向文本

"不要走在我前面，因为我可能不会跟随；不要走在我后面，因为我可能不会引路；请走在我身边，做我的朋友。"每每读到加缪的哲语，便想到那次草原之旅——

"放牧有两种。"在科尔沁，一位牧民边舀着奶茶，边与我聊天，"一种是牧，一种是圈。"

"牧？圈？"我边喝奶茶边求教，"请具体讲讲？"

"牧，就是陪着牛羊走向水草；圈，就是带着水草走向牛羊。"

"根本的区别是……"

"陪着牛羊走向水草，吃什么、喝什么，牛羊自己说了算；带着水草走向牛羊，吃什么、喝什么，全靠主人的心情。"

……

这最朴素的"牧经"，与"请走在我身边，做我的朋友"的哲思有异曲同工之妙，它给教学的启迪在于：是带着文本走向学生，还是陪着学生走向文本？

"带着文本走向学生"，希望学生"跟随"。这样无非是备齐草料喂牲口——上课无非是为完成任务而灌输与注射。譬如，《孔子游春》的家常课，笔者听了不下于二十场次。教学不外乎按照课后要求让学生生字"描红"，积累词语"圈画成语"，体会孔子论水的句义，背诵课文第二、八自然段……很多教师终究难以跳出完成知识性教学"规定动作"的窠臼。

"带着文本走向学生"，说白了，就是文本往往被窄化成"一把草""一勺水"，有时还被刻意加工成"激素"超标的"饲料与饮料"。教师的任务，就是"草一把""水一勺"精心地喂，学生的任务就是"草一口""水一口"乖乖地吃。不吃，则"灌"，甚至"注射"。

"陪着学生走向文本"，是一种创课的理念，也是一种创课的操持与技巧。它意味着教师只有对文本的科学价值和人文价值有着完整的理解，才能引领学生共同走向文本的圣境。还是看看一位老师是怎样创课《孔子游春》的吧。

他创课的第一个环节：先陪着学生走向教材文本——

颜回说："老师遇水必观，其中一定有道理，能不能讲给我们听听？"

孔子凝望着泗水的绿波，意味深长地说："水奔流不息，是哺育一切生灵的乳汁，它好像有德行。水没有一定的形状，或方或长，流必向下，和顺温柔，它好像有情义。水穿山岩，凿石壁，从无惧色，它好像有志向。万物入水，必能荡涤污垢，它好像善施教化……由此看来，水是真君子啊！"

创课的第二个环节：再陪着学生走向视频文本《水能看 水能听》。然后，牖启学生将教材文本与视频文本两相对话，徜徉其间，学生的视角得以扩放，思维得以洞开，慧识得以唤醒，于是，学生畅所欲言、各抒己见：

——给水看"谢谢""我爱你"等优美的词句，给水看"樱花""菊花"等美丽的图画，水分子的结晶图案规则而绚丽；给水听"古琴""维瓦尔第"等雅乐，水分子的结晶图案亦规则而美丽。相反，给水看污言秽语，听嘈杂噪音，水分子的结晶则杂乱不堪。一句话，水能看，水能听，水有灵性。

——《红楼梦》有言：女人是水做的。其实，男人也是水做的。因为正常人身体内的水分占70%。从这个角度来看，人就是水。那么，怎么可以让占到人体70%的水干净呢？最重要的一条就是看美景，听雅音，耳濡目染一切美好。

——孔子是有感而发，水有德行有情义，善施教化，讲的是善；《水能看 水能听》是科学实验，讲的是真。水，是真君子啊！

……

陪着学生走向文本，宛如陪着牛羊走向水草肥美的草地。那一只只吃着冬虫夏草、喝着珍珠矿泉、跳着欢快舞蹈撒欢儿的牛羊，想不长得膘肥体壮都难啊！

陪着学生走向文本，在于鼓励学生自己走完自己的逻辑。

# 创造自己的教材与流程

一个创课教师可以在丰富自己时代的同时并不属于这个时代；他可以向所有时代述说，因为他不属于任何特定的时代，这是一种对个性创课的最终辩护。在创课教学中，一个教师可以创造自己的教材与流程，拒绝接受任何规范所强加的任何限制。

同课异构教学公开课开始了，教师甲出示自创教学文本——

## 驯养天鹅

据说，驯养天鹅有两个方法：一个是把天鹅的一边翅膀修剪，使它失去平衡不能起飞，它就会安住于湖边；另一个办法是，把天鹅养在一个较小的池塘里，由于天鹅起飞，必须先在水中滑翔一段路程，才能凌空而去，若池塘太小，它滑翔的路程太短就不能起飞了。从前的欧洲动物园用前一个方法驯养天鹅，后来觉得残忍，并且展翅的时候丑陋，现在都用后面的方法。

学生静心默读文本之后，他们开始对话。

师：什么叫"驯养"？

生：饲养。

师：什么叫滑翔？

（生沉默。一时答不上来。）

师（有些着急）：怎么能不会呢？

（一个男孩子的小手似举非举……）

师（看到"救驾"的，马上喊他）：你说！

生：我从电视上看到飞行员在做滑翔表演训练。

师：这是解词吗？

（老师很生气，同学们很害怕，不敢吭声。）

师：这样解词，考试怎么办？抄下来——"某些物体不依靠动力，而利用空气的浮力和本身重力的相互作用在空中飘行。"

生：什么叫"浮力"？（怯生生地）

师：逞能！能考到吗？

（又是沉默。教室里只剩下笔在纸上"唰唰"蹭痒痒的声音。）

师：驯养天鹅有几种方法？

生（齐声回答）：两——种——

师：第一种方法是什么？

生：修剪翅膀。

师：第二种方法呢？

生：养在小池塘里。

师：欧洲人用哪种方法养天鹅？

生：第二种。

师：这篇文章的寓意是什么？

（还是沉默。）

师（嗓门逐渐调高）：再想一想！

（依然沉默。）

师（烦躁、气愤、责备）：多简单的问题都不会！真笨！"要给天鹅自由！"答案抄两遍，再念到会背，以防考试考到。

……

同样，当学生默读文本之后，教师乙也与学生展开对话：

师（真诚地微笑）：孩子们，愿意当一回小老师吗？

生（高举如林的小手）：愿意！愿意！

师：这回我做学生，你们当老师。给我讲一个故事，好吗？（边说，边把《驯养天鹅》发给学生。）

（生兴奋阅读，快速记忆。三分钟后，人人烂熟于胸，个个争先恐后地讲述。）

师：天鹅是一种高雅而又尊贵的鸟。你们喜欢吗？

生：喜欢！

师：我是你们的学生。我愿意向你们请教，第三种养天鹅的方法是什么？

生：建一个大大的公园，造一个大大的湖泊，天鹅就可以凌空飞翔了。

生（急不可耐地站起来）：请问，那要花多少钱呀？

生：保护好一片园林，保护好一片山水，天鹅就会在此安家了！

师：如果说孩子是父母眼中的"天鹅"，学生是老师心目中的"天鹅"。你们告诉我现在的父母、老师都是怎样养"天鹅"的?不要马上回答,先把自己的想法写下来。

(教室很静。表面上风平浪静,学生的内心却机锋万变。此时无声胜有声。十分钟后……)

师:请"小老师们"交流各自的想法!

生:我有两个翅膀,一个是学习,一个是玩耍。妈妈总是不让我玩,让我作业作业再作业,妈妈拿着一把剪刀把我"玩耍"的翅膀剪掉了;我有两个翅膀,一个是主科,一个是副科,为了升学考试,老师毫不犹豫地剪掉了我"副科"的翅膀。

生:我有两个翅膀,一个专长,一个爱好。妈妈为了我有一个专长的翅膀——钢琴,剪掉了我爱好的翅膀——足球。

生:我是个女孩子,我喜欢漂亮的服装。如果说服装也有翅膀,校服只是一个翅膀,可是,上学的每一天我都要穿校服,同学们也一样,在我们的童年里就少了另一只色彩斑斓的翅膀!

师:感谢"老师",给我一个新的思考角度!

生:每天上学放学,爷爷都要接送。双休日,我要和同学一起去郊游,爸爸怕我走失了,不批准。我成天被养在家里,日子长了还能飞翔吗?

生:驯养天鹅的人,为了留住天鹅供自己观赏或买门票,不惜采用修剪翅膀与缩小池塘的办法,使其不能飞走。天鹅折翅后,要靠主人供养。如果用驯养天鹅的办法养孩子,孩子折翅了,怎么办?

师:"老师"说得有道理!

生:我忽然觉得我们的教室就像一望无边的湖泊,同学们都变成了凌空展翅的天鹅。

生:我觉得老师就像一个很大的湖泊,我们就像天鹅,在练习滑翔、凌空……

师:我忽然觉得课文就像一片水草肥美的天然湖泊,我们每个人思想的天鹅,都在那里滑翔、凌空、展翅……感谢你们做我的"小老师",让我聆听了你们发自心灵的声音。

凭借自创的同一文本上课,教师甲和教师乙的教学流程是不同的。

**教师甲是为上课而上课。**教师的心只是在等待,等待学生的回答,等待结果的到来,等待结果与"标准答案"的契合。教师的心是活在下一刻的,是活在等待之中的,而不是活在此时此刻的。所以,他难免急躁些、烦乱些、痛苦些。

等待只被重视的结果的到来,教学过程中那妙趣横生的互动、灵动生辉的生成和曼妙丰盈的对话就不可避免地萎缩为追求结果的线形铺垫,一问一答变得没有丝毫乐趣,没有丝毫情感,没有丝毫爱心。失却了爱心的教学,同时也失却了心灵的唤醒、精神的相遇和生命的提升。当爱心让位给了结果,老师在苦苦等待中,变得高度紧张,紧绷着眼,紧绷着脸,紧绷着言行,紧绷着神经。对于这样一个神经质的人而言,倘若不能遂愿,学生就休想见到他(她)的笑脸。

只重结果,往往把结果看得高于一切。结果成了生命质量的判别式。老师难免成为结果的仆人,不顾一切,不惜采取一切可能的措施,甚至动用一切虚伪的、极端的、残酷的手段片面追求结果——考试。这种行为就像登山,不让学生自己攀登,老师却用缆车或者空降的方法把学生送上山顶。省略了登山的过程,在失去了登山乐趣的同时,也失去了登山的启示。虽然结果是人在山上、人比山高,但这并不是登山的全部内容。

旨在等待结果的教师把持一种分裂的心思,热切地与应试接轨。课堂上,旨在应试的意念一闪,老师就不可避免地把自己推向了学生的对立面,与学生心灵产生隔膜,师生之间便立起了一堵无形而又冰冷的墙。每一次教学,老师只能形单影只地站在墙的一边呐喊,而永远听不到墙的另一边学生心灵的真正回音。

为上课而上课的教师,就像一个人在打乒乓球,又像一个人在玩跷跷板,而另一方——学生总是在逃避他们。

**教师乙是为享受而上课**。教师的心全然享受现在,享受现在就是重视课堂中的分分秒秒,享受现在就是享受课堂人生的全部过程,中间没有放过生命的一分一秒,每一刻都活在真实之中。

这种真实是一种民主和谐、亲切融洽的氛围:学生一看到老师,就仿佛看到多日不见的妈妈,扑进怀里,偎依、撒娇;老师一看到学生,就像妈妈看到婴儿,爱怜、醉心。

这种真实是一种巧于做媒、穿针引线的艺术,使得学生看到文本,就像看到心仪已久的女友,在见面的一刹那,心中升起了喜悦。喜悦荡漾至学生周身的每一个细胞,喜悦弥漫在学生的心田。学生与文本亲密接触,无间对话。只要体验到了精神的愉悦,就会感激"女友"(文本)的到来,就会与其进一步发展友谊。

这种真实是一种身在课堂、心在课堂的专注。心在,是最深的智慧,是进入一切智慧的大门。

享受上课的教师,能够享受巅峰体验——肌体极度亢奋,血液循环加快,精神处于

35

全然真空状态，潜意识被强大的能量流打开，整个生命都是敞开的。这时，他（她）比任何时候都更加聪明、更加敏锐、更加机智，更富有责任心，更富有主动精神和创造力。他（她）能凭借一切教学资源，兴之所至、即席发挥、斐然成章。经历巅峰体验后的教师，对教学更有了源承神恩、三生有幸的特殊感怀。巅峰体验中的学生，经常收获惊讶和意外之感，以及刻骨铭心的豁然开朗的震撼美。

甲和乙，虽然同创教材，但流程各异，效果迥然。为什么？关键在于是否能缔结一种"好的关系"。

好的关系，就是人与人在一起的状态，给生命赋予一种原本不可见的形式。

不好的关系，用萨特的话说："他人即地狱。"怎样用来看待自己与学生，他人与自己，自己与自己的关系呢？简单地说：如果你不能正确对待学生，致使师生关系恶化，那么，他人就是你的地狱；如果你不能正确对待他人对你的教学判断，过分依赖他人对你的教学赞美，那么他人的判断就是你的地狱；如果你不能正确对待自己，不去从自己身上寻找原因，并且努力改造自己，那么你自己也就成为自己的对立面或者敌人，这时，你也就成为自己的地狱。显然，教师甲重蹈了"他人即地狱"的覆辙。

而像教师乙一样，真正的创课教师总是"拒绝接受任何规范所强加的任何限制，注重流变生成，注重为教育增添新的教学品种"。其创课并非仅仅驻扎在一堂课的设计作品里创造感受，而是把感受交给孩子，让孩子跟感受一起渐变，他们用创课的组合体把孩子们的心与魂牢牢抓住。其创课所创造的感觉的聚块，不是停留在纸面上的东西，而是给孩子们一些心灵的触动或震撼的新的东西。

# 创课，是唤醒生命的对话艺术

巴赫金说，生活中的一切全是对话。在我看来，创课，是一种生活。所以，创课，也是一种对话，一种唤醒生命的对话。确切地说，创课是一种唤醒生命的对话艺术。

生命肇始，是精子与卵子的对话；生命终结，是骨灰与坟冢的对话。握拳而来的第一声啼哭，是诗意盎然的对话；撒手而归的最后遗嘱，是心愿未了的对话。其间熙来攘往，藕连着生命主体喋喋不休的对话。人类生生不息，对话绵延不止。

人的健康存在离不开对话。因为人是一种社会性动物，不能脱离其他个体而存在，每个人都有与人对话、被人倾听和理解的心理需求。心理学"感觉剥夺"实验表明，大脑的正常发育，人的健康成长是建立在与外界环境对话的基础之上的。哪怕是三五天的短期"与世隔绝"，不与人对话，受试者就会思维迟钝，注意力涣散，出现紧张、焦虑、恐惧等病态心理现象，长此以往，健康的生命将难以正常存续。

人的对话是在语言文字中展开的。从这个角度来看，语文即对话，对话即语文。

对话语文，绕不开对话教学。对话教学是对话语文的实践精髓。

对话教学，是一种基于师生具有独立价值的主体之间的平等交流的教学活动，是一种学习者与客观世界对话、与他人对话、与自我对话的三位一体的教学活动。为此，创课，要围绕对话教学展开，让对话成为唤醒生命的艺术。

**创课，是唤醒生命的对话艺术**。创课对话是对独白教学的挑战与革命。独白教学尊奉一元、绝对、征服、排他，认为自己最正确、最权威，不同别人对话，不承认第二种声音，常常以一种无法企及的"上天的声音"来镇压学生"多种世界的声音"。可见，这种一元的独白教学是静态的，因为没有沟通，只有一统、专断和独语，因而缺少生命力，是对生命的磨损与戕害。

**创课，是唤醒生命的对话艺术**。创课对话主张多元、相对、合作、兼容，承认不同意见和不同声音的存在，认为自己的思想只有同他人的思想发生对话之后，才能形成和发展，从而寻找和更新自己的语言表现形式，衍生新的思想。

创课对话有效开展的前提，是教师要善于把教材文本与其他文本联系起来对话。教材文本只有在与其他文本的相互关联与对话中才有生命，只有在诸文本的接触点上，才能迸发出火花，烛照过去与未来，实现真正意义上的对话。

创课对话有效开展的标志，是教师引领学生与文本对话，"在每次对话中，一个个私密性的个体会合成一个公共团体，一部分公共领域便由此产生"，每个对话者都在自我语境中萌生出面向未来的新语境，感觉自己的内在生命在颤动、飞升中朝前迈出了新的一步。

创课对话有效开展的难点，是教师如何艺术地把不同声音融合在一起，不是简单地汇成一个声音，而是汇成一种合唱，使每个声音的个性都能得到完整保留。

创课对话有效开展的佳境，是教师与学生对话"若形之于影，声之于响。有问而应之，尽其所怀，为天下配"。实现这一佳境的前提是在绝对自由的状况下开展"主际对话"，这时，所产生的"三"才能永远高于"二"——对话前，你、我好的东西各自藏着；对话后，你、我好的东西不但能发挥出来，而且可能会发生"1+1>2=3"的质变。因为一个人身上有着绝对的真，要通过真与真的对话，才能达到提升的地步。真正的美，只有在主际对话中才能被唤醒出来，才具有真正的价值。

"蓝田日暖，良玉生烟"，可望而可即的创课对话不仅存在于具体的对话之间，而且存在于师生的各种声音之间，以及完整的形象之间。每一句话、每一个手势、每一次感受中，哪怕承受的物象并不多，仅一抹淡烟、一丝微影、一缕屐痕，但都有着"意弥深，味弥远"的对话回响。

当然，师生之间的对话关系不可以被简单地逻辑化，不可以被简单地归结为赞同或反对。有时，那些摒弃意味、阻绝思路、不循逻辑的对话"活句"更加充满张力，使得陈旧的语言变得字字珠玑、光彩奕奕；有时，那种人与人、人与物、人与自己三位一体的对话更加和谐，使得生态课堂能够实现以内生态体验为核心的类生态、自然生态之间的圆融互摄。在对话中，所有精神上的关系和所有被意识到的关系，以及正在被思考的关系，都是对话性的。

创课对话的旨归，不是教师对学生的灌输，而是师生相互唤醒：唤醒沉睡的心态与精神，唤醒崇高的使命与责任，唤醒甄别善与恶、真与假、美与丑的意识与良能，唤醒内心深处一个个重重的惊叹号，唤醒彼此的生命美！一句话，创课，是生命唤醒的对话艺术。

# 创课,怎样体谅学生

每一个学生与教师都是一个语言的圈子,教师与学生的语言圈子都有各自的界标,那么,创课中,怎样才能让学生说出一点东西,而不是给出预定的信号?

让我们一起走进《秋天的怀念》的创课教学片段——

师:母亲扑过来抓住我的手,忍住哭声说:"咱娘儿俩在一块儿,好好儿活,好好儿活……"

生:怎样才是"好好儿活?"

师:你能问出这样的问题,在我读到这个句子的时候,你就是"好好儿活",好好活在动脑发问中,好好活在人生思考上!

生:你呢?

师:我也是"好好活儿",好好活在与你的对话中!

生:老师,你看——

(窗外,树荫下,恰好一个妈妈正在给孩子喂奶……)这个妈妈也是在"好好活儿"……

师:是的,哪个孩子不是被一口一口喂大的。这一口一口喂大的过程得需要多大的耐心,这耐心就是母亲的爱心。

生:我明白了,史铁生病了,被疾病困在轮椅上,他发脾气、摔东西……他的妈妈从不责怪他,对他很有很有耐心……老师,我有那么多问题,又乱插嘴,打乱你的教学,你也很有耐心,像妈妈!

师:遗憾的是,现在像母亲对孩子一样真正有耐心的人太少,整个世界都在慌张。世上任何一种对话都需要耐心,人与人,人与物,与周边的环境,与一幅作品,所有的走马观花都只能看到表象,倘若深入去对话,连一条纹理都在传递情感,如大地的沟壑,水塘的涟漪,正在哺乳的妈妈眼角的鱼尾纹。

生:鲍勃·迪伦说答案就"在风中飘"(学生出口成章背诵)——

一个人要走多少路

别人才把他称为人?

一只白鸽要飞越多少海

才能在沙滩沉睡？

炮弹要发射多少次

才会被永远报废？

我的朋友，答案就在风中飘，

答案就在风中飘。

一座山要存在多少年

才能被大海淹没？

一些人要生活多少年

才能获得自由？

一个人要转多少次头

还假装什么都看不见？

我的朋友，答案就在风中飘，

答案就在风中飘。

……

其实，人的精神何尝不是一口一口被喂大的。

人，只有在相互之间说点什么——一如上文的"师生对话"，其语言世界才会一点一点累积，一寸一寸长大。从这个层面上讲，人的语言世界或者说精神世界是靠彼此对话相互喂养的一个成长过程。所以说，对话是人与人之间的实际精神关系。这种"关系"联姻的前提是审美。每个人都有自己的审美。审美是一种十分私人化的事情，正是这种私人化赋予了生活，尤其是艺术的丰富性和创造力。强行规定甚至试图统一人们的审美趣味、标准和意义，并不会满足傲慢的权力对某种道德高地的幻想和对艺术在左右道德能力上的幼稚期待，它只会戕害人们生存的情绪、信心和能力，尤其会让人们对艺术的理解力和创造力变得粗糙简单，最终拉低整个族群的品位、眼界和思维能力。审美是一个自由王国——体谅别人的自由，展示自己的自由。

基于此，审美的对话认为，每一个人都是一个语言的圈子，这种有着界标的语言圈子和其他有着界标的语言圈子发生接触，从而出现越来越多的语言圈子。由此才生的"总语言"，永远伴随着内在对话的无限性。这种真正意义上的对话，不是给出预定的信号，是要说出一点东西，是寻找一些借此能与他者联系的新语境。

# 创课，怎样落实文本的"读"

**钱锺书说**："……看文学书而不懂鉴赏，恰等于帝皇时代，看守后宫，成日价在女人堆里厮混的偏偏是个太监，虽有机会，却无能力！"

在创课者看来，任何文本的鉴赏，都离不开读。那么，怎样落实文本的读呢？笔者以为，文本的读是在读中进行的，试以《少年闰土》为例，谈谈怎样"读"。

## 一、熟读

熟读文本，仔细凝眸，你就会感受到《少年闰土》中的语言文字有色彩（深蓝、金黄、碧绿），有形态（跳鱼有青蛙似的两个脚；紫色的圆脸，头戴一顶小毡帽，颈上套一个明晃晃的银项圈），有神态（怕羞），有静态（深蓝的天空中挂着一轮金黄的圆月，下面是海边的沙地，都种着一望无际的碧绿的西瓜），有动态（挂、捏、刺、一扭、逃走）；悉心谛听，你就会感受到《少年闰土》中的语言文字有声音（啦啦地响了）；温柔触摸，你就会感受到《少年闰土》中的语言文字有手感（它的皮毛是油一般的滑），有温度（冬天捕鸟的冷，夏天捡贝壳的火热，月夜看瓜的清凉）；用心感应，你就会感受到《少年闰土》中的语言文字有情感（可惜正月过去了，闰土须回家里去。我急得大哭。他也躲到厨房里，哭着不肯出门，但终于被他父亲带走了。他后来还托他的父亲带给我一包贝壳和几支很好看的鸟毛。我也曾送他一两次东西，但从此没有再见面）。

每一次"凝眸"，每一次"谛听"，每一次"触摸"，每一次"感应"，语言文字都在读者的眼中"复活"，都在读者的心中"复活"，都在读者的灵魂中"复活"，都在散发着生命的芬芳与活力。

## 二、精读

精读文本，展开想象，你就会感受到《少年闰土》中的语言文字鲜活如画，映入眼帘："……他正在厨房里，紫色的圆脸，头戴一顶小毡帽，颈上套一个明晃晃的银项圈……"——少年闰土就在厨房里。

"月亮地下,你听,啦啦地响了,猹在咬瓜了。你便捏了胡叉,轻轻地走去……走到了,看见猹了,你便刺。这畜生很伶俐,倒向你奔来,反从胯下窜了。它的皮毛是油一般的滑……"——少年闰土就在月光下。

"下了雪,我扫出一块空地来,用短棒支起一个大竹匾,撒下秕谷,看鸟雀来吃时,我远远地将缚在棒上的绳子只一拉,那鸟雀就罩在竹匾下了。什么都有:稻鸡,角鸡,鹁鸪,蓝背……"——少年闰土就在雪地里。

"我们日里到海边捡贝壳去……"——少年闰土就在大海边。

少年闰土就在读者的心里,栩栩如生,光鲜如初,经久不散。

## 三、赏读

赏读文本,反复玩味,你就会领悟到《少年闰土》的语言文字里洋溢着一种美:

一种天然色彩美——那"深蓝"的天空,"金黄"的圆月,"碧绿"的西瓜,"五色"的贝壳,"各种颜色"的鸟,以及"紫色"的圆脸,"银白"的项圈。色彩明丽,浑然天成。

一种静动相生美——那深蓝的天空、金黄的圆月、海边沙地上的碧绿的西瓜,整个大自然是那么静谧,那么安详。但在这幽静的月夜,却不乏生命的动感:"一个十一二岁的少年,项带银圈,手捏一柄钢叉,向一匹猹尽力地刺去。那猹却将身一扭,反从他的胯下逃走了。"静中有动,动中有静,动静相生,和谐自然,令人心旷神怡。

一种辽阔鲜活美——那高远的蓝天,一望无垠的大海,广阔的海边沙地,那活泼的少年闰土,那猹、獾、刺猬、稻鸡、角鸡、鹁鸪、蓝背,那五彩的贝壳……相比高墙的四角天空,这个世界,可谓广阔而又鲜活。

一种两小无"隔"美——"他见人很怕羞,只是不怕我。""我"不把少年闰土视为一个比自己低贱的"穷孩子",少年闰土也不把少年的"我"视为一个比自己高贵的"少爷"。交往无须计较成本,两小无"隔",生命源头,人性纯美。

一种彼此丰富美——少年闰土来到城里,"见了许多没有见过的东西";"我"从闰土那里知道了"无穷无尽的稀奇的事"。高墙内的"我"与海边的闰土,两个纯真的、自然的少年无拘无束"对话",心灵在"对话"中融合,彼此都在这融合中变得丰富了。

能够敏锐地感受文本语言文字的美,感受到语言文字的魅力,感受到语言文字的生命活力，汲取其人文情怀，丰赡自我的精神世界，提升自我的生命价值——这样与文本对话，不只是有效的，而且是高效的、长效的。

## 四、美读

美读文本，含英咀华，你就会彻悟《少年闰土》笔法如诗如画。

**是诗里画，是画里诗，是轻灵如歌的行板。**鲁迅惯用白描，绘景摹人寓情，寥寥几笔，便可出神入化。恰好似国画中的写意。譬如开篇，虽不过三句，却尽显其诗画魅力。深蓝天穹，金黄圆月，幽渺海沙，一碧瓜地，以及月下刺猹少年……整个画面动静相宜，浑然天成，气韵流转，美轮美奂。这种真正的美产生于人和天地间的对话。人在天地间的和谐，诗与画达到的和谐，可以说是一种至美。当然，这种"至美"，也只有人在非常自由的状态下，才能捕捉得到、创造得出。

其色是缤纷明丽的。天之深蓝、月之金黄、瓜之碧绿、项圈之银白耀眼，冷暖和谐相生，明暗巧妙映衬，可谓各美其美，却又美美交融。其境是淳美悠远的。苍宇之浩瀚，清月之孤圆；海沙之邈远，瓜绿之无边。这境纳容着天地，蕴藉着自然。而在朗阔安谧的天地之中心，便是刺猹的美少年。他勇敢、机敏、矫健，举手投足间散溢着自然的灵气，生机勃勃，而又净瑕无琢。他的出现，让整个原本安谧的画境，瞬时鲜活起来，流漾出蓬勃的生命力。似也能嗅到咸涩海风的气息，聆听到海潮吻岸的轻语。那般真切！

美的景，美的人，美的事。这至美之境，是脱化于自然的。它未曾被尘音侵扰，亦未有俗虑嚣喧。它是诗，是画，或者说，是诗里画，是画里诗。有悠长的抒情，有轻灵的小叙，有活泼的迭转，有微起的波澜。它因此又恰似如歌的行板，曼妙的一曲天籁。

**是梦中真，是真中梦，是忆时含泪的微笑。**鲁迅是斗士。他一生都在以笔为枪，和敌人做不屈不挠的斗争。其文一向老辣犀利，弥漫着浓烈的硝烟气。可难得节选的此篇，却如此静谧馨和。

仿佛初发的植物，于皎皎月华里欢喜地生长。世界似又回到最朴真的状态。单纯，璞净，鲜美，而又丰饶。故乡、童年、友情……那些摇曳在生命源头的意象，多么像梦，模糊而又清晰，遥远而又真切。人穷尽一生所追寻的大梦，不都是衍生在那样的源头吗？

仰首，深蓝天心，一轮金黄月圆；俯瞰，浩瀚沙海，一地瓜圆滚玉。儿时的故园是那般辽阔明媚，牵人心魂。更难忘的是那月下刺猹的少年，他所给予的美好情谊，早和童蒙记忆里的故园幻化为一体。那是多么难忘的童贞友情呵！没有等级禁锢，没有贵贱藩篱。两颗纯真无邪的心灵，因着对自然的同种趣味和热望，从而展开幻想和想象的翅膀，对话，交流，无拘无束地融合在一起。缱绻净美的情意，像是缤纷的阳光，让彼此的世界生动丰富起来。再不是只看到"高墙上四角的天空"，生活开始显现诸多美妙的物事：各色的鸟、海边捡贝壳、雪天捕鸟、管西瓜、看跳鱼儿……流连在自然的心怀里，天性复还，自由自在，一切变得新鲜快意，可待可期。这都是友情的馈赠。

童贞的友情，让作者生命本初的记忆绽放出神异的光芒。这光芒潜存在他心底，永不凋敝。斗转星移，物是人非。斫真嗜美，令清者污，让善者恶，令纯者不存，让白者易色。浊世从来都是魔。多年后，当他以笔作武器，在黑暗厚重的社会障壁中，惨烈冲突，并渴望冲出一条光明血途的时候，蓦然回视，豁朗在眼前的，便是那样的画面吧：蓝穹，圆月，瀚海，沙地，瓜田，刺猬少年……甚而每一细节，都历历在目，清晰如昨。

那是梦中的真，是真中的梦，是忆时含泪的微笑。或者，还连同着那样的沉醉和怀想，关于友情、童年、故乡的；连同着那样的感喟和叩问，关于自然、本初、天性的；抑或，还连同着那样的追索和守望，关于自由、和谐、幸福的……

**是天人合一，是物我两忘，是赤子原乡的追索**。月下少年刺猬的画面，已然成了作者执迷追寻的梦。类似于古人的桃花源。置身于其中，俯仰间是天人合一的大美，是物我两忘的至境。世越浊，梦越清；梦越清，其神异的光芒，越能荡涤心魂。每个漂泊的游子，都需有精神归属。作者亦是。童年、友情、故园；缤纷的、辽阔的、鲜活的……这些丰美的意象，被纯真的童贞，被赤子的情怀，真切地构建在一起，成了作者借以安顿自己灵魂的原乡。"世界精神太忙碌于现实，太驰骛于外界，而不遑回到内心，转回自身，以徜徉自怡于自己原有的家园中。"（黑格尔）只要赤子之心还在追寻，那么灵魂的原乡地，便永不会陷落。只要原乡在，梦就可期！

# 创课的出发点和落脚点

值得每个创课者追问的是——创课的出发点和落脚点是什么。让创课教学案例来回答。

## 一、天之处高而听卑

生：深蓝的天空中挂着一轮金黄的圆月，下面是海边的沙地，都种着一望无际的碧绿的西瓜……月亮地下，你听，啦啦地响了，猹在咬瓜了……（《少年闰土》）

师：天高不高？

生：高！

师：月明不明？

生：明！

师：天再高，月再明，也要倾听底层的声音。你听——

生："啦啦地响了，猹在咬瓜了……"

师："天之处高而听卑"。你听——

生："啦啦地响了，猹在咬瓜了……"

（生越读越静，越读越走心，仿佛自己就是闰土。）

师：天人合一，地上细微的变化都会引起天的变异，它传递的是一种共生意识——天、月、地、海、人、猹、瓜……万物共生共长！

再读，深蓝的天空——

生：深蓝的天空中挂着一轮金黄的圆月，下面是海边的沙地，都种着一望无际的碧绿的西瓜……月亮地下，你听，啦啦地响了，猹在咬瓜了……

……

那一刻，我看着胶原蛋白富足、充满阳光和爱心的孩子，不仅仅是在读书，而是在读经，读禅，读他们发现美、享受美的幸福！

"月亮地下，你听，啦啦地响了，猹在咬瓜了……"多美的声音——"天之处高而听卑"！站在高高的讲坛上的师者，你听到了吗？

## 二、一双双嫩生生的小手在黑板上自由舞蹈

教室就像一只透明的鱼缸

每个人都是鱼

我是自己的异己者

兀自站在鱼缸外

盯着那些鱼（包括我自己）

看他们"游戏"

然后看见无形之水

盈满鱼缸

……

"无形之水，你的理解是……请写上黑板。"我话音刚落，学生争先恐后地板书……

一双双嫩生生的小手在黑板上自由舞蹈。凡是具有真正的、耐久的价值的对话教学环节，都是来自内心的礼物。这时，尽管他们个个在黑板上奋笔疾书，但是，这踮起的脚尖，并不标志他们在从下往上生长，而是从里到外生长……这才是一切生命自由的根本所在。（创课之《缔造完美教室》片段）

有人说，你的这一教学环节，我不理解。

尼采说，每一位深刻的思想家较为害怕的是被人理解，而不是被误解。后者可能会伤害他的虚荣心，但前者则会伤害他的心灵。他的心灵总是说："你怎么也和我受过同样的苦？"

## 三、一个来自星星的孩子

"天上的星星不说话……"我发现音乐课上就她一个人不开口唱，于是下课问她。

"没有人和她玩，除了她自己。因为她是自闭症患儿，6岁。老师说，都离她远点……"学生围着我七嘴八舌，"她一个人吃饭，一个人上厕所，一个人咬指甲盖……她很孤独……"

"孤独不是问题，害怕才是。"不管那班孩子听不听得懂，我还是微笑着和他们交心说话。

……

一个来自星星的孩子，就像一滴油，何必非要挤进水里呢？相似而不相容，是一种痛苦。

星空下，就有星星的孩子。太阳下，就有太阳的赤子——叽叽喳喳看似热闹，热闹总是连着寂寞。

马尔克斯在《百年孤独》里写下："生命中曾经有过的所有灿烂，终究都需要寂寞来偿还。"

当然，孤独不是让一个人变成星星的孩子，哪怕在网络里、手机上保持一定程度的孤独，不急于刷屏，不急于分享和评论，所言不多于所知。

很多时候，孤独才是自由。

孤独的时候，就像这个星星的孩子。孩子，你要记住，你的人生里没有他人的指手画脚，你也不需要证明什么，你就是你自己——一个6岁的孩子，肤白、眸明。

## 四、怎么和"人人都有使命感的"世界公民对话

不想用教学结果（考试排名）定义教学过往。教学过往不知道留给自己的究竟是什么，可能是庭院深深的重重心锁，可能是风一更雪一更的漫道，可能是月朦胧鸟朦胧的经验，可能是烟笼寒水月笼沙的烙印，也可能是人迹板桥霜的回忆。要到最后的最后也许才能明白。十字路口，无论何种选择，没有对错，只有无悔。

忙备课，忙上课，忙作业，忙考试，忙排名……为什么每天都这么忙？"忙碌"，可以使灵性消失，可以使勇气逃逸，可以使人失心。失心的忙碌有一种把人变成陀螺的抽力，尽管每一圈都会回到起点，仍教人甘愿耗尽所有力气。

"我最喜欢的故事之一就是约翰·肯尼迪总统参观美国宇航局太空中心的场景，他看到守门人手持扫帚，然后走过去问他在做什么。守门人回答说：'总统先生，我在帮助将人类送上月球！'"在哈佛毕业典礼上，扎克伯格畅言，"对于我们这代人来说，最大的挑战是创造人人都有使命感的世界……今天，我想谈能够创造人人都有使命感的世界的三种方式：共同从事有意义的大项目，重新定义平等以便让每个人都有追求各自目标的自由，以及建立全球性社区。"

人，教室的每个人都是美的出发点和落脚点。一个吃着"考考考"奶长大的"各人自扫门前雪"的农耕思维的人怎么和"人人都有使命感的"世界公民对话？

# 创课，不妨从改变一点点开始

创课，很难吗？

往灰色地带看教育总觉得朦胧一片，很难改变；向绿色原野看教育总觉得生态一片，正在改变。

创课，技巧在哪里？

在平淡的教学日里，每天创造一点美、一点好、一点喜爱……

## 一、黑手套白手套

课始，乐起。令人疑惑的是，不见执教老师。正纳闷，倏地瞥见钢琴上方，和着节拍，轻盈地浮现一只戴着白手套的左手，友好地向每个孩子摆了摆，接着出现一只戴着黑手套的右手，亲切地向每个孩子挥了挥。随之，"黑手套""白手套"轻轻拍了拍，亲亲握了握……

乐终，"黑手套""白手套"消失，蹲在钢琴下方的音乐老师起身，微笑着说："一年级的小朋友上午好！今天我们一起学习一支很好听的歌——《左手和右手》。"

"耶——"孩子们欢呼雀跃。

……

一入课，"黑手套""白手套"就吸引了孩子们的眼球，令他们欢呼雀跃。为什么？

原因很简单，老师的教学设计改变了一点点——平常的左手和右手，戴上了白手套和黑手套就不平常了。黑白的色彩反差，使得左右手被聚焦，被特写，被放大，被亮化。这时老师又相机出示《左手和右手》，自然而然点燃了孩子们的激情。激情满怀的孩子们对歌曲的学习充满了美好的期待。

课后，我饶有兴趣地问刚从业两年的执教老师："何以想到这一创意？"

"早上急匆匆赶着上班一心想着公开课，到了办公室，同事一笑，我才发现，左手一只白手套，右手一只黑手套。当时，我也会心一笑：呵呵！何不'将错就错'。于是，就诞生了这个'创意'！"

"改变一点点，竟是'踏破铁鞋无觅处，得来全不费工夫'！"我笑了。执教老师也笑了。

## 二、互相喂食樱桃

上课铃响，一堂五年级的作文课开始了。

"这是早上刚从超市买来的。"执教老师把一捧鲜红的樱桃放在讲台一张洁净的白纸上，说道，"喜欢吃的同学请到前台来取。"

四位馋嘴的同学争先恐后跑到台前，正欲伸手。

"且慢！"老师说，"想吃到樱桃要有个前提条件，请把塑料管套在自己的两只胳膊上！"

八只套上长长塑料管的胳膊变得无法弯曲，只有露出的手才可以拿到樱桃。

"下面同学只准观察，不准上前帮助！"老师说，"请品尝樱桃吧。"

四位同学无论怎样努力，自己始终难以把手中的樱桃放到自己的口中。这时，一位同学突然伸长胳膊把自己手里的樱桃喂给另一个同学吃。顿时，其余的三位也都把手伸向对方的嘴里"喂食"。这样，四个人都品尝到了酸甜可口的樱桃。

课后，我问这位执教了十五年的老师，为什么要这样设计。

他说，他的设计改变了一点点——对于本次习作"怎样理解合作"，由以前的空口说教变为亲身体验，让学生通过体验自悟：不合作，大家都吃不到樱桃；合作，大家都能吃到樱桃。这样，学生对合作的理解就不再是抽象的教条，而是一种融到血液里的体认。自然下笔行文也就会真实生动、血肉丰满了。

## 三、学生题写校名

学期之初，随访一所当地新落成不久的小学。走近学校，学校校名的字体一下子吸引了我的目光。

"如此稚气拙朴、散发着童真童味的字体，出自哪位大家？"我好奇地问校长。

校长朗笑回语："这是我们学校一位一年级的6岁孩子写的。"

作为一位行走校园多年的教育人，我曾看过不少学校的校名，大多邀请一些有"名望"的人题写。请一个乳臭未干的孩子题写校名，却很鲜见。我暗自思忖，如果我是这所学校的校长，敢冒天下之大不韪吗？心里的"大我"回答，如果认同校园是孩子的家园，孩子在自家门口写字有何不可？

这位工作了20多年的校长一反找名人题写校名的常态，请孩子题写校名，看似一点点小改变，实则是让教育回归孩子的大改变。

毕加索说："我在十几岁的时候就能画得像拉斐尔一样好，而我花了几十年的时间才能画得像孩子一样。""画得像孩子一样"就是追求一种回归于纤尘不染的生命源头的本真艺术。

纤尘不染的生命源头的本真教育艺术是什么？不就是通过让"孩子题写校名"，让教育回归孩子，让校园回归孩子生命本初的白云明月之性、高山流水之性的家园，回归孩子生命自由幸福成长的家园？

如果怀揣教育的梦每天改变一点点，人人改变一点点，还有什么曼妙丰赡的教育愿景不能达至？

创课，与其说是从改变一点点教学之"形"开始，不如说是从改变一点点的教学之"思"开始。创课之"思"是把特殊的"身体之思""情怀之思""历史之思"以及"生命之思"交错运行起来的创作过程。这种特殊的"思"，是在创课过程中采用超越主体和客体的方式，不受任何既定教法和程序的约束，单凭创作欲望和情欲的自我展现，在身与心、情与爱的多元审美中，把巧思妙悟与心灵对话创造性地统一起来，使得教学的许多美好想象与期许，朝着思想设定的创造方向迈进，引导学生从平俗的教学世界中走出来，走向崇高的人生境界。

# 创课，请让学生评课

评课真是迷路了，一条道走到黑。有人回忆小学生作文——小学四年级，一个男同学写的作文里有这么一句："我爸爸眼睁睁地看着中华人民共和国成立了！"结果被老师点评了半节课。还有一次作文要求写过年的事，可爱的男同桌写道："十二点的钟声敲响了，全家人高兴地穿上了衣服……"嗯，应该是落了一个"新"字。又被老师评了半节课。

**评课，难道没有第二条道路可走吗？**

一位中国教师曾经向《第56号教室的奇迹》的作者雷夫提出这样一个问题："你教语文，也教历史，还帮助学生排了许多莎士比亚的戏剧，那你究竟教什么学科？"

雷夫回答说："我不是教课的，我是教人的。"

雷夫的言外之意是，教师要在课程的深处看到人的存在，要从教材背后、教学背后看到人的存在，看到学生的存在。

我们怎么样看到学生的存在呢？仅仅说说而已？

我以为，看到学生的存在首先要改变"学生的不存在"。譬如，无论日常课，还是公开课；无论是大型观摩课，还是校级公开课，上完课之后，往往都是领导、专家、教师在评课，唯独学生被放逐。在创课者看来，要诗意地栖居于"课堂"上，就必须接受学生评课的"原语言"捐赠。因为学生才是课程的核心，学生缺席的评课，只剩下了一种声音。任何形式的存在，都不应该永远只有一种声音；只听到一种声音的存在，肯定是谎言，如果不是谎言，一定会有两种声音。

一次，应邀在江苏南通创课教学《月亮D面的故事》之后，我请学生书面进行评课。

南通师范第一附属小学六年级（12）班沈晗同学写道——

皎洁的月亮是多么美丽，令人有着无限的遐想。可令人不知的是月亮背后的故事。在孙建锋老师的公开课中，我们了解了更多与月亮有关的故事，而最打动我心的就是那月亮C面的故事。

故事的大概内容是这样的：一位孤单的老人独自住在月球上。在圣诞节前，有一个女孩用天文望远镜看到了她。女孩想让老人不再孤独，她想方设法，最终在圣诞节那天把一个望远镜送给了老人，让老人感受到了爱。

这个故事的结果令我十分震撼。我喜欢小女孩的努力，她能够坚持不懈地为一个与自己毫不相干的老人倾尽全力，使老人感受到了快乐。我认为人与人之间就要这样：在寂寞时陪他说一句话，在难过时你的一声问候，都能带给他温暖，给自己带来快乐。也许因为你的一句话，就会将别人的人生彻底改变；也许有你的陪伴，就会让别人从深渊中走出来。只要这个世界充满爱，那么就不会再有人孤独。

不管你用什么方式，只要让别人不再难过、不再沉默，这就是一种爱！

邵艾同学写道——

"月亮很美，可你知道吗？月亮的每一面，都有一个充满智慧而美丽奇幻的故事。"从深圳来的孙建锋老师这样说。今天，新的老师，新的故事，造就了焕然一新的课堂，给我带来了全新的体验。

课堂一开始，老师就做了一件让我们"匪夷所思"的事——让我们大声喊出他的尊姓大名。我们一开始很不好意思，支支吾吾半天才用蚊子大小的声音报出来。老师说："好像没有吃饭！"我们面面相觑，不知道老师为什么要让我们大声喊出他的名字。这时不知是谁领了个头，"孙——建——锋——"三个大字响彻整个会议室。此时我相信在场的每一位同学都会感到一股暖流传遍全身，我们都觉得眼前这位陌生的老师，仿佛和我们成了知己，成了忘年交。

不过在今天的课堂中，最打动我的，也是与以往大不相同的，是老师对我们创新的肯定。在讲月亮B面童话时，孙老师抛给了我们一个问题，让我们说说读了这篇童话后自己的感受。老师弯下腰，把话筒依次放到每一位同学的嘴边，前面的同学问了"为什么扫星星？""接下来会发生什么？"之类的问题。老师都点了点头，说每个人的想法都可以不一样。眼见就要轮到我了，忽然间，一个想法跃入了脑海，动物界有一种怪圈，是一种旋风形小洼，蚂蚁一旦步入这种圈，便陷入了死循环——一圈一圈地走，难以摆脱，直至死亡。

而我们现在，也正是滑入了这种怪圈。我们不断地思考这篇童话，导致观点重复，思维僵化，在这怪圈里做死一样的循环。现在我要做的，就是跳出这个圈，不再就事论事……我大胆地举起手，自信地对着话筒说："我们要学会创新，童话中的儿子敢于突破前人的规则，创造了新方法，仅需用锤子轻轻一敲大星星，大麻烦就解决了。"刹那间，我从老师的眼神中看出了惊喜、肯定与赞赏，还有鼓励。老师带头为我鼓掌，说："这就是创新思维，这也就是成才的关键所在。将来这位不人云亦云而另辟蹊径的女同学一定能有所成就！"

不知是因为被表扬了，还是因为兴奋，我的脸热烘烘的，心怦怦直跳。学习的志趣被点燃，回答的问题一个比一个精彩。整整上了一个小时的课，要在以往，可能会觉得十分冗长，可今天我却有一种意犹未尽的感觉。不是我不知足，我真想让时间倒流，让我再享受这来之不易的鼓励。

不一样的老师，不一样的故事，不一样的课堂，给我带来了不一样的体验和感受。

最值得赞扬的，是不一样的教学方法与思维模式。这堂课，通过童话般的教学让我懂得了真正的学习，是一种个性化、智慧化、带有创造性的学习。

又一次，应邀在山东枣庄创课《缔造完美教室》之后，同样请学生用笔评课——

### 缔造完美教室的先行者

枣庄实验学校六年级（2）班　朱恒睿

"全国著名特级教师……"在学校报告厅门口看到这些字眼时，我心里不禁暗暗称奇："孙建锋老师长什么样呢？要是能听他的课该有多好呀！"

终于，机会来了！我竟能幸运地参加听课！

课开始了，孙老师完全不端名师的架子，见到我们是那么亲切，真的是一见如故。当我们举手发言时，他径直走到我们面前，竟然蹲下把话筒递给举手的同学，一次、两次、三次……我都数不清他总共蹲下了多少次，这样的场景使我惊呆了，我从来没有见到过这样和蔼可亲的老师——蹲下来，比站起来更高啊！

他说："完美教室"是学生和老师一起缔造的，只有在老师与学生的一次次对话中，大家才能放松下来，像朋友一样。他又播放了几个小视频，让我们写下心中的感受。有时他会让我们一起在黑板上写出自己的答案，我们都争先恐后地拿起粉笔挤着写，就像一群小鸡在争着吃食，好玩极了。好玩的课堂，有趣的老师和学生，不就是完美的教室吗？

我多么希望"完美教室"能存在于每一间教室里，每一所学校中。感谢孙老师精彩的一课，他不愧是完美教室的缔造者和先行者，不知孙老师什么时候再来我校……

### 撕书记

枣庄市实验学校六年级（2）班　马啟祥

今天，我们和孙建锋老师一起"缔造完美教室"。

语言幽默风趣、目光坦率真诚的孙老师，给我一种朋友般温暖的感觉。他上课与众不同，别的老师都要我们学习课本上的知识，但他却让我们在看微视频中"玩"，两个小时完全是在娱乐般的互动中度过的。其中让我感触最深的一个视频是：一位外国老师在和学生们讲课本上一位博士的文章，但讲着讲着他停了下来，开始反驳书上的内容，然后干脆把课本撕掉了，并让学生们也把手中的课本撕掉。听着此起彼伏的撕纸声，我们禁不住跟着笑起来。

孙老师接着提问我们："为什么要撕课本？"我当时是这样回答的："这个故事表面上是在撕课本，其实是撕掉了传统的教学理念，传统教育是老师照本宣科，书本上写着什么就讲什么，我们就跟着学什么。我们要学会挑战权威。"等我们回答完问题，孙老师给我们每人发了《草船借箭》的课文，让我们进行反驳。大家众说纷纭，说"草船借箭"不应该说成"借"，而应该是"草船偷箭""草船抢箭""草船骗箭"。反驳完，大家都撕掉了课文，而我却悄悄把它叠好放进口袋里。我当时想，《草船借箭》是《三国演义》的节选，塑造了神机妙算的诸葛亮这一形象，所以不能用"偷""抢""骗"等贬义词来评价他。我们要学习的是作者的写作手法，而不是对着历史抠字眼。

"不唯书，不唯上，只唯实。"2003年，当"非典"袭来时，许多权威人士都认为是衣原体病毒，但钟南山院士却坚持认为是冠状病毒，从而为当时快速确诊、救治病人立下了大功劳。面对老师苏格拉底手里的假苹果，学生们都说空气中有苹果的味道，只有一个学生坚持说什么味道也没有，这个学生就是后来著名的哲学家柏拉图。

可以说，没有质疑和挑战，就没有人类的进步。当同学们都撕课文的时候，我却没有撕，这就是我听课的最大收获，也是一种挑战吧！

创课，之所以主张学生评课，是因为学生是创课的参与者与共同创造者，是创课不可或缺的主打元素，他们最知道"梨子的滋味"。在创课者看来，孩子评课，天经地义，而非"离经叛道"。孩子缺席的评课，是不可思议的，因为学生不在场的评课是智慧的、不周全的评课。我们的评课，究竟要让谁点头、谁鼓掌？不言而喻。可是，我们往往本末倒置，绕过学生，忘乎所以地"臆断"，课要么被评得飘飘欲仙，要么被评得摇摇欲坠……

关于评课，有人认为孩子人微言轻，请听尼采致卡尔·富克斯的话："完全没有必要替我说话，我从来也不希望如此；相反，抱一分好奇，就像对一种陌生的植物，带着些许讥讽的抵抗，就我看来，这是对我的一个无与伦比的聪明的立场。"

在创课者看来，评课要让孩子品味。品味的优点仅在于它能迅速且敏锐地发现每个教学环节带给他们快乐的本质。为了让孩子的内心兴奋起来，必须让才智流遍神经。在纯粹的评课中是否存在一种能扭转学生被遗忘的力量？是的。这种力量是否能穿透围墙，居住于无法居住之处，穿过浮躁、功利、倦怠的教育？是的。变化在评课中悄然发生。

问题是，我们为什么对孩子评课说"不"呢？我们害怕学生成为《皇帝的新装》里的孩子。我们在说"不"的时候更清晰地定义了自我是什么。于是，我们或多或少都学会了一些"逃避"，逃避灵魂的欲求与冰冷坚硬的现实相遇时发生的龃龉、碰撞、断裂或挫伤，我们甚至习惯了"你好、我好、大家好"的评课场面，没有勇气站起身来努力走出去，变得积极一点，"浪漫"一点，或者咬着牙像孩子一样做个阳光灿烂的人。我们似乎在等待好课从天而降，可什么也等不来。

其实，什么都不要等，因为在创课艺术世界中，凡是美好的就一定是美好的，即便不美的也至少不是邪恶的。在那里，创造构成完善，多样形成美丽；在那里，所有人的追求都是和谐一致的，而且与该世界也形成融洽的关系。就像落入泥土的种子，每一粒种子都有潜在的理想生命形式，每一粒种子又都是生长在绝对自我的秩序核心和栖居之地。

如果说我们的评课迷路了，不知道该走哪条路，创课，让你有能力知道不该仅仅选哪条甚至一条道走到黑的路。

## 创课，有时就像萤光

创课，有时会像萤光一闪，我们怎样呵护它，释放它呢？

一个周末。几杯香茗。几位教师。几本教材。几段对话。

### 一、天天向前走的孩子

《雨点儿》一文的课后练习"我会读"，有三个句子：

"雨点儿从云彩里飘落下来。"

"小松鼠从树上跳下来。"

"亮亮从屋里跑出去。"

教学时，我先让孩子们给"雨点儿""松鼠""亮亮"换个"位子"，然后再读。

"亮亮从云彩里飘落下来。"孩子们读完哈哈大笑。

"好玩吧？"我笑道，"亮亮要么是坐直升机或者降落伞下来的，要么这就是个梦话或者是个神话。"

"雨点儿从树上跳下来。"一个孩子说道，"这是个童话！"

"雨点儿从屋里跑出去。这就是个动漫啊！"孩子像发现了新大陆似的从座位上跳起来。

……

"你为什么要给'雨点儿''松鼠''亮亮'换个'位子'呢？"同事对这个创新的教学环节很感兴趣。

"我很喜欢惠特曼的《有个天天向前走的孩子》——他只要观看某一个东西，他就变成了那个东西，在当天或当天某个时候那个对象就成为他的一部分，或者继续许多年或一个个世纪连绵不已……"

她一边煽情，一边"煽智"，"每个教室，不都坐着无数个天天向前走的孩子？"

## 二、"圆",是人性的情节

与《少年闰土》对话时,透过文中"圆月、圆脸、西瓜、竹匾……"等语言描述,我发现文本背后隐藏着一个美丽的图形——圆。

"圆是什么?"我暗自思忖。

用数学语言解读:圆是最简单的闭合曲线,该曲线上无数的点与已知点的距离相等。

用文学语言解读:圆点,不就是故乡吗?曲线上无数的点,不就是游子吗?以游子思乡的感情为半径,不就构成了圆圆的乡情吗?

用哲学语言解读:母亲的卵子是圆的,生命的源头是圆的。人具有圆的情结,始终追求圆满,追求完美。

## 三、什么是"自己"

与《怀念母亲》对话时,要晓得人为什么怀念母亲,就必须先弄明白什么是"自己"。

己,是个象形字,弯弯曲曲像一段肠子,实质是指脐带。在母腹中,胎儿靠脐带呼吸,己,乃先天呼吸之道。脐连着母亲的胎儿称赤子。赤子与母亲连为一体。

胎儿一朝娩出母体,便靠鼻子呼吸,古汉语中的"自",即鼻子,鼻子乃后天呼吸之道。胎儿娩出母体,虽成游子,但游子与母亲连心。

自己,就是先天呼吸与后天呼吸之道的联系;自己,就是呼吸。吸进来,是一次重生;呼出去,是一次涅槃。人,无论长多大,无论走多远,无论位多高,无论钱多少,只要还有呼吸,岂能忘记生身母亲啊?

……

"月光亮丽,萤光星微。虽是萤光,胜似月光。因为那悠然传来的星点绿光,是萤火虫自己发射出来的,月光仅仅是太阳光的反射。"聆听了老师们创造性地与文本对话后,我对创课有了新的感悟,"教师创课时与文本对话的'思想之光',如果仅仅是假借教参或者专家权威反射的,哪怕一如月光'辉映天下',也不比萤火虫自身的灵光一闪,来得有元气,来得有生命,来得有诗情,来得有画意。"所以,作为创课教师,只要发现自己有一点点"萤光",都要好好呵护它、尽情释放它,光明就会站在你这边。

## 创课，人人可为

社会仅仅以一种精神概念而存在，真实世界中只有个体存在。在数字化时代，作为个体存在的教师是把自己的职业生涯献给别人的规划、献给功利、献给浅薄、献给惯性，还是献给创课？这取决于个人的选择。

当下风行"创客"。创客，是指不以赢利为目标，努力把各种创意转变为现实的人。创客以创新为核心理念，热衷于创意、设计、制造，有意愿、活力、热情和能力为自己，同时也为全体人类去创建一种更美好的生活。

教师怎样成为"创客"？在我看来，教师可以通过"创课"成为"创客"。创课，并非某个人的专利。创课，愿为者，人人可为。

一次，某名师工作室邀我为其成员讲一堂"对话"课。这堂课该怎样讲？我把自己作为"创客"，通过"写一写，读一读，听一听，说一说"四个环节，进行了一次别开生面的现场"创课"。

**写一写**：(　　) + (　　) = ?

彼此初相见，我先请工作室成员的老师们落笔写下自己的姓名，然后空两格再写下"孙建锋"，接着在两个名字之间写上"+"号，随后写上"="号，最后写上一个关键词。

一分钟后，这道加法算式便有了收获——

——"语文""师徒""差距""快乐""缘分""似曾相识"……

这个"对话"环节的创意设计，意味着对话开启的时候要身心打开，让人接收到你的心灵磁场释放出来的信息。心灵磁场是灵魂散发出的暗物质，是一种软实力，也是一种隐形力量。一个人的灵魂纯净，心灵磁场散发出来的信息自然能够净化身边的人，身边的人立刻会感到很舒服，觉得跟他有缘分。

**读一读**：(　　) – (　　) = ?

第一个"对话"环节过后，我相机请工作室成员的老师们读两组"图片"。

两组"图片"各三张，每认出一张图片上的人物就得到100分。然后用"认识的"减去"不认识的"完成算式"(　　) – (　　) = ?"。

第一组"图片"一出示，老师们异常兴奋地"惊呼"他们的名字——"王力宏、李敏镐、都敏俊"。在愉快的欢叫声中，每个人都轻而易举地获得了300分，极大的满足感与成就感使得他们急不可耐地要求赶快出示第二组"图片"。

第二组"图片"一出示，老师们却瞠目结舌、集体沉默，因为他们一个也不认识。

"她们是享誉全国的著名小学语文特级教师——霍懋征、斯霞、袁瑢，"我说，"请你们自己与自己对话，在心里完成'（　　）-（　　）=？'算式吧。"

"我想说说心里话，"一个老师按捺不住了，"演艺界三位当红的靓男我全认识，小语界三位著名的小学语文特级教师我一个不认识，300-0≠300，300-0=迷失与追慕。由此，我知道了自己的迷失，也悟出了该有怎样的追慕。"

……

从迷到悟有多远，一念之间；从心到心有多远，对话之间。

这个"对话"环节的创意设计，意味着对话的真义在于引导，引导语文人对人文价值观有着明确的追慕方向，创生"仰望星空与俯察大地"的高贵感。设若一个语文人缺少人文精神的"高贵单纯与静穆伟大"所形成的"追求真理"的气场，缺少求知的神圣感与崇高感，缺少对传承人类精神文明者神圣的敬畏感与仰止感，缺少经营内心精神的紧迫感与回归精神家园的皈依感，就会方向迷失、精神疲软、职业倦怠。走出这一窠臼，和过去的"迷失"斗争的过程，就是一个有向度的人的精神世界与深度的性格重生的过程。

**听一听：（　　）×（　　）=？**

第三个"对话"环节，是请工作室成员的老师们与三个微视频中的"对话"对话——

第一个微视频：崔永元与刘晓庆对话。

"晓庆老师，上次我看您那个《风华绝代》话剧演出的时候，我记得非常清楚，还有半个小时才开场，您就站在那个幕的一边，在黑暗中站着，是不是在把台词都得回忆一遍？"

"对！事实上我是提前三个小时就站在黑暗中，不跟任何人说话了。"

第二个微视频：柴静与冯小刚、李安、卡梅隆对话。

冯小刚：我的另一类电影里的玩世不恭的态度，其实这是一种自我保护的方式。比如说一个人骂你，他骂得没道理，你不去辩论。比如说他说你黑，你终于看出我黑了，我其实比那黑还黑！

柴静：你是觉得这让对方没话说是吗？（《看见》）

柴静：好像你的大部分电影都是讲纯真的丧失。

59

李安：纯真不光是丧失，你对纯真的怀念本身是一种情怀。我觉得那种怀念不能丧失。我觉得纯真在内心深处，还有你最珍惜的这种友情，跟人的关系。我觉得要保留，那是一种精神状态，那是种赤子之心。（《柴静专访李安》）

柴静：（2012年3月26日，57岁的卡梅隆，刚刚创下一项新的世界纪录，他独自蜷缩在狭小的潜水艇里，以每分钟150米的速度，下潜到世界海洋最深处马里亚纳海沟，下潜深度达到10898米，成为人类历史上第一位独自目击地球最深处景象的人。）你要在黑暗中历经长达十多个小时……这听起来并不好玩。

卡梅隆：那是你的感觉。

柴静：请你解释一下。

卡梅隆：对我来说有趣的是挑战本身，重要的不是刷新潜水世界纪录，重要的是创造新的技术，去探索地球上人类最后一片未知的地方。

柴静：科学探索不是你的事，你只是个导演。

卡梅隆：在过去七年中，我只拍过两部电影，却做了八次深海探索，所以我在这方面投入的精力远比拍电影要多。在好莱坞当导演只是我的一份兼职。

柴静：那你到底是谁？

卡梅隆：问得好！我想你问的是我对自己的定位。我认为我的本职是拍电影、写剧本，但创作剧本和深海探索是共通的。因为仅仅探索是不够的，你还要把记录的画面和故事带回来，并和大家分享。（《柴静专访詹姆斯·卡梅隆》）

第三个微视频：刘航与杨丽萍对话。

刘航：（最近，杨丽萍携她担任总导演兼女主角的大型舞剧《孔雀》在全国各地巡演。在昆明我与舞蹈家杨丽萍进行了一场关于舞蹈、生命与自然的对话。）你对舞蹈的定义？

杨丽萍：宗教和信仰。用语言没有办法表述的时候，舞蹈是我的最佳语言。有时，我讲话都讲不好，但是我能用舞蹈表达出来。

刘航：有人很好奇，这种灵感来自哪里？

杨丽萍：全部来自大自然。其实我觉得我真正的学校是生活和自然，还有生命本身的这个过程，是太好的一本书。

刘航：（在大型舞剧的开篇中，杨丽萍在一个颇具震撼效果的梦境中出场，剧中的孔雀是鸟,也是人,是大千世界的芸芸众生。孔雀化身的杨丽萍,通过孔雀的动作来表现爱恨、伤害、诱惑和彷徨。这些情感的流露,也是她带自传性质的表达。)你对孔雀的感情?

杨丽萍:冥冥之中,我老觉得我和她分不开,可能我觉得我上辈子就是孔雀吧……(《生命舞者杨丽萍》)

这个"对话"环节的创意设计,意味着三个微视频中的"对话"为"被乘数",而每位教师的对话则是"乘数",若"被乘数"不变,"积"的大小取决于"乘数",设若不去对话,"乘数"为零,"积"自然为零。

**说一说**:(　　)÷(　　)=?

从教育的视角,说一说你与微视频中的"对话"有怎样的对话。

工作室成员的老师们一下子打开了话匣子,畅所欲言、各抒己见——

——微视频中的刘晓庆是演员,冯小刚、李安、卡梅隆是导演,杨丽萍既是演员又是导演。我觉得,一个好老师既要像刘晓庆一样做个好演员,又要像冯小刚、李安、卡梅隆一样做个好导演,更要像杨丽萍一样既做个好演员又做个好导演。

——刘晓庆作为一个演员,为了更好地"入戏",在《风华绝代》话剧演出的时候,她提前三个小时站在幕后的黑暗中,就不跟任何人说话了。作为一名老师,为了上好每节课我们要不要提前"入课",课前三分钟,或者课前三十分钟,就把将要上的课"过一下电影"呢?

——在我看来,冯小刚、李安、卡梅隆三位导演,都有孩子气。

冯小刚有一种孩子的"抗逆",李安有一种孩子的"纯真",卡梅隆有一种孩子的"冒险"。其实,每个人的心中都有一个内在小孩。无论你是否看到他、关注他,他都如影随形地跟着你、提醒你。有人说内在小孩是我们的"真我",而所谓"成为你自己"就是为他去除各种束缚,从而活出真实的自己。作为一名小学教师,要把心中内在的小孩放出来,和你班的孩子一起"玩",这样才能"玩"在一起。

——我心仪卡梅隆,不仅仅因为他执导了享誉全球的大片《泰坦尼克号》与《阿凡达》,更因为他独树一帜的探索精神。表面上看来卡导的"潜海"是不务正业,正因为他的"不务正业",才看到了别人不曾看到的海底景观。他又把这"景观"变成画面和故事与人分享。他的追求,他的冒险,他的探索,他的个性,他的视野,他的洞察,他的创造,他的分享……构成了他的大格局。正因为他的格局大,他执导的电影也成了大片。我常想,每个孩子的内心世界不都有一片深不可测的大海吗？老师能像卡梅隆一样潜入孩子心海的马里亚纳海沟探索吗？能像卡梅隆一样胸怀大格局执导好每一节课吗？

——杨丽萍能够自编、自导、自演大型舞剧《孔雀》，是一位名副其实的舞蹈家。我想，一位优秀的教师也应当像杨丽萍一样能够独立开发课程，独立设计教案，独立进行教学公开课。

——杨丽萍有三点值得我学习：一是把舞蹈作为一种宗教和信仰；二是把自然、生活、生命过程当作老师；三是表演舞蹈《孔雀》能够人鸟合一。教师能不能"人本位"，把孩子当作"宗教和信仰"？能不能"心相印"，课堂上通过对话做到师心、生心合一？能不能"多元化"，常看看自然、生活与生命的无字书？

……

这个"对话"环节的创意设计，意味着三个微视频中的"对话"为"被除数"（定数），而每位教师的对话则是"除数"（变数），"商"的大小取决于"除数"，设若不去对话，"除数"为零，则无意义。

"创课"成为"创客"，怎样看？

在大卫·布鲁克斯看来，没有一件值得一做的事情，可以在人的一生中完成，我们必须用希望来拯救；没有一样真实或者美丽的东西可以在历史的一瞬间展现它的华彩，因此，我们必须用信仰来救赎；没有一件事情，哪怕它是美好的，我们可以独自完成，因此，我们必须用爱来拯救；没有什么善良的行为是完全的善，不论是从朋友、敌人，或者我们自身的角度都是这样，因此我们必须用完全的爱来拯救，也就是用宽容。

人的与众不同的标识，既不是他的形而上学的本性，也不是他的物理属性，而是他的创造性。人只有在创造性的活动中才成为真正意义上的人。"对未来的真正慷慨，是把一切都献给现在。"（阿尔贝·加缪）在我看来，一个人只拥有此生此世是不够的，他还应该拥有诗意的世界。

无论哪一天，无论哪间教室，无论哪位教师，只要你愿意，愿意怀揣"希望、信仰、爱与宽容"，都可以从现在开始创课。创课，教师人人可为！

# 创课者眼里，儿童优于我们

**在创课者看来，与孩子们在一起，会非常令人感动。**

## 一、"复归婴儿"真美

她剑桥博士毕业之后，嫁了一个英国人，定居伦敦。不几年，她家宝宝便开始了牙牙学语。

都说李白的《静夜思》通俗易懂、妇孺皆知，可是在她家就是妇知，孺不知（不懂）——人家宝宝却能凭着自己的外国口音和非凡的化繁为简的理解力，演绎出更通俗的版本：

她（字正腔圆地）：床前明月光

宝（费尽九牛二虎之力地）：窗前没有光 窗前没有光

她（轻轻地）：疑是地上霜

宝（大声地）：一个地上霜 窗前没有光

她（抑扬顿挫地）：举头望明月

宝（百思不得其解地）：记得晚上月 窗前没有光

她（饱含感情地）：低头思故乡

宝（恍然大悟地）：西头是故乡 窗前没有光！！！

……

宝宝简直萌化了，出口成"诗"。

"诗"可比肩李白，让人"惊异"：一个是从混沌无知到自我意识初萌；一个是打破一般的自我观念而创造新的世界。前者是自发的，后者是自觉的。一般成年人的日常生活了无趣味，是因其自我意识通过知识、判断确立起来之后，失去了进一步创造和提升的余地。确定的知识、固化的判断都是"惊异"的对立面。少数人则以其创造性活动赋予人生新的意义，也为文化注入新的精神活力。这正是老子主张"复归婴儿"的深刻之处。

"复归婴儿"之后，才有可能创造"惊异"。惊异，是激发人精神生活的催化剂，是将人的精神生活提升到审美境界的助推器。

"复归婴儿"是每个成人应该播种的希望。希望总是与实现希望的劳作紧密相连。

"希望也是痛苦与幸福、黑暗与光明的转换。所以,一次希望就是一场不平静的战斗。"(康德)

## 二、有机会改变

这一周看到一个孩子落泪了。

那是周二,笔者到某班听二年级的一节公开课。老师正在黑板上抄写"百花齐放"的解释——很多种花一起开放。

"同一棵树上的花,都不会一起开放的,许多花怎么会一起开放呢?"这时,一个小男孩勇敢地站起来提出自己的"见解","春天来啦,不论什么样的花都能够按照自己的样子开放。"

"是听你的,还是听老师的?"执教老师的第一反应是对孩子的考试"负责"。因其"责任心"太强,所以已经进入了无他(听课老师)的状态,"如果听你的,考试怎么办?"

"谁的对,听谁的!"小家伙很有个性!似乎不把老师当外人,"那考试也不能不讲理啊!"

"说谁不讲理呢?"老师一听火了,于是下了逐客令,"出去!"

孩子走出教室时,流着眼泪……

每一天,每一课,每一个孩子的心都需要被人倾听。

课后,我给执教老师发了一条微信——"我们所遇到的一切都有美好的旨意,即便有时我们难以理解。"随后,发给他的还有一篇随笔——《每节课,每个环节,我们都在"创课"》。

创课的独特之处在于其变化不居:创课从未固定,因为它自己的生命活动、课程活动都在不断变化,好似水在流动的过程中不断变换位置。

因此,"异"是创课的关键词。

创课的"异"表现在它对于已确信的事物的否定。

创课者的任务在任何时代都不是对"现在"的代言,而是对未来的构想。创课者有"异"的观念,否定当下,否定固化世界的内部。创课者对确信总是持否定态度。很多事情都是不可确定的,都是有偶然性的,我们有机会去改变。创课者的乐观主义是真正的乐观主义。

创课者信仰陀思妥耶夫斯基在《卡拉马佐夫兄弟》中的一句话:"无论事业多么伟大,只要引起孩子的一滴眼泪,那么我就不做。"同理,无论标榜多么高尚的事,只要个体的异被压制,那么我们也要斗争到底。

## 三、课,创得很有"骨感"

一节微型口语交际课开始了——

执教老师一走进课堂就举起手中的一枝花,满面春风地问孩子:

"这是什么?"

"花。"五年级的孩子快速齐答。

"如果现在有一只小猴走进来,我把花在它面前摇一摇,它会做什么?"

"它有可能一把夺走这枝花。""也有可能不感兴趣,连看也不看一眼。""不确定,也许会吓跑吧!"

"小猴是如何看待这枝花的呢?"

"它把花看成一块鹅卵石。"

"那么谁是对的?人还是猴?这个东西是花,还是鹅卵石?"

"我认为他们都是对的。因为在我眼里,老师手中拿的就是一枝花;在猴子眼里,它就是个鹅卵石。"

"人有人的权利,猴子也有猴子的权利。对于不同的观者而言,这个物体既可以是花,又可以是鹅卵石。"老师接着问,"如果我把这个物体放在课桌上,我们和猴子都离开了课室。课桌上的这个物体是花,还是鹅卵石呢?"

"如果人和猴子都不在,那么它哪个都不是。但是它有成为花和鹅卵石的可能,这要看是人还是猴子走进课室了。"

"当人和猴子离开了课室,课桌上的物体就是'空的'。我们周围一切的人、事、物都是空的,具有潜能。它们和这枝花一样,是什么,怎么样——取决于是谁在看。"

……

这节用心对话的创课很有"骨感",棱角分明、干练清朗、意蕴丰赡,颇具审美价值。

显然，它在逼近"创课艺术"。

创课艺术，意味着创课是教师生命自身的自我创造、自我展现和自我实现的过程。创课教师，只有真正把握自身生命的脉动频率，掌握自身生命内在要求之精华，才有可能创造出富有生命力的教学艺术作品。

教学艺术作品最生动地表现出教师本人的生命特征——

"是花，还是鹅卵石？"答案并不重要，得月而忘指，"我们周围一切的人、事、物都是空的，具有潜能。它们和这枝花一样，是什么，怎么样——取决于是谁在看。"教师有什么样的生命状态和生活风格，他就会创造出什么样的教学艺术作品。

只有当一位教师真切地感受到自身生命的快乐、痛苦和追求理想的时候，他才能创造出真正符合其自身品位的教学艺术作品。对生命无所感受、无所体验和无所忧虑的教师，不是真正的教师，他也不可能创造出优秀的富有生命力的教学艺术作品。

纵观以上创课案例，如果像传统课堂一样，总以为孩子不如我们，我们优于孩子，他们需要我们的耳提面命，这样的想法和做法不仅不能增强我们的自爱，反而会损坏我们的自爱，暴露我们的自负和傲慢，因为事实上在精神道德方面儿童优于我们。

# 创课，创"点"在哪里

创课，创"点"在哪里？在日常教育教学的点滴行动里。

## 创点一，"由讨论决定自己的座位"

开学第一课，老师在黑板上画了一张图，让学生们自己组织，按照苏格拉底圆桌讨论的方式重新决定自己的座位。

"我想告诉大家一件事情，听着，你有选择，这件事情（课桌位置）我可以安排好，不然你自己来。"接下来，老师引导学生们讨论各种假期话题。同时，希望这样的讨论在老师不出现的时候，也可以进行。

借用惠特曼的诗意，教师不应该像法官断案那样来看待"座位"，而是应该像太阳临照软弱无力的"孩子"。这样，才是在乎学生的存在，在乎学生的尊严，在乎公正，在乎爱。爱孩子，便是尊重他的独立主体，同时尊重他的选择。选择的意义，不在于我们拥有所有可能性，而在于要在诸多可能中选择其一，然后放弃其他。选择，是取，同时也是舍。

## 创点二，"关注那个不可见的世界"

《飞向月球》阅读教学临近尾声，张老师不是催生孩子的"荷尔蒙"，而是投影一张PPT——《月球上的唯一一件艺术作品》："Fallen Astronaut 倒下的宇航员" Paul van Hoeydonck(B.1925, Belgian) 进行延展阅读。

1971年，阿波罗15号的宇航员Dave Scott在没有得到NASA的允许下，悄悄地将一个由比利时艺术家Paul van Hoeydonck制作的铝制小人放入口袋，带着它一同踏上了月球。

在离开前，Dave Scott将小人永远地留在了月球的土地上。小人的背后，有一方小小的纪念牌，上面写着因盲目的美苏太空竞赛而失去生命的6位苏联宇航员和8位美国宇航员的名字，暗示着人类为此付出的高昂代价。

月球上没有大气层，小人静静地躺在那儿，扑面而来的是宇宙深不可测的黑暗。

我发现，这张PPT上的文字很有魔力，学生读得如饥似渴。此PPT的力量在于"间"，在于"阻隔"。一张PPT，一个屏幕，挡住了我们鲁莽的一往无前的去路，我们被迫停顿下来，而宇宙在这张PPT里向前展开。我们终于有了一丝机会，去关注"那个不可见的世界"，用自己的眼睛触碰那可怕又可敬的爱。

这个创"点"的价值，不只在于引领学生关注"那个不可见的世界"，还在于拓展学生的视野。每一部文学作品都是文学的一部分，而文学大于任何一种语言的文学。所以，要唤醒学生，不囿于课本，要广角度接触文学，接触世界文学，不只是逃出民族虚荣心的"监狱"、强迫性的地方主义的"监狱"、愚蠢的学校教育的"监狱"、不完美的命运和坏运气的"监狱"。文学就是自由。

## 创点三，"关注教育之外的教育"

前不久，笔者应邀做了一次《教育之外的教育》的讲座。一开始，我卖了个关子，说，不戴白手套，就不敢用手碰它。猜猜看，它，是什么圣物？看着老师们充满期待的眼神，我讲了个《一封信》的故事——

朱清时的友人，刚刚从伦敦佳士德拍卖会上把爱因斯坦在1955年3月21日写的一封亲笔信请回国内。这封信好像另一个世界中的宝物，突然通过"虫洞"出现在他面前。天哪！他既兴奋又局促不安，因为没有准备白手套，不敢用手碰它。友人们让他把信拿回房间去，一个人慢慢看。

朱清时古稀之后，突然见到这个终生崇拜的偶像的亲笔信，并且能够这样零距离接触，哪能不激动？信原件是用德文写的。他不懂德文，但是事先已收集了有关它的英文资料，所以知道内容。他长时间地看着爱因斯坦清秀的字迹，用放大镜看纸张中的纤维，看笔尖如何划过这些纤维，从中感觉到爱因斯坦当时的思绪。这封信是爱因斯坦得知终生挚友贝索病逝时，写给贝索亲属的信。在感谢贝索的儿子和妹妹告知自己贝索的死讯后，爱因斯坦说："贝索的逝世是他的和谐一生的终点。对于一个敏锐渊博的人来说，和谐一生是稀有的礼物。""我最尊重他作为一个男人，能和妻子一辈子和平相处，而相比之下我很羞愧有过两次失败的婚姻。"从这段话中，可以感受到爱因斯坦对自己家庭生活的心境。

在临近信的结尾处，爱因斯坦写了一段著名的话，既是对他的挚友说的，也大概是对自己说的："现在，他又比我早一点点离开了这个奇怪的世界。这一点并不重要。对相信物理的我们来说，不管时间多么持久，过去、现在、未来之间的分别，只是持续存在的幻想。"

爱因斯坦在这段话中流露出的心境，既看穿了世界，也看穿了人生。他并不留恋。写完这段话的四个星期后，1955年4月18日，他也走了，终年76岁。

"尘世间，唯有具备'灵魂相似度'的人，才能真正读懂彼此，精神的血缘，可以跨越时空，将失散已久的亲人，紧紧绾结在一起。"讲了这个故事之后，我相机和老师们聊了起来，"如果说朱清时与爱因斯坦是有'灵魂相似度'的人，年逾古稀的朱清时读懂了爱因斯坦的什么？如果说教育就是教师和学生一起寻找有'灵魂相似度'的人，那么，'我'的灵魂是什么？'谁'是与'我'有'灵魂相似度'的人？'我'是'谁''灵魂相似'的人？"

当时，我先请老师们冷静想一想，然后落笔写下来。不少人迟迟不能落笔，苦于"我还没有灵魂"。

人类灵魂的工程师，岂能没有灵魂？倏地，我想起加缪的箴言："我知道这世界我无处容身，只是你凭什么审判我的灵魂。"我虽然为自己的冒进致歉，但是，如果在教育路上"我根本没有灵魂"，那么"我永远是自己的陌路人"。一个陌路人就会始终是自己真情实况的受难者。

有人说，创课的点，一半的人不知道；知道的一半里，一半的人不喜欢；喜欢的一半里，一半的人说看不懂；懂得的一半里，一半的人懂错了。其实，创课的点，没有那么深奥，不就是教者每天革命一点点，持续做，从早到晚，从夜晚到梦里，只想着把每一点做好。从点开始，点的延长就成为线，点的集合可以产生万物。谁如此创课，那些不属于创课的事，会一件接着一件持续脱落。我们的所做所为应当决定我们放弃什么。当然，凡是创不出来"点"的，就是我们还不理解的。创课的点，真正意义上的进阶，应该是教师知识的积累，见解力的提高，真诚的发心，阔朗的胸襟，无限的创意。每创一课，都是创课之前所有发生的总和——你的经验、你的阅读、你的栽种、你的慧根、你的良知、你的良能。创课者，必须知道自己的来路，必须机警，并对自己保持尊敬。你的选择既是收割也是叠加，是回应开端，也是念诵保持。

# 创课贵在"一字未宜忽"

**创课教学，有时要一句一句、一字一字，贴着地表，款款对话，教师不急，学生不急，时间的花开在课堂中，精神的根扎入大地里。**

那么，我们的创课教学怎样做到"一字未宜忽，语语悟其神"呢？如下创课教例，或许能带给你启示——

## 一、是"借"箭，还是"骗"箭

生：读了《草船借箭》，与其说是"借"箭，不如说是"骗"箭。

师：为什么？

生："借"，是请求别人借给自己没有的东西，但要如期归还；骗，是为了达到一定的目的，耍手腕，甚至采取不阳光的行动。

师：有道理。

生：从整个故事来看，诸葛亮显然不是"借"箭，而是"骗"箭。

师：是吗？

生：他一骗周瑜：三天"造"箭十万支；二骗鲁肃：私拨小船二十条；三骗曹操："奉献"箭十万支。

师：这正是诸葛亮的智慧。

生：这种欺上瞒下、只讲结果不问过程的诡道，不是优质的智慧，而是江湖骗术！

……

是"借"箭，还是"骗"箭？答案并不重要，重要的是学生不迷信课本，不盲从答案，善于独立思考，敢于实话实说——"骗术"不等于"智慧"。

记得，一项关于"你心目中最有智慧的人和事"的心理学调查，分别在中国和美国的相关人群中展开，结果发现，中国人心目中最有智慧的人是诸葛亮，最具智慧的事是空城计与草船借箭；而美国人心目中最有智慧的人是爱因斯坦、牛顿、亚里士多德等科学家与思想家，最具智慧的事是科学家的发明创造。

与国际视野接轨,我们还有很长的路要走。

## 二、是"捉"鱼,还是"钓"鱼

师:听老师朗读——

"在清水田里,时常有一只两只白鹭站着'捉'鱼,整个的田便成了一幅嵌在玻璃框里的图画。田的大小好像是有心人专为白鹭而设计的。"(《白鹭》)

生:老师朗读得很好,遗憾的是读错了一个字。

师:哦?

生:课文中写的是"钓"鱼,不是"捉"鱼!

师:请在黑板上写下你的名字!

(生兴高采烈地书写……)

师:我很欣赏你,听得认真,同时勇敢地指正我朗读的错误。

现在,我立即改正——

"在清水田里,时常有一只两只白鹭站着钓鱼,整个的田便成了一幅嵌在玻璃框里的图画。田的大小好像是有心人专为白鹭而设计的。"

师:这里用"捉"鱼和"钓"鱼不一样吗?

生:用"捉"不如用"钓"。"钓"是等待鱼过来,而"捉"是主动去抓鱼。

生:"钓"是等待鱼上钩,是被动的;而"捉"是主动出击,是主动的。

生:"钓"鱼,是悠闲的;"捉"鱼,是手忙脚乱的。

生:白鹭是一种高雅的鸟,长得很漂亮,"钓",体现它的优雅、从容;"捉",反倒就显得忙乱、粗鲁。

师:还有不同的看法吗?

生:白鹭钓鱼是拟人的写法,休闲、娱乐。

生:白鹭钓鱼很悠然,很恬静,很田园。(鼓掌)

……

一"钓"出百味,"钓味"就是白鹭的韵味:那瓦蓝瓦蓝的天,那碧绿碧绿的水,那雪白雪白的鹭,那自然和谐的色彩,那一尘不染的明澈,那悠然自得的垂钓,俨然一幅浑然天成的图画,嵌在我们的心里,融入我们的血液里。

## 三、是"泡",还是"浸"

生A:我发现,课文中"至少前后十几家邻居,没有不浸在桂花香里的"与"全年,整个村子都浸在桂花的香气里"的两个句子里,都有一个相同的字——"浸"。我认为,用"泡"比用"浸"更有力道。

师:其他的同学怎么看?

生B:课文《桂花鱼》为了体现"桂花香",用"至少前后十几家邻居,没有不浸在桂花香里的"与"全年,整个村子都浸在桂花的香气里"的两个句子来说明。特别是动词"浸"字,就像汗水浸透了衣背一样,是一个过程。

生C:"浸"是写桂花的香味由表及里地浸透的一种动态过程,渗透是慢节奏的。

生D:我觉得,"至少前后十几家邻居,没有不浸在桂花香里的"这句话中的"浸"是说香味弥散与穿透了"十几家邻居",可见香的范围大,偏重写桂花气味的香,是留在嗅觉里的香;"全年,整个村子都浸在桂花的香气里",这句中的"浸"字是说香味弥散与穿透的时间长,范围更广,着重写桂花作为香料的香,是吃进体内、融入血液的香。如果用"泡",香气的侵略性增强了,但雅韵降低了。

……

卡尔维诺说,一部经典作品的经典之处乃是"我们从一部在文化延续性中有自己的位置的、不管是古代还是现代的作品那里所感到的某种共鸣"。不管世界变化得多么令人猝不及防,总有人在某个角落里琢磨着那些经典的文字,弹奏着笔尖上的夜曲。是的,我们的创课教学,一直在这里,在这些作品里"一字未宜忽,语语悟其神",不断寻找着字里行间的共鸣,并倡扬其间的争鸣。

# 怎样打造创课人生

创课，就是创、生，创生，才是人生。怎样打造创课人生？笔者愿意抛砖引玉——

## 一、创有宇宙情怀的教材

刘欢受访怎样为影视剧创作适切的歌曲时，说："影视歌曲的大小，取决于剧本的大小。"教材也有大小。教材的大小，取决于听课人的大小。在我心中，孩子们很大，听课的老师很大，人比天大。所以，公开课的创课创教材要有宇宙情怀。

"宇宙情怀"的教材怎样创？笔者试以"中国课博会"应邀公开创课教学的教材《月亮D面的故事》为例，以飨教者。

"在那东山顶上，升起白白的月亮"，空灵的天籁之音，拉开了创课教材的序幕，从千古不灭的月亮诗句，到亘古不变的月亮A面神话《嫦娥奔月》，又到焕然一新的美国版月亮B面的童话《月神》，再到戳人泪点的英国版月亮C面的传奇《月上速递》……每个既意蕴丰赡又美轮美奂的微视频故事，经创意剪辑组合后所形成的教材充满着无穷的魔幻张力。一如微视频《月神》中祖孙三人顺着梯子往上爬，他们的目标是什么？他们登上月球想干什么？他们解决问题的方式是什么？看了这个故事你想说什么？随着一个个微视频场景分格切变，学生的思维始终在创课的跑马场上奔腾……再如，摄影师阿德里安利马尼拍摄的一系列人与月元素的巧妙组合照片，一经创意组合，新颖独特的光与影的诗意画面便为师生开启了一扇扇诗意的想象之窗——表面上看月亮还是那个月亮，但是，人玩月，文配月——"种月""浇月""剪月""收月""怀月"……"千江有水千江月"，孩子有眼大如天，每个人内心都诗着一个属于自己的《月亮D面的故事》。

《月亮D面的故事》的创教材，诗意地将语文知识、科学知识、美育知识整合，组成新的路径，那些熟悉而又陌生的故事，那些唯美而又撩人的画面，为课堂文化及教学艺术创造提供了最自然、最淳朴和最丰富的想象力和最广阔无垠的视野。它引领孩子展开想象走上言语人生、感受诗意人生，让孩子全身心经历了一次诗意想象之旅。

如此创教材，是对"铃声一响赶鸭子——进堂；鼠标一点灌鸭子——讲堂；试卷一发烤鸭子——考堂；名次一排板鸭子——傻堂……"的深刻革命！

创教材的"困难并不在于提出新看法,而在于拆除老看法"(凯恩斯)。什么样的教材能够焕发出生命的活力?创课的创教材!

创课创教材,对任何尝试复活过去的教材丝毫没有兴趣,那是因为它是死的。但是,有了这个死亡,人人都能"手术"那些绝对宁静的教材,用完全解剖的方式。基于此,人人拥有平等创课创教材的机会。

或许有人嘴上不说,心里明白:"创教材该有多么痛苦!"

创教材虽然是一种痛苦,但是如果我们现在认识到痛苦之为痛苦是生命本质的和不可避免的东西,认识到随偶然而转移的只是痛苦出现的形式,只是痛苦的形态,而不是别的什么,也就是认识到我们目前的痛苦只是填充着一个位置,在这位置上如果没有这一种痛苦,立刻便有另一种痛苦来占领,不过另一种痛苦现在还是被目前的痛苦排拒在此位置以外罢了。认识到这一点,痛苦又能拿你怎么样呢?

无论痛苦与否,当你停止创造,你的才能就不再重要,剩下的只有品味。品味会排斥其他人,让你变得更狭隘,所以,要创造。希望你能因为自己创造了具有宇宙视野的好教材而感到骄傲,而不是洋洋自得于"消费"了什么好教材,那不是骄傲的资本。

## 二、在创课中解放自己

在昆德拉看来,最可怕的是自我归罪。他说,卡夫卡讲故事的主题几乎都关乎自我归罪:从没有做任何坏事或者说不知自己做过什么坏事的K,生活在他人归罪的处境中,日子久了,K开始觉得自己真有罪,开始用不是自己的道德原则来审判自己的生活。自我归罪是个人的一种生存状态,由社会的或意识形态的他人归罪来审判自己,自己让自己变成有罪的人。极端的应试教育就是强迫教师按"填鸭式"套路出牌,不然自己就会觉得自己是"罪大恶极"。

老师怎样解放自己呢?笔者应邀创课《修得一颗柔软心》的一个对话片段,也许会让你幡然醒悟:

师:读罢《雁丘词》,一派考官认为,元好问答题偏离"四书经义",太过"儿女情长",不予录取;另一派考官则认为元好问才情并茂,当予录取。现在,你是主考官,请终审裁决。

生:我决定不录取元好问。因为在古人眼里,读书是最重要的。读书就是为了做官,做什么诗人,要什么情义,说什么儿女情长。这完全偏离了四书五经。这不是一个十六岁的少年应该想的事情……

师:万般皆下品,唯有做官高?

生:对!

师:为什么?

生:只有做官,才能实现自己的想法。

师:你想做什么官?

生:市长!

师:做了市长,你能做些什么?

生:发明东西,起草文件,搞绿化建设。

师:是个能干的市长。你这都为谁做呀?

生:为生活在这里的人呗。

……

师:如果你是我爸,我想去外国留学,请给我一笔钱。

生:没有那么多钱!

师:你可以想想办法啊!

生:我能想到最浪漫的办法,就是你在我们这里把学上好。

……

那时,那地,那刻,我很感动,感动能遇到这样的孩子。

感动并不是因为我有力量,我已经完善,因而站在一定的教学高度俯视与征服孩子。恰恰相反,我只有躬下身来,虔诚地聆听孩子的天使之声。因为我的境遇受到限制,受限制与我已经获得的规定密不可分,因而只能从受限制的这个地方出发仰视孩子所具有的无限可塑性,仰视他的纯真无邪。

感动令我醍醐灌顶——在孩子身上表现的天资和可塑性,在我身上表现出的是完成,而完成总是远远落后于天资和可塑性。因此,对我来说,孩子是理想的体现,当然,不是已经完成的理想,而是被放弃的理想。也就是说,让我感动的不是对孩子需要帮助和受到种种限制的想象,而是对其纯洁的自由的力量的想象,对其完美无瑕的想象,对其前途无量的想象。

在这种感动里,我分明看到了在听课礼堂里,一个个品格高尚、感情丰富的教育人对

"孩子是一件圣物"的认同与膜拜!

　　人总是被一个个将来所牵引,孩子恰是我们的将来,他们是一个个连续不断的异己,他们就是希望。如果说创课是一种教学解放,就是把孩子解放出来的同时,也把自己从已习以为常的"自我归罪"式的教学压迫中解放出来,让人性美而不是唯分是命地站到课中央。这是最艰难、最根本的解放,这样的解放不但需要勇气,而且要依靠理性。

## 三、创出自己的教学人生

　　不久前,江苏省"教海领航　相约童真"教学观摩活动在南通开发区实验小学举行,我应邀创课《注视美》。

　　回放两个镜头——

　　【镜头一】师:每个人都是独特的,(我请一位女同学生走到前台来)请你用童真的眼睛,(又请一位男同学与之对视三秒钟)发现她身上独特的美。(那位男同学说她很有气质……)

　　【镜头二】教学过程中有个微视频,当记者喝令几个男孩子去扇面前漂亮女孩的耳光时,所有男孩子都摇头说"NO""为什么"。

　　生:因为她是女生,我下不了手。

　　师:懂得尊重女性。

　　生:因为打女孩是不对的。

　　师:有是非观念。

　　生:我不想伤害她。

　　师:运用道德约束。

　　生:上帝不让我们打别人。

　　师:具有宗教信仰。

　　生:我不能打她,因为她是女孩而且很美丽。

　　师:能够爱美惜美。

　　生:因为我反对暴力。

　　师:表明价值观念。

　　生:不能打女生,就算用花打都不可以。

师：切莫以美毁美。

……

午后，南通开发区实验小学的一位校领导告诉我，听完课后，他们学校有位老师立马就把这个理念用在了"摔笔"事件上啊！

很快，我从陈笑笑老师那里了解到"故事"的原委——

"陈老师——"一个怯生生的声音在我背后响起。不用回头我便知道是她，一个外表柔弱但内心倔强的女生。她是一个在家里敢拿着菜刀举向爷爷奶奶而在校却温顺得如同一只小绵羊的孩子。我了解她，正因了解她，所以喜欢她。她平常不爱作声，但课堂上很有想法。对了，她叫天天。

我一把将天天拉到身边，我首先开腔："是不是跟衡的矛盾升级了？""他——他无缘无故将我的笔扔在地上，这是我新买的笔，一次都没有用过！"她将笔递到我眼前，眼泪噙在眼眶中，"这里都裂开了！"

衡，一个帅气且很有灵气的男孩，不太愿意表达自己的想法，内心更是无比倔强。偏偏我将这俩人安排为同桌，也不懂当初自己是怎么想的，可能也是无意为之。两人平常就向我表露过换同桌的意愿，但我没有同意。因为我认为这是两人性格的问题，不是换同桌就能解决的。于是他俩就这样"将就"着。

我接过笔看了看，心里乐了，因为笔根本没啥大碍：这俩家伙一定是互相看不顺眼，将小问题放大了。我让天天找来衡，衡当然是一言不发，许是委屈，许是没理。我开始"倒带"："发生了什么？"

衡欲言又止。我有些严肃了："衡，你说！""我把她的笔丢在地上。"他低下脑袋，"可是没有坏，她却要我赔。""为什么要扔？她惹你了？""没有！"看来，他俩的矛盾已经到了不用导火索就能引爆的状态。对于这件事情本身我已不感兴趣，没有缘故，定没有答案。于是我开始喋喋不休地讲一些他们虽懂又做得不够好的道理，譬如男子汉大丈夫，能屈能伸，不和女生一般见识。凡事女士优先，让着女生……可这以往都不知道说过多少遍的话，真是收效甚微，之后我打住了。

"来，你俩互相看着对方，对视30秒。衡，一会儿你告诉我天天的美。"俩人一愣，抵触的情绪产生了，没对视几秒就避开对方的目光，但最终也许迫于我的压力，只好根据我说的做。"好了，衡，你来说说。""呃……""直截了当地说说天天美在哪里。"

"她的眼睛很大，很美！""嗯，现在你抽她一巴掌。"话音刚落，两人瞪大眼睛望向我。"你没有听见吗？我让你抽她一巴掌。"我又重复了一遍。"陈老师，我不能打她！""为什么？""我是男生，我不能打女生。""嗯！""我们俩是同学，我下不了手！"此时俩人眼眶中的眼泪水越噙越多，满到快溢出来了。"还有一年多的时间就要小学毕业了，说不定就再也见不到了，我不想给她留下不好的印象。"向来不善表达的衡说完这一句，眨巴着眼睛，泪水终于滴落下来。我的眼泪也没能忍住。天天用那从嗓子眼儿挤出来的声音对我说："陈老师，我的笔不用他赔了。""为什么？""因为我感受到了他的歉意！"天天那忽闪忽闪的眼睛里满是真诚。

是啊，你发现了他（她）的美了吗？

……

在教育教学中，无论你我，每一个小小的举动都可以成为自己或者别人生命里的转折点，都可以有影响、有意义。当然，我们不仅仅是去看眼前做的事情能不能立竿见影，而是要笃信，总有一天，影响会发生。或者，影响已经发生，只是我们不知道而已。但是，上苍知道——一"创"救世界——用小小的创课举动，成为他人生命中有意义的转折。

当然，相异于一般上课，只是待在"舒适区"内，一切的教学流程处于心理舒适的状态，进步缓慢；创课，活跃在"伸长区"中，一开始创课者也许会感到有某种程度的不适或者挑战，但跳一跳便够得着很多东西，特别是自信心明显加强，创造性大幅提升。创课，就是创、生，创生，才是人生。怎样打造创课人生呢？

我是常常到软硬件相对薄弱的学校去，沉到生命河流的最底层，谛听纯真生命的浅吟低唱。自觉追求——理念首创，教材首创，设计首创，教学首创，反思首创，发表首创。"六创"并举，实时"创课"。近年，《V影习作》《把"国学梦"投射在云朵上》《白鹭》《缔造完美教室》《儿童是自己的国王》《行动，才是最伟大的》《行为艺术》《今生与你相遇》《今生就做你自己》《母亲生命里两个伟大的情人》《妈妈家长学校现场招聘》《那深情的一跪》《凄美的放手》《让所有感动再来一遍》《沙画人生》《生命的壮歌》《失落的一角》《述说自己之真》《天使，在身边》《童诗·师童》《伟大的人有两颗心》《我和"公平"有个约会》《修得一颗柔软心》《邀非老师到课堂来》《月亮D面的故事》《真想变成大大的荷叶》《中天明月好谁看》《注视美》《做一片美的叶子》《在乎，不在乎》……一节节创课依时而创、应运而生。

如果每一天，能在不受世俗干扰、没有压制自己、不考虑他人眼光、心态完全平和自信的状态下自由灵动地创课固然好，如果正感觉到抱紧信仰前行的沉重压力，如果感受了世道人心后开始彷徨,如果在承受不公正的对待……我想告诉你,你并不是一个人。有人曾体会过跟你一样的痛苦,并且已经走了出来,变得超然而强大。这也会是你将来的样子,甚至你会超越这些人,变得更加超然独立。当你坚定而果敢地创课,一步步走下来时,就会发现你身边曾经对你不屑的人在慢慢被你影响,会开始跟随你的脚步。借尼采箴言,当每个有信仰的人坚强地走到最后时,都会发现:"谁也不能为你建造一座你必须踏着它渡过生命之河的桥,除你自己之外没有人能这么做。"……世上有一条唯一的"创课"路,除你之外无人能走。它通往何方?不要问,用你的美一直创便是了。

# 创课的艺术是保持自我

**化用蒙田的话：创课的艺术是保持自我。怎样保持自我？**

有一次，陶行知先生应邀到武汉大学演讲。

走上讲台，陶先生不慌不忙地从箱子里拿出一只大公鸡，台下听众的目光刷地聚焦在他身上。

陶先生从容不迫地又掏出一把米撒在桌子上，然后按住公鸡的头，强迫它吃米。可是大公鸡并不给陶先生面子，只叫不吃。陶先生索性掰开鸡的嘴巴，把米硬往里灌，大公鸡扑棱翅膀、拼力挣扎，拒绝吃米。

这时，陶先生轻轻地松开手，把鸡放在桌子上，悄悄地后退几步，静静地看着大公鸡。

过了一会儿，大公鸡看看跟前没有了干扰，渐渐稳定了情绪，低头啄起米来。

陶先生相机演讲："我认为教育就跟喂鸡一样，先生强迫学生去学习，把知识硬灌给他，他是不情愿学的。即使学也是食而不化，过了多久，他还是会把知识还给先生的。但是如果让他自由地学习，充分地发挥他的主观能动性，那效果一定会好得多！"

……

据英国《每日邮报》报道，比尔·盖茨在美国加利福尼亚州长滩出席"技术、娱乐、设计会议"时，向在场的技术界精英、政坛名流和好莱坞明星发表有关防治疟疾的演讲。

盖茨在演讲中谈到感染疟疾的"致命一叮"。"疟疾靠蚊子传播。"他边说边打开一个装蚊罐，"我带来一些蚊子。下面我让它们在这里四处转转。没理由只有穷人才该感染疟疾。"他把受惊的与会者晾了大约1分钟，才安慰他们说，这些蚊子是不会传播疟疾的。

盖茨此举是希望借助"放蚊"手段推动与会者进一步关注疟疾防治问题。"眼下用于研发防治疟疾药物的钱还不如用于研发防治秃顶药物的钱多，"盖茨谈及抗疟资金缺乏时幽它一默，引得听众哄笑，他进一步"解释"说，"秃顶挺糟糕，富人也受它折磨。这就是治秃获得优先考虑的原因。"

……

"放公鸡"与"放蚊子":"放"的道具很简单,公鸡、蚊子人人都能找到;"放"的程序也不复杂,"放"的动作人人都能操作,问题是如此演讲的创意未必人人能够想象得到。这就是原创的艺术。

一次富有创意的演讲,胜于一百场长篇大论、枯燥乏味的宣讲。因为富有创意的演讲是心灵对心灵的唤醒,是智慧对智慧的开启,是人性对人性的美化。这样富有创意的演讲,对吃开口饭的教师,难道没有一种开示?

教学设计也要有创意,创课的艺术要保持自我。

保持自我,意味着原创的作品完全出自真心与灵魂,而非意味着什么"克隆"与"山寨"。

君不见,那些缺席创意的教学设计俨然一口老屋,年久失修,蛛网满布,走进去,光线阴暗、霉腐扑鼻,令人毛骨悚然。而布施心力的创意教学设计,却宛如一座殿堂,庄严让人神往、圣洁让人朝圣、崇高让人挺拔,其流程的每个环节都充满无穷的魅力与无限的张力,每次对话都激荡人心、感召人心、震撼人心、唤醒人心、诗意人心、营养人心……

创课艺术本身就是一种价值,一种成功,一种美。不是吗?

创课的艺术保持自我,并不是让我们一"创"永逸,而是让我们不断超越自我。一如阿多诺所言:"现代艺术作品的原型是焰火现象:艺术的唯一形式并非想永存,而是要在一刹那光彩四射,接着寂灭于烟雾中。艺术为了忠实于它,必须超越它自己的概念。"

# 创课姓"做"

**做，就是身体力行。**

## "做"，就坐进教室

有一位履新的校长，每个月，他都忘却自己的行政身份，坐进教室，当回学生，连上一周的课，并完成各科作业，且参加各科考试与排名，然后写下"上课"反思与"做学生"的感受。问他为什么，"亲历了现代学生的学习生活，体验了现代学生的学习艰辛，了解了现代学生的学习心理……"他说，"然后再坐回办公室，我的眼里才能看到学生，耳里才能听到学生，心里才能装着学生，与学生对话才能不失法度。"

## "做"，就做到尊重

在大英博物馆里至今还珍藏着两幅画，一幅是狗血液循环图，另一幅是狗骨骼结构图。这两幅画都是英国科学家麦克劳德小时所画。麦克劳德上小学的时候，有些调皮，也许是出于好奇心，把一只狗杀了，哪知道杀死的狗竟是校长家的。校长给他的"惩戒"是：画出两张解剖图——狗的血液循环图和骨骼结构图。

有时单纯为了完成任务去教授一门学科，并为了实现功利或者谋求生存去训练学生考高分也许并不难，难的是如何激发学生的学习兴趣，使其真正喜爱一门学科。上文案例中，那个包含真正懂得尊重的"惩戒"，既宽容了麦克劳德的恶作剧，又激发了他的兴趣，使他从小就爱上了生物学，并最终因发现胰岛素在治疗糖尿病中的作用而走上了诺贝尔奖的领奖台。

## "做"，就做到包容

在梁文道先生眼里，有这样一位老校长：

在他退休之前，有学生在校报上发表文章，总结他的政绩——"八年校长一事无成"。看了，他笑笑。

当年他接受政府的邀请，出任"港事顾问"，替将来的回归大业出谋献策。很多学生都被他的举动激怒了，认为这是学术向政治献媚的表现。于是在一次大型集会上，学生会发难了，他们在底下站起来，指着台上的他大叫："校长可耻！"而他只是憨憨地笑笑。

后来，一帮更激进的同学主张打倒行之有年的"迎新营"，他们觉得那是洗脑工程，拼命向新生灌输以母校为荣的自豪感，其实是种无可救药的集体主义，很要不得。就在他对新生发表欢迎演讲的那一天，他们冲上去围住了他，塞给他一个套上了避孕套的学生玩偶，意思是学生全被校方蒙成了呆头。现场一片哗然，他却独自低首，饶有兴味地检视那个玩偶。后来在报纸上人们看清楚了他的回应。当时有记者跑去追问："校长！你会惩罚这些学生吗？""惩罚？我为什么要罚我的学生？"他很不解地反问那个记者，然后，笑笑。

每年校长都会亲笔写信给这些学生会的同学，感谢他们的工作。不唯如此，他怕这些热心"搞事"的学生，忙得没机会和大家一样去打暑期工，所以每年都会自掏腰包，私下捐给这两个组织各两万港币的补助金，请他们自行分配给家境比较困难的同学。那位臭骂校长"一事无成"的同学，正是当年的受益者之一。今天他已经回到母校任教了，在同学聚会里，回首往事，他笑呵呵地告诉大家："我们就年年拿钱年年骂，他就年年挨骂年年给。"

这位把包容做到极致的就是香港中文大学前校长，因提出光纤构想而获得诺贝尔奖物理学奖的高锟。

……

教育伟业，说易行难。创课，不姓"说"，姓"做"。说一尺，不如做一寸！

## 创课，每个故事都有绝美的情节

**在创课者看来，每个孩子的生命故事都葆有一些不被惯性磨损的单纯。这些单纯会变成对于抽象事物的感受力。**

一日，我随堂去听《乌鸦和狐狸》。

山一程，水一程，执教老师带领孩子云里来雾里去，读来读去，问来问去，绕来绕去，无非就是想痛批狐狸的骗局。好在课改都推进到今天这个样了，老师还是懂得开个"气窗"——让孩子自由揭露狐狸的"狡猾"的！

但是，总有跑调的"不和谐音"，一个掉了两颗门牙的学生说："狐狸'狡猾、狡猾'的，它为了吃到乌鸦嘴里的肉，眼珠子骨碌儿一转就是一个点子，狐狸那么灵活善变，我喜欢狐狸，我为狐狸点赞！"

下面哄笑一片！

"笑什么？！"掉了两颗门牙的学生追问"讪笑"。

对于这个"跑偏"的学生，可能囿于有人听课的缘故，执教老师"照顾"了他，但仍然可见嘴角掠过一丝僵硬的笑，客气中掺杂些许不耐烦："坐下、坐下！"

……

"狐狸那么灵活善变，我喜欢狐狸，我为狐狸点赞"，孩子的感受错了吗？此时，我倏地想起《像狐狸一样思考》——那是耶鲁大学校长彼得·沙洛维在2017年新生开学典礼上发表的一席角度新颖的演讲。他引用古希腊诗人阿尔齐洛科斯的名言，给大家讲了一个狐狸和刺猬的故事："狐狸知道很多事情，而刺猬只知道一桩大事。"

当受到威胁时，狐狸会随机应变，想出一个聪明的办法来应对。然而，刺猬总是用同一种方法来应所有威胁：就是把自己蜷成一个球。这两种动物，一个聪明狡猾，灵活善变；另一个恪守规则，不懂变通。

他用这个故事让每一个在耶鲁学习的人思考：要以何种方式度过在耶鲁的这段时光？

因为在耶鲁会接触到各种"狐狸派"和"刺猬派"的思想：在耶鲁的本科学习过程中，学生会接触到一些伟大的思想，堪称很好的人生哲学。也会了解并且师从一些"伟大的刺猬"与"伟大的狐狸"。但沙洛维校长鼓励大家效仿狐狸：在这个阶段，我想鼓励大家多效仿狐狸。你可能会对某一种思想或世界观产生强烈的共鸣，但是我建议你们，多学习不同的思想，多考虑不同的观点。尽量都去尝试一下，最后再决定什么是最适合自己的。

"狐狸那么灵活善变，我喜欢狐狸，我为狐狸点赞"，孩子的"无心"，怎么竟然和耶鲁大学校长的"有心"贴得这么近，但却和那样的课堂的心离得那么远？借用阿多尼斯的话，我如何对我的学生说："我住在你那里，却未曾抚摸你，我周游了你的疆域，却未曾见过你？"

若我如你。

若你如我。

我们可曾站在

同一阵信风中？

我们是陌生人。

孩子与我们是陌生人，

我们与彼得·沙洛维是陌生人，

陌生人需要对话。

对话是两个陌生人坐在同一间教室里互不理解；对话是两个陌生人生活在同一个地球村互不理解。那种互不理解，就是两个陌生人目光交接的一瞬间的无限沉默。

打破无限沉默，可以尝试通过朗读。譬如，我们有感情地朗读一遍《像狐狸一样思考》。这时，你就会发现——

这种朗读，是一种创朗读。创朗读的方式自由，而无须编排；没有风格的强化，而有个性的张扬，否则创朗读就是不真实的了。这是由于"语言的基质"——喉部的噪音、鼻息、呼吸、口音等。创朗读不是固定的，不是顺畅的，它是用声音在写作。它也不是静态的，相反，声音可以是微弱的、被打碎的、过于强烈、厚重、不中立、太快、断断续续、被打断、气喘吁吁的。有一些原始的东西，一些初级的、基本的要素在朗读中。这种本真与生态正是创朗读的美！

创朗读的美，美在创朗读的过程中，"我感觉到我的消失，我强烈的存在以及强烈的不存在是一样的，我感觉我不是任何人。"当然，"艺术作品有一个作者，但是当它完美，它本质上便是匿名的。"这样，创朗读使得一些事物超越了"我"，在文本中超越也像在朗读中那样，让人感受到一种力量在上升。一如英格博格·巴赫曼所言："他是地底的河流，涌向我们。""涌向"的过程即对话的过程，对话的过程即融入的过程。

十九世纪美学家马拉美说，世界上的一切事物的存在，都是为了在一本书里终结。今天，一切事物的存在，似乎都是为了在一条微信中终结。如果能以读微信的情怀去朗读，我们就不会觉得似乎越来越能，也越来越无能：通晓地球到星辰的广袤空间，却在地面到头骨之间迷失了方向，甚至浑然不觉教室里每一个人的生命都是一个故事。

每一个生命的故事，都是生命生成过程的活生生实际记录，都是生命自身由其存在付出的努力所凝结的历史的再现。这些故事聚结了生命的自我创造经验，同时也分享生命本身的内在感受及能量，生动地记载了生命本身所饱尝的苦与乐，也有能力靠其自身有的能量而独立存在，并在一定情况下重新出发，再次生成其自身的生命新故事。

我们可以发现，每一个生命故事中绝美的情节，往往发生在生命生成时空维度的各个瞬间，或更确切地说，发生在各时空复杂网络的夹缝中。这些生命中难以估算的各种瞬间，都是突然出现在生命的一刹那，具有无限的伸缩潜力，可以成为一生中值得永远怀念的动人故事的原发点；实际上，它的出现，由不得任何人的主体性的意愿，总是当生命展现到一个特定的时刻，才在生命内外各种张力的较量中涌现出来。

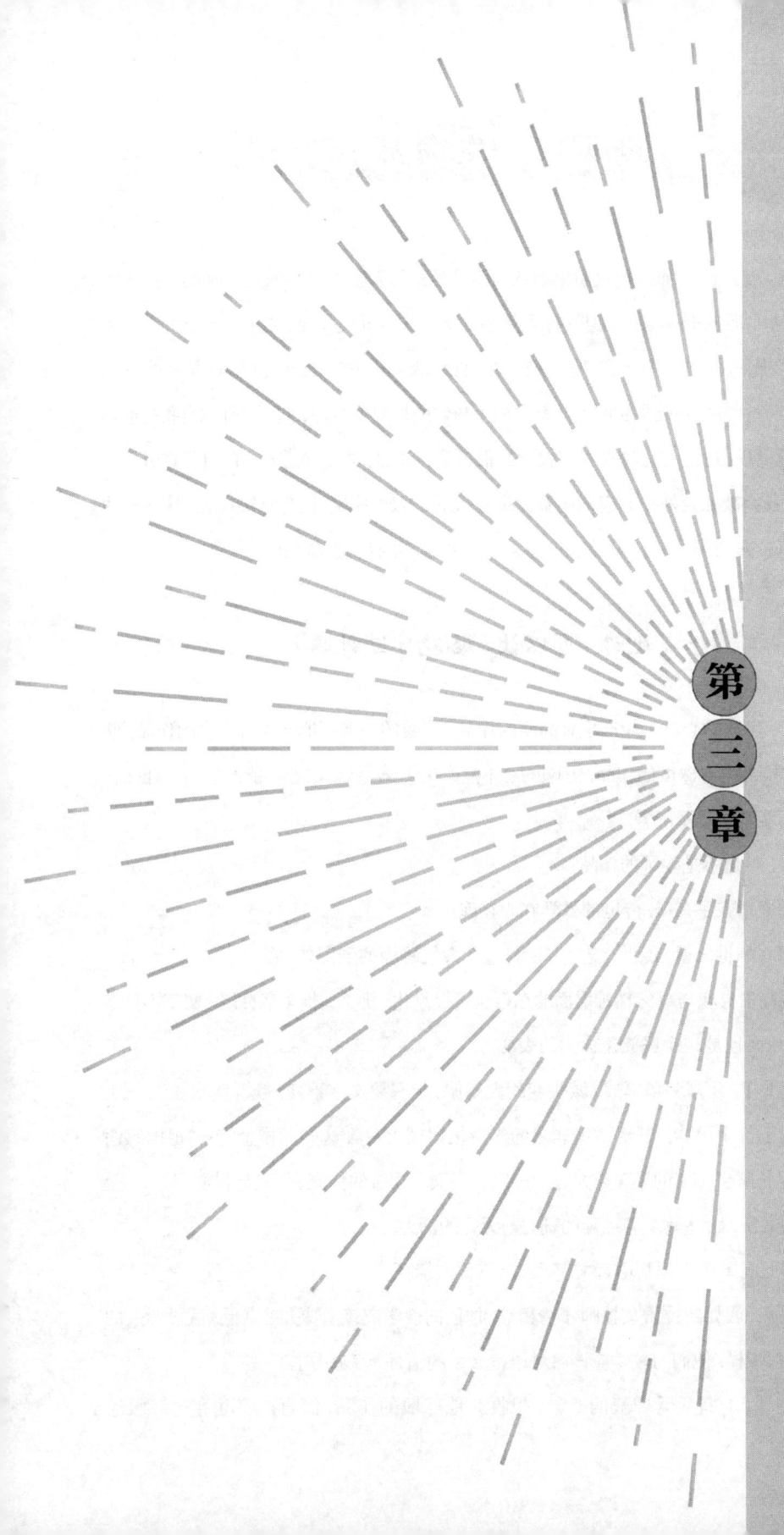

# 第三章 创课与教师成长

# 创课，让生命成长

我喜欢"火人节"，如果仅仅简单地认为不过是几万人去一个沙漠建一座城市，7天之后，把它烧掉，那也挺无聊的。但等你到最后一天，当神庙被烧掉，看着冲天大火，几万人静静面对那一堆大火，有人在哭泣，有人在说Thank you，你才充分理解，这是一个寻找自我的盛会——每个人最本质的无非就是向上与你的世界观打通，向下与你的自我打通。我后来慢慢发现，也许有的时候我们教学的很多痛苦来自：并不知道真正的自我在哪里。很多时候，我们被社会外在的应试应赛比拼拖拽着，挣脱不得。我有时候在想，这些东西对我来说真的重要吗？火人节，给了我答案——创课，才有新生命在成长。

## 一、创课，可以让"骆驼穿过针眼"

我笃信：卑鄙的心灵不能产生有高度的作品，狭隘的心灵不能产生有广度的作品，肤浅的心灵不能产生有深度的作品，丑陋的心不能产生美感，低俗的心不能产生高级趣味，冷酷的心不能产生真挚的爱。

每节课，难道不是教师的作品？

酬世的文章在手在口，传世的教学在心在魂。

教师须有酬世之量，传世之志，方能打造出大气磅礴的创课作品。

如果说高贵灵魂与卓然精神层面的东西也可以量化，那么，非文字莫属。文字不只是个体生命力，而且是一个民族生命力的表征。

上下五千年，几多疆场鏖战，城头变幻大王旗，但只要文字不变，族群就永在。

文字属于整个民族。巴黎举世闻名的先贤祠门楣上写着这样一排金字："祖国感谢伟人"。这里长眠着伟岸的灵魂与大心——以文字安身立命的作家、诗人与哲学家。

不老的文字，始终散发着绵延的魅力与无穷的活力。

只有如此高屋建瓴理解语言文字，才能堪称大情怀。

在我看来，假如两位语文教师才情相等，他们的教学应该由功力见高低；假设两人的才情、功力都一样，他们的教学应该由对语言文字的情怀、境界分上下。

倘若创课，只有乒乓球般的心灵，想收获地球般的作品，简直比骆驼穿过针眼还难，不是吗？倘若创课，具有宇宙般的情怀，既仰望星空又脚踏实地，就是骆驼也能穿过针眼。

## 二、创课，呼唤"凯萨尔式师皇"

请别忽略了不丹的第一次大选。

曾经留学英国牛津大学的国王凯萨尔，年轻英俊，才华卓尔，身受国民爱戴，他一力推行民主选举，要把百年帝制终于己手。

不丹国民不只不欢迎，还感到非常疑惑："我们的国王那么好，为什么一定要民主呢？"

铁了心的凯萨尔硬生生地把下属大臣训练成两个彼此竞争的政党，甚至命人"演出"一场"街头示威"，好让百姓习惯民主生活。

对于国民的不解，凯萨尔的回答很简单："你们今天或许拥有一位好国王，但是谁能保证以后的国王也会这么好？"

创课的王国里，何尝不稀缺民主平等引领学生对话的"凯萨尔式师皇"？

## 三、创课，刈除"假象"的遮蔽

在培根看来，人生下来就有种族、洞穴、市场、剧场四种"假象"。譬如，种族假象，意味着人们在观察事物时，往往不是以客观的尺度为标准，而是以人的尺度为依据做出判断。

一日，苏东坡与佛印在金山寺坐禅，一个时辰，东坡顿觉周身舒通，他问佛印："你看我像什么？"佛印说："你像一尊佛。"继而佛印问东坡："你看我像什么？"东坡笑道："我看你像一堆粪。"回家后东坡把这件事告诉了苏小妹，说："我今天大赢了佛印。"苏小妹说："兄长，你错了，禅师心中有佛，所以看你像佛。你心中有粪，所以你看禅师像粪。"

看来，像佛像粪，都由心生。

所谓的情由心生，就是主观臆断，就是种族假象。

所以，观摩同一节创课后，往往有人说东，有人说西。究其因，正是"种族假象"的遮蔽。

不刈除"假象"的遮蔽，焉能公允地看待创课？

## 四、创课，拒绝"百合牌"公开课

兰州的朋友送我一盒干特产——百合，佐以蕨麻熬粥，味道甘醇，黏稠生津。

孩子说：莫夸百合味道好，还是读读毕淑敏的《冻顶百合》再说吧。

这几年，由于百合的食用和药用价值，对它的需求越来越大，越来越多的农民开始种百合。百合这种植物，是植物中的山羊。

大家实在没法把娇美的百合和攀爬的山羊统一起来，充满疑虑地看着博士。

博士说：山羊在山上走过，会啃光植被，连苔藓都不放过。所以，很多国家严格限制山羊的数量，因此羊绒在世界上才那样昂贵。百合也需生长在山坡疏松干燥的土壤里，要将其他植物锄净，周围没有大树遮挡……几年之后，土壤沙化，农民开辟新区种植百合。百合虽好，土地却飞沙走石。

……

从此，我家的花瓶里，再没有插过百合，不管是西伯利亚的铁百合还是云南的豹纹百合。在餐馆吃饭，我再也没有点过"西芹夏果百合"这道菜。在菜市场，我再也没有买过西北出的保鲜百合，那些洗得白白净净的百合头挤压在真空袋子里，好像一些婴儿高举的拳头，在呼喊着什么。

一个人的力量何其微小啊。我甚至不相信，这几年中，由于我的不吃不喝不买，台湾玉山阿里山上会少种一寸茶苗，西北的坡地上会少开一朵百合，会少沙化一筐黄土。

一节刻意演练的课，就像"百合"，由于"好吃好看"，市场的需求量就大，种植的面积就广。殊不知"百合牌的课"污染的是学生的真纯生态，沙化的是学生的人格土壤。

一个人的力量并不绵薄弱微，在我绿色的教学生涯里，要矢志不移、一往无前地创课，决不种植"百合牌的课"！创课在向美的冲动之中就有了新的生命力，那就是100%的成功！

我们是离未来最近的一代人，遇见未来的最好方式就是创造未来。我们的使命就是创造未来。创造未来，从创课开始，创课，让生命成长。

# 不拷贝课件，可能成长更快

**要白菜，还是要种子？要兔子，还是要猎枪？**

每每创课教学之后，总有"向学者"聚拢来，说我课件美，接着拿出U盘拷贝。

课件是什么？课件仅仅是"在者"。只要有个U盘，立马就可以克隆。

在"克隆者"看来，有了课件这个"在者"，仿佛就可以上好课了，因为亦步亦趋跟着课件走，一切似乎都可以搞定。正因为"在者"被视作上好课的实在，而创课的"在"则被悄悄隐去。

创课的"在"意味着什么？它与"在者"有何关系？

创课的"在"意味着自我生成的显现过程，而"在"的自我显现，就是存在本身；通过"在"的自我显现，一切"在者"才有可能"存在于世"。

这可能比较抽象，还是举个例子吧——

在希特勒统治时期，希特勒访问意大利，试图与墨索里尼结盟。当时的纳粹分子们为之拍掌称赞，主张把希特勒访问所乘的飞机送进博物馆，而存在主义者则说，真正有历史意义的，不是元首乘坐的那架飞机，而是元首的"飞"。"飞"就是"在"，飞机只是一个"在者"。

其实，创课才是真正的"飞"，课件只是那个"飞机"。

当然，要"飞"（"在"），没有"飞机"（"在者"）不成。但是，有了"飞机"（"在者"），不能驾驶，"飞"怎么成？

一次，听完我的创课之后，一个不要我课件的老师邀我听听他的课。有个环节是老师要求二年级的小学生把"我愿做＿＿＿＿"的句子补充完整。同学们争先恐后地回答。

有的说，我愿做一名老师为祖国培养花朵。老师说真美好！

有的说，我愿做公安人员抓小偷。老师说你很勇敢！

有的说，我愿做公益活动帮助有困难的人。老师说你很善良！

正当教学流程如小溪流水波澜不惊，顺畅流淌的时候，一个女孩子摇动羊角辫，嘬着小嘴，卖萌道："我愿做一棵树，高兴就开花，不高兴就落叶。"

教室里一阵笑声。老师说，我很喜欢这棵树，多么想把它栽到我家的院子里！

听老师说要把"羊角辫"栽到家里，一个不等老师指令的男孩子站起来说："我愿做一个纳米机器人!"

"为什么?"老师很好奇。

"那样,我就可以爬进姥姥的脑血管里,"男孩子边说边抹眼泪,"把栓塞去掉,姥姥就不用瘫痪在床上了!"

老师走过来,蹲下来,用湿巾纸轻轻擦去男孩脸上的泪珠。男孩子看着老师,问:"你愿做什么?"

"我愿做中国梦!"

"中国梦是什么样子的?"

"就像现在,我们都是在做自己的中国梦!"

……

这个现场生成的没有拷贝课件的创课环节,难道不比课件美好?创课中,师生对话有着无比的生命力,而这个对话的生命力,实际上就是师生生命的延伸,也是创造它的创造者的生命的延伸!

天地之大,谁能"恬然澄明"地体会到"我在",谁就找到"在";我创,"我在",此外在其他任何地方再也找不到比"在"更美的了,而只能找到"在者"而已。这个"我在"在天地间独一无二,连"我在"成什么样子都还不清楚的时候,我却恬然清楚地"在"了。这是天地间独一无二的"我自己",这是本真的"我自己",其他到处可听说的"我自己"都是非本真的"我自己",都只能说是武断的"我自己"。其他的本真的"我自己",也是独一无二的,也只有自己能够抓得到,换句话说,只有自己通过创课,才能抓得住这种创生的美!

# 怎样成长为卓越教师

**优于别人并不高贵，真正的高贵是优于过去的自己。优于过去的自己，才能走向卓越。**

**在我看来，成长为卓越教师，要善于把自己当学生。**

前不久，美国普林斯顿大学杜森教授来我校参观。

其时，四十开外，一米九有余，身材魁梧，肩挎一只包，嚼着口香糖的他正饶有趣味地观摩一节双语体育课。

突然，一个男孩冷不丁地跑过来，冲着他喊："Please."

他欣然应邀，兴冲冲地加入了孩子们的游戏——"过隧道"。这所谓的"过隧道"，只不过是孩子们撅起小屁股爬过用垫子临时搭起的矮小"甬道"。

个儿大，肚儿大，动作迟缓的他，慢条斯理地爬向"隧道"，"隧道"一下子被撑破了。孩子们乐得前仰后合、手舞足蹈……

那一刻，我不仅看到了杜教授眼睛向下，关怀向下，爱心向下，积极参与孩子活动的其乐融融的场景，而且和每一个心灵在场的人一样亲历并感悟了一次怎样"把自己当学生"的过程，即暂时忘却身份，以童年的清新直觉与纯净感官，融入孩子，并营养孩子心力向上，情怀向上，精神向上。

**在我看来，成长为卓越教师，要善于把学生当自己。**

新学期，转入一名一年级新生。

"我相信这所学校，是以儿子为赌注来相信的。"他那研究生的妈妈有学养且有个性，跟校长的交谈颇有质量，"今天清晨，我交给学校一个欢欣诚实又伶俐颖悟的小男孩，六年后，学校将还我怎样的一个少年？"

家长交付的是信任，老师承担的是责任。

"格物而后知至，知至而后意诚，意诚而后心正。""心正"了，就有办法超越。超越的教师会把学生当自己，当自己一样宝爱，宝爱之心深于湖海；超越的教师同时会把学生当自己的孩子，当自己的孩子一样教养，教养之责重于泰山。因为"在爱的激情里，我们想象了一个整体，自己只是整体中的一部分，被我们爱的对象是整体的另一部分。"(《笛卡尔思辨哲学》）

**在我看来，成长为卓越教师，要善于把学生当学生。**

一次，同事把他七年级儿子的试卷给我看，有一题：你对《骄傲的孔雀》怎么看？

孩子的答题颇有个性——"漂亮的脸蛋长'大米'！"

老师的批改颇有张力——"人们在重视体力资源和脑力资源的同时，要合法地开发美丽资源。漂亮的脸蛋的确能长'大米'，美丽也是生产力呀！"

这"张力"的背后，隐蕴了一个卓越的教师把学生当学生的高迈情怀——首肯孩子言人言殊的个性，守护孩子特立独行的核心精神领域。

**在我看来，成长为卓越教师，要善于把自己当自己。**

一日，校"青年教师论坛"开坛，论题为"教师要成为_____"。

甲方的一名教师说，要成为某某那样的特级教师。理由是非常非常崇拜他。

"假如让你完完全全成为他，生活在他的圈子里，拥有他的经历，享有他的盛名，你愿意吗？"乙方的一名教师冲着信誓旦旦的甲方质问。

"太愿意啦！"

"整个灵魂全成为他，你愿意吗？"乙方继续追问。

甲方语塞片刻，接着"反攻"："你认为呢？"

"我认为教师要成为自己！"

"怎样才能成为自己呢？"

"答案不会唯一。因为不存在一个适用一切教师的标准答案。最重要的是每一个教师都要真切意识到'自我'的宝贵。在茫茫的宇宙空间，每个人都只有一次生存的机会，都是独一无二的生命个体。没有人能够代替自己再活一次，也没有人能够代替自己打造教育人生。有了这种觉悟，每一个教师都会寻找到属于自己的答案。"

卓越的教师"把自己当学生"、"把学生当自己"，意味着换位思考，实现教师本位向学生本位的转移；卓越的教师"把学生当学生""把自己当自己"，意味着突破自我的局限，从多维的坐标系统来认识自己和周围世界的关系。因为卓越的教师谙悉——学生的一切发展能够达到什么样的高度、强度、深度，最终都取决于角度，取决于教师站在什么样的位置来观察，以什么样的立场来考量。

成长为卓越教师，讲台一站，你就是教室里一棵开花的树。你是孩子精神的愉悦处，你是孩子内心的安放地，你是孩子魂灵的桃花源。你就是教室里流动的一棵树，一棵开花的树，你就是美好，你就是清欢。因为你精神有光，灵魂有香。

# 儿子帮我撕碎备课

**孩子，能帮助成人备课吗？要信任一种"无能"，也要信任一种"超能"。**

"爸！吃饭了！"

"好的！再把《晏子使楚》的教案看一遍。"我依然盯着备课，"明天要上公开课。"

"有个很雷人的视频。"儿子走到我跟前，边说边把U盘递给我，"不知您感不感兴趣。"

我打开视频——那是基亭先生在给他的学生们上课，学习鉴赏诗。

"各位请翻到课本21页的导论。"基亭先生面带微笑，说，"培瑞，请念念前言的第一段'了解诗'。"

"J伊凡斯普利查博士说，要完全了解诗，"培瑞高声读道："首先要熟悉诗的韵律……然后再问两个问题：诗如何技巧地呈现其客观，以及其客观性有多重要。问题一衡量诗的完美程度，问题二衡量其重要性。只要回答这两个问题，就决定了诗的伟大程度。若以诗的完美程度为横轴，其重要性为纵轴，那么计算其所占的面积，便可得到它的伟大分数。一首拜伦的十四行诗，或许在纵轴上的得分很高，但在横轴上得分普通，而莎士比亚的十四行诗在横纵轴的得分都很高，因而得到极大的总面积，故显示这首诗真正的伟大。"

"鬼话！"基亭先生耸耸肩，两手一摊，道，"这是我对J伊凡斯普利查的看法。现在，我要你们将那一页撕下来！动手啊！将整页撕掉！撕掉！"

达顿同学带头，同学们纷纷撕掉了那一页。

"各位，不只是撕掉这个导论，我要它消失，成为历史，一无所剩，请你们把它揉成一团，丢进垃圾桶。"基亭先生边鼓励边怂恿，"那不是圣经，你不会因此下地狱。动手啊！撕干净！我不要任何东西剩下来。不再有J伊凡斯普利查先生的干扰。"

……

儿子U盘里的这段视频让我醍醐灌顶。次日，我撕碎了备课。撕碎备课，人人可为。撕碎备课的美在于：撕碎备课里一些根深蒂固的观念，开放了课堂，以不可阻挡的态势朝向开放生命的行进——

"同学们，课文《晏子使楚》引人入胜，请大家认真冷静地看书，潜心批注，就文中

第三章 创课与教师成长

95

能够触动你思绪的语句,从旁写下感受,然后交流。"

十分钟后,同学们踊跃发言,交流自己的阅读批注。

"淮南的柑橘,又大又甜。可是橘树一种到淮北,就只能结又小又苦的枳,还不是因为水土不同吗?"李旭声同学说,"它告诉我们,外部条件改变了,事物的规律也会改变。"

"李旭声同学,佩服你的抽象概括。"我饶有兴趣地问,"生活中,有这样的事例吗?"

"有!"张宇同学倏地起立,娓娓道来,"大家都知道苍蝇是逐臭冠军。但,在风景秀美、环境整洁的澳大利亚,无论是从城市到乡村,还是从山谷到河畔,到处被鲜花和绿色的植被所覆盖。清洁的自然环境改变了苍蝇世代生活在肮脏环境下的生活习惯,苍蝇为了能生存下去,开始了它们的重生之路。苍蝇先是取食植物的浆汁,后来又发展到和蜜蜂一样,采食花蜜,起到和蜜蜂相同的作用,为植物传授花粉。从传播细菌和病毒的有害昆虫到成为人见人爱的小天使,受到澳洲当地人的喜爱,苍蝇表现出了非凡的生命力和适应环境的能力。为了纪念苍蝇对这个国家作出的贡献,澳大利亚发行的50元面值的纸币上还印有苍蝇的形象呢。"

……

撕碎涛声依旧的备课,撕碎机械单向的灌输,撕碎标准唯一的答案,开放课堂,孩子用自己的眼睛看书,用自己的头脑思考,用自己的嘴巴说话,学会的是独立思考与品味语言文字的能力,涵养的是运用文字与思想改变世界的心力。在背后支配这一教学行为的乃是博大的生命原则,即保证所有开放可能的生命原则。

"撕碎涛声依旧的备课",最好的方法,是携带着这种理念进行创课生活。

# 文本读你，没有终审

在创课者看来，与文本对话，到了一定的境地，与其说是你读文本，不如说是文本读你，读你是一个什么样的人。从这个意义上考量，文本读你，有一种审判美。

## 一、审判你的"真""伪"

你读《慈母情深》：从"瘦弱的脊背弯曲着，头和缝纫机挨得很近"，读出母亲的瘦弱；从"立刻又坐了下去，立刻又弯曲了背，立刻又将头俯在缝纫机板上了，立刻又陷入了忙碌"，读出母亲的劳碌；从"掏出一卷揉得皱皱的毛票，用龟裂的手指数着"，读出母亲的贫苦……哪怕一字未忽，句句析微，终究难逃小情调单向度的"伪"对话窠臼。

《慈母情深》读你，是建立在"人类生命的高质量繁衍，离不开高素养的母亲"这一文明背景之上，高远、大气地与文本"真"对话。

俚语说得好："当官的爹不如讨饭的娘。"在一定程度上讲，现代社会比以往任何一个时代更需要称职的母亲。真正认识到母亲在人类全部生活中的核心重要性，为女性提供健康的教育和最好的关怀——既为她们自己，也为人类的后代，这样才是真正的文明。

"七八十台缝纫机发出震耳欲聋的噪声""几只灯泡烤着"，作坊里的每只灯泡下，每台缝纫机前，不都坐着一个这样的母亲？是谁让母亲置身如此劣境？是谁让母亲如此辛劳？是谁对母亲如此剥削？"对母亲的剥削是最大的剥削！"王东华先生的真知灼见令人钦佩。人类最重要的生产，不只是物质财富的生产，而是人类本身的繁衍生产——这恰是生产的本义！由此可见母亲的重要性。既心知肚明母亲的重要性，又漠视两性平权且极度盘剥女性的一切行为都是不文明的，甚至是野蛮的。

《慈母情深》读你，检测的正是一个人有无拯救母亲的原冲动、真情怀与大能耐。

## 二、审判你的"敬""亵"

袖筒里究竟有没有胳膊，最好的办法是触摸。《月光曲》读你，便是一种触摸。

"有一年秋天，贝多芬去各地旅行演出，来到莱茵河边的一个小镇上。一天夜晚，他在幽静的小路上散步"——走进幽静的小路，便是走向内心的宁静，宁静引出的灵魂必是对天宇的深深敬畏。"月光照进窗子来，茅屋里的一切好像披上了银纱，显得格外清幽。"——清幽的月光，辉映万物，不偏不倚，循着月光，灵魂徐徐上升，越过幽幽太虚，直抵那万古之源，天地万物都从那里泉涌不息。

敬天方知爱人。"贝多芬望了望站在他身旁的穷兄妹俩，借着清幽的月光，按起琴键来。""您爱听吗？我再给您弹一首吧。"

爱人，才有创作——"月亮正从水天相接的地方升起来。微波粼粼的海面上，霎时间洒遍了银光。月亮越升越高，穿过一缕缕轻纱似的薄云。忽然，海面上刮起了大风，卷起了巨浪。被月光照得雪亮的浪花，一个接一个朝着岸边涌过来……风停了，浪静了，月光下的大海是无比安详和美丽。"

你灵魂深处是饱含敬天爱人的大情怀，还是潜伏亵天恨人的小伎俩，《月光曲》读你，便是一种触探。

## 三、审判你的"悲""喜"

你读《普罗米修斯盗火》，倘若读到"普罗米修斯为了解除人类没有火种的困苦，不惜触犯天规，勇敢盗取天火，并与主神宙斯不屈不挠斗争的无畏精神"的标准答案，便戛然而止，这便是把"悲剧"读成了"喜剧"。《普罗米修斯盗火》读你，则意味着反躬自问：为什么要读《普罗米修斯盗火》？换句话说，就是要从本体上叩问为什么要读希腊悲剧。

为什么要读《普罗米修斯盗火》呢？它向我们昭示：生命虽然继续存在，像普罗米修斯一样，但是有生命就有痛苦。这是《普罗米修斯盗火》这个悲剧要说明的。生命与痛苦是不能分离的。

我们为什么要读悲剧？悲剧对于人类具有非常特殊的意义。

在一般人看来，人活在世界上，由于受到时空的限制，往往只能活在一个小地方，或一段很短的时间，接触一些简单的人、地、事、物，有一些小小的利害冲突，小小的是非恩怨。然后心里记得很清楚，以为我就是专门对付这个人的，或专门应付某一件事的，结果人的生命就变得很狭隘，没有什么大的气象，好像人生下来就是琐琐碎碎得做一些小事情，过一个平凡的生活，最后终究是难免一死，如此而已。

事实未必如此，因为人类有一个共同的命运，这共同的命运是什么？对这一点，答案就在希腊悲剧里。希腊悲剧面对命运，所要表达的就是激发起人的两种情感：第一是怜悯；第二是恐惧。

真正的怜悯不只是一种同情，而是一起承受痛苦，一如普罗米修斯并没有犯下什么错误，却承受了那么大的灾难。所以如果我不跟他一起承受灾难的话，我就有共同谋害他的嫌疑。当希腊悲剧带你进入一种特别的情况，直接面对命运的压力，这个时候你不再以个人为单位，而以人类为单位考虑问题，这是第一步。此时产生一种怜悯的心，愿意跟他人一起承担苦难。

第二步更重要，就是引发恐惧。恐惧，绝不是说欣赏悲剧让你害怕自己会变成普罗米修斯。事实上，你没有机会变成普罗米修斯，也不用担心老鹰会来吃你的心脏。欣赏悲剧，绝不是害怕发生这种事情，而是通过悲剧的接引，体验到一种情感，扩大生命力，知道一个人，哪怕是一个生活在卑微世界里的人，也是有潜力的人，可以像普罗米修斯一样，起来向命运抗争。

悲剧读你，可以唤醒生命张力，摆脱桎梏，重新面对命运的任何挑战。

## 四、审判你的"硬""软"

《飞向月球》读你，重在叩问："人类为什么要飞向月球？"

回答这个问题的前提是，我们要接触一个触目惊心的人生哲学的根本性命题："天网恢恢，疏而不失。"（《老子》）穹宇是牢笼天下社稷的无形的网，它宽弛而疏松，然而却无可逃遁。毋庸讳言，在这个世界上，我们每个人都是被判了无期徒刑的囚犯。人生世界是座大监狱。这座大监狱便是由宇宙空间和时间构筑而成的。

这座大监狱既没有围墙，又有围墙。说它没有围墙，意味着我们置身的宇宙时间与空间是无形的，我们呱呱坠地，便落入其中冲也冲不出去；说它有围墙，意味着"生、老、病、死"是人生大牢厚厚的墙，我们能够体验得到。

在大多数人的身上，"大监狱"意识是相当模糊的，只停留在潜意识之中。少数人则很强烈，希望冲决监狱。

人们冲决监狱有两种：一是软冲决，二是硬冲决。

软冲决，就是在想象与心理状态中冲决。譬如，"平明登日观，举手开云关。精神四飞扬，如出天地间……凭崖览八极，目尽长空闲……"这就是李白在想象中冲出天地牢狱的自由心理状态。

上下五千年人类文明之旅的本质，就在于对宇宙大监狱限制人类，一方面进行文化的软冲决，另一方面进行科学的硬冲决。

电话是对人耳限制的一种硬冲决；电视是对人眼限制的一种硬冲决；汽车、火车、飞机是对人腿限制的一种硬冲决；电灯是对光明限制的一种硬冲决，医学是对寿命限制的一种硬冲决……

那么登月呢？登月无疑是对人类只能局限在地球活动的一种科学的硬冲决。

阿姆斯特朗月球上的"一小步"，不就是对束缚人类大监狱硬冲决的一大步？

尽管阿姆斯特朗与奥尔德林身体登月的"硬冲决"是成功的，但我们仍然不能忽略他们心理登月的"软冲决"是否一样尽如人意。

2005年4月25日英国《卫报》报道了他们的情况，令人深思：

1969—1972年，相继乘坐"阿波罗号"太空飞船登月的12位宇航员，开创了人类登上月球的第一步。当他们回到了地球，生活理应充满了荣誉、掌声、鲜花、成功，甚至财富。也许最珍贵的还是：他们在五六十亿世界人口当中，是曾经从另一颗星球上回望过、眺望过和惊叹过地球的少数几个幸运儿。

但事实上，这些人的日子过得并不好。

阿姆斯特朗是第一个踏上月球的美国宇航员。

回到地球后，他无法应对随之而来的名声。世界上许许多多的机构都邀请他回忆那个踏上月球的难忘时刻。但是他厌倦了世界旅行，厌倦了同各国使节、欧洲王室成员和达官贵人在一起相互碰杯的鸡尾酒会——他很难适应。他辞去了宇航员的工作，投身到航空航天的高级研究；后来他去一所大学任航天工程系教授；再后来他担任过航空电子贸易公司的顾问……最后他回到了自己的出生地——俄亥俄州的一个牧场，过着"只在此山中，云深不知处"的归隐生活。

奥尔德林，是和阿姆斯特朗一起登上月球的人。

回到地球，他难以招架声誉鹊起。何况，他一再回忆在月球上行走时，曾有的"灵魂出窍"的奇异感觉，这种怪异的感觉折磨了他一生。他患上了抑郁症。他酗酒，导致了婚姻破裂。

欧文是登月舱驾驶员。他一直被"神秘感觉"折磨着。

"月有万古光，人有万古心。"万古月易登，万古心难觅。万古心更深一层，更有一种神秘待我们解密！

"幽暗意识"提醒我们要结合人性、人心内部的缺陷来看待外部世界的问题，就着人性做一个彻底的反思。很多看起来是外部的灾难，正是由人本身、人性中的缺陷、堕落所造成，人可以提高自己的人格，但归根结底，那是有限的。与之相反，人的堕落却可以是无限的。对于人性中幽暗的这一面，必须要有十分的警觉，不然它会使即便像阿姆斯特朗这等带领人类越狱的硬冲决成功者，也会滑落为软冲决的失败者。冲决人生世界这座大监狱，"硬软"双赢，是一个新课题。

## 五、审判你的"愚""智"

愚人诵千句，不解一句义；智者寻一句，演出百种义。

与"深蓝的天空中挂着一轮金黄的圆月，下面是海边的沙地，都种着一望无际的碧绿的西瓜。其间有一个十一二岁的少年，项带银圈，手捏一柄钢叉，向一匹猹尽力地刺去。那猹却将身一扭，反从他的胯下逃走了"对话，愚钝之举莫过仅仅辄止于记诵诸如景美、人勇的空泛字符以应试。

其实，一切真正的艺术文本都是一个空筐结构，都是开放的。设若聪智地以不同着眼点与这一文本对话，可以收获多种智慧。

**孤独**——文本那万古不语的"海天"时空，给人的恰是一种孤独：人，在海边的沙地上会孤独；人，在圆月下也会孤独。大海和天空的孤独相加，是顶级的孤独。只有怀揣这种孤独才能"判天地之美，析万物之理"，也只有怀揣这种孤独才能走进"大乐"与"大礼"。"大乐与天地同和，大礼与天地同节。"

"片云天共远，永夜月同孤。"开放的艺术文本读的正是你的孤独：孤独的实质是一种浩博的胸怀。没有浩博的胸怀，何以接纳、收容那具有穿透力、可以同命运决一死战的伟大力量？

**空灵**——空灵既是一个物理空间概念，又是一个心理空间概念。

"深蓝的天空"，是那样幽远、空灵；一望无际的"海边的沙地"，是那样迷远、空灵；在这天地的大空灵之间，一个"项带银圈，手捏一柄钢叉，向一匹猹尽力地刺去的十一二岁的少年"，仿佛接了天气，收了地气的一颗大心，正有韵致地跳动着一种清远、空灵。

天之空灵、地之空灵、人之空灵。合而为一,是天地人大空灵。

空灵既出,尘累顿消。

**月亮**——"深蓝的天空中挂着一轮金黄的圆月",开篇为什么特写"月亮"呢?《月是故乡明》:"每个人都有个故乡,人人的故乡都有个月亮。人人都爱自己故乡的月亮。""我看过许许多多的月亮。在风光旖旎的瑞士莱芒湖上,在平沙无垠的非洲大沙漠中,在碧波万顷的大海中,在魏峨雄奇的高山上,我都看过月亮,这些月亮应该说都是美妙绝伦的,我都非常喜欢。但是,看到他们,我立刻就会想起我故乡那个苇坑上面的小月亮。对比之下,无论如何我都感到,这些广阔世界的大月亮,万万比不上我那心爱的小月亮。不管我离开故乡多少万里,我的心立刻就飞来了。我的小月亮,我永远忘不掉你!"(季羡林)

故乡的月亮对每个人都是一本翻不完的自传,一本似水年华的实录。故乡月下,埋藏着"我"永远难以忘怀的童年故事:"下面是海边的沙地,都种着一望无际的碧绿的西瓜。其间有一个十一二岁的少年,项带银圈,手捏一柄钢叉,向一匹猹尽力地刺去。那猹却将身一扭,反从他的胯下逃走了。"那是雕刻在"我"心灵深处的记忆版画,那是藏在"我"生命源头的无尽宝藏。故乡的月亮——"我"童版故事的永恒见证人。

相对于阳光下的现实世界,月光底下的世界便成了艺术世界。故乡的月亮,宛如过滤器。一经过滤,在虚与实同在的恍惚中,在有与无交织的幻境中,在心与境合一的通脱中,"海边的沙地""碧绿的西瓜""项带银圈,手捏一柄钢叉,向一匹猹尽力地刺去"的"十一二岁的少年",便蒙上了一层诗意,一层浪漫,一层梦幻,一层美感。那一片浸漫着故乡月光的海边瓜地,是"我"童年梦幻的界域,是我冲决"四角天空"逃往的田园,是"我"栖息在天地中的灵魂圣殿。

月本皎皎,清明纯纯;童稚之心,不染杂尘。"我"之童心与月之明心,难道不是同质同性?"明月直入,无心可猜。"圆满光华不磨镜,挂在清天是我心。

**"圆"义**——"圆月""西瓜""银圈"。文本里潜伏着一个人类伟大的图腾符号——圆。

圆,它是一个时间概念。按年来说,是寒暑往来,四季分明,年年如此;按月来说,朔望盈亏,月缺月圆,月月如此;按日来说,昼夜交替,朝起暮落,天天如此。所以,在古人看来,时间好像就是圆的。

圆,值得敬畏的圆。它里面潜藏着一个π,今天即便高速计算机已经能运算出π小数点后面的500多亿位数依然还没有穷尽。π的数值越精确,人类文明程度越高。π里面有太多的奥妙，太多的美，π的美，不正是圆的美？

在爱默生看来："眼睛是一个圆，它所形成的地平圈是第二个；在整个自然界里，这种基本的图形没完没了地重复着。它是构成整个世界的重要符号……我们终生都在解释这个第一图形的种种含义。"（《论圆》）

圆圆的西瓜——海边的沙地，孵出多少圆圆的西瓜，就包孕多少圆浑的希望；圆圆的银圈——与其说那是一个金属器物，不如说那是一个美满爱的信物；圆圆的月亮——人不就是一个月亮，有谁不渴望每天都能画成一个圆满的月亮？

童年的记忆美如圆月，它像狗一样忠实地追逐着人的灵魂，对人生具有支配性的意义。"问余何适，廓而忘言。华枝春满，天心月圆。"

……

天堂无法胜利。文本读你，是在思想深处针对灵修的哲学审判。只有一审、二审……没有终审。

# 创课在乎，活着就是成长

　　拙作《在乎》成为《河北教育》(2017)第5期卷首语，不必每本杂志都在乎《在乎》，也不必每个编辑都在乎《在乎》，更不必所有读者都在乎《在乎》。在乎不在乎《在乎》，《在乎》依然在乎。《在乎》在成长。

　　在乎，意味着在乎内心保留着永不言弃的希望——仰望星空，天宇浩渺，漂浮着星河光尘和宇宙尘埃，我们是比这些渺小得多的存在。存在的我们虽然渺小，但每个个体都是一个小宇宙，都抱持一个广阔、自由的空间，在那里可以感受自己，允许生命如自己所是的样子，允许自己的情绪流经；有时我们也许会觉得一天到晚叽叽喳喳的孩子太吵、太闹、太烦；有时我们也许会觉得教室、办公室两点一线穿梭往返太过机械、单调、俗泛；有时我们也许会觉得教学有困顿，生活有挫折，心里有失落……但无论如何，我们都要在内心保留着希望，保留着永不言弃的希望，希望并不是对事物会朝好的方向发展的期待，而是基于对事物的理性期待——诚实地聆听自己的内心，踏实地做自己认为值得做的事，真实地经历属于自己的春夏秋冬，见证一己容颜的变迁，并用自己的眼睛和心灵，体味生命赋予的一切，丰实地活出属于自己的那一道风景……虽然没人可以保证梦一定能实现，也没人保证梦不会碎，但梦碎，就是梦醒。用心去做梦，用心让自己的梦尽量飞得久一点远一点……路虽远，行则将至。（《在乎》）

## 一、在乎心存敬畏

　　据说当年琉璃厂文古斋的掌柜给某个大人物贺六十大寿，送的是仿故宫武英殿里的一对乾隆官窑黄地青花九龙瓶。

　　他派人去武英殿摹绘，又特地在景德镇自己的窑里秘密烧制。

　　"胎质、釉色、绘工，甚至'手头'（重量）都与原件一模一样。"他赞，"谁也看不出来。"

　　只不过烧制的人在款名的字上，故意短了一毫米。

　　这个从商多年的男人说，"一定得做假的时候，要知道留有破绽，以示敬畏。"

　　这些个造假的依然在乎，在乎漏出"短了一毫米"的破绽；在乎心存敬畏。

原北大教授钱理群曾说:"我们的一些大学,包括北京大学,正在培养一些'精致的利己主义者',他们高智商,世俗,老到,善于表演,懂得配合,更善于利用体制达到自己的目的。这种人一旦掌握权力,比一般的贪官污吏危害更大。"

培养"精致的利己主义者"依然在乎,在乎漏出"精致"的破绽,在乎"危害更大"。

如果,如果我们的教育还依然在乎,如果我们的教学公开课还依然在乎,你觉得它应该在乎什么呢?在乎对把控未来文明的孩子的敬畏!

## 二、在乎活着就是成长

海德格尔认为现代世界是一个"忘在"的"贫困的时代",其特征是"大地的荒芜""现存一切无条件的物化",人面临"无家可归"的境地。

在我看来,即使这样,人还应该依然在乎。在乎了,回家的路上就不会走散,该遇见的还会遇见,属于你的终究属于你;在乎了,万事万物都在你生命中次第出现,尽管提醒我们回首过往的所有"丰实",都不过是人去楼空、繁华若梦,为了在乎依然在乎!最接地气的在乎——活着,就是成长。

"我们不在乎钱,我只想做出更美味的寿司。"差别就在这里,一般人是为钱、为吃饱,大师是为成长。二郎做了 75 年寿司,持续成长 75 年,能达到什么水平?又做到什么标准?二郎的餐厅在地下,只有十几个卡座,厕所还在外面。就这样一间店,拿下了米其林三星餐厅,能做到的世上没第二家。用米其林的话讲,就算只为吃二郎的寿司来趟日本,也值了。到了他店里,用餐体验也不轻松。二郎对食物的品质追求,给食客很强的压迫感,就连吃遍日本的美食家都说:"我吃他的寿司,很紧张啊。"但,忍了吧,这么好吃也没别家。再说他"变态"的烹饪标准。他家的食材供货商,也都是各自领域的专家。就像他对鱼的要求:每天市场上最好的鱼,只有一条,我就要那条。为了章鱼的口感,他会用手按摩章鱼 30 分钟;还找到一种只有他家能煮好的米,就算别家买了一样的米,也不会做。二郎对待客人,虽然严肃,但同样追求极致。他会根据客人的体型改变寿司的大小,或者当他注意到客人是用左手,下一片寿司就会放在左侧。这才是职业,持续 75 年的自我打磨,在重复中不断成长,以求精进。大部分的人,一旦接受了重复,就多半进入"老司机模式"。老司机模式,是当你开车时,不需要想,就能完成动作的整个过程。前进、左拐、入库,不会出事,但也从没想过做得更好。就像有人在职场干了十几年,还是只会做那些事。但二郎不是,他从不对自己的工作感到满意。活着,就是不停思考,不断成长。但,都是第一次做人,凭什么二郎知道路怎么走?

## 三、在乎"天地人课"合一

**一个冬天的夜晚**

【特拉克尔】

正当雪花临窗

教堂晚钟长久回响。

千家万户摆好餐桌

家庭供应丰盛得当。

不止一个人还在旅程

经茫茫道途终临家门。

金果硕硕神恩之树,

屹立大地郁郁葱葱。

游子安详入室,

心情之哀痛使门槛顿时僵直。

一道金光闪耀

餐桌上摆设着面包和美酒。

"下雪""天黑""晚钟""房屋""餐桌"这些意向就是诗本身在"讲话",在"召唤",在"开示":那下着的雪把人引入那夜幕徐徐覆盖的茫茫天穹,教堂的晚钟又把人当作必死的"存在"面对那永恒之神,房屋和餐桌则把必死的人同土地连接在一起,通过言语的召唤,上述四个因素——天与地、必死的人和永恒的神,构成一个整体,相互关联着,形成一个"四方场所",这个场所便就是事物自我显示乃至事物自身的存在之所在,也就是"世界"。这些依然在乎,在乎了,就在乎"天地人神"合一;在乎了,你就有了求所欲求的权利,并享受必定成就的应允。于是,你就开悟了,怎样在乎,才是"天地人课"合一。

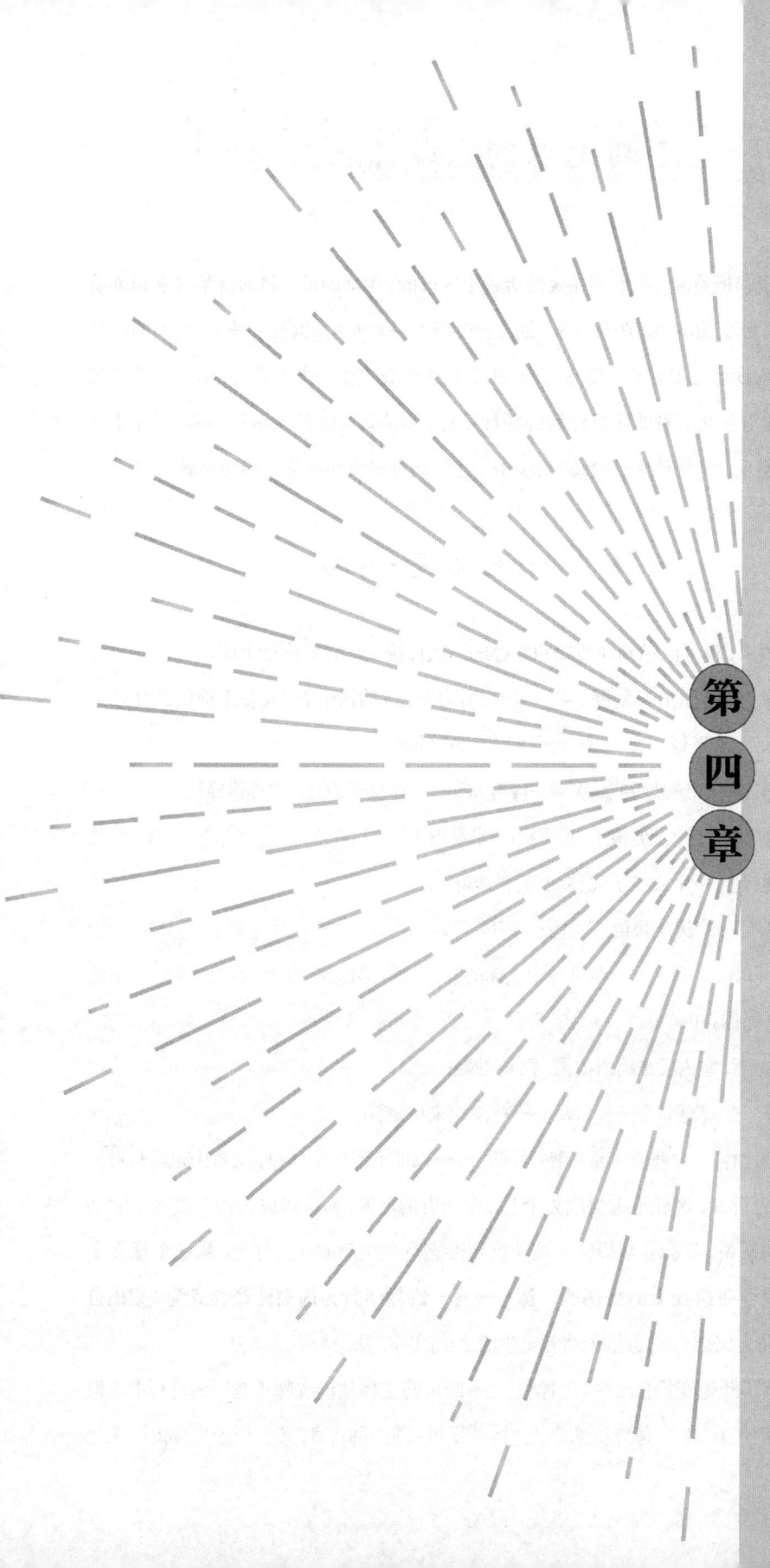

# 第四章 创课设计与实录

# 不断追求创意设计之美

在哲学家福柯看来，人生是在美的历程中度过的，生活的最高目的就是寻求和创造生存世界中不断变换的美。在我看来，创课教学既是一种人生，也是一种生活，要的就是不断追求创意设计之美。这种美，是在不断变动的游戏式生活中形成的。但是生活的流变性，不意味着生活本身的任意性和纯粹杜撰性，而是要设法使生活得到提升，让生活在其提升中实现自身精神生命内涵的丰富化，达到精神愉悦和审美情趣的完满。

## 一、创意设计之"你是一阵风"

2015年岁末，笔者应邀到江西赣州举办的一次传统文化教育论坛上课。

一如从前，还是原生态创课。第一眼看到借班上课的孩子们，我发现他们诚如其校长所言"很乖"，乖得像一幅"潭面无风镜未磨"的画。

走进"画"里，课感怂恿我"吹皱一潭静水"——让孩子们直呼"孙建锋"。

一呼"孙建锋"，一个男孩子"夸"我："平易近人"。

再呼"建锋"，一个女孩子昵称我为："哥哥"。

又呼"锋"，一个男生快语："你是一阵风。"

"我是一阵风，一阵春风，春风她吻上你的脸，告诉你处处是春天；我是一阵风，一阵春风，春风已绿你心田……"

"三呼"过后，室内已是笑语盈盈、两情融融……

"孙建锋"——"建锋"——"锋"——"潭面来风涟漪生"。

直呼"孙建锋"，对我而言是一种"经验"——以前上课曾经用过，文章中也曾写过。但教学实践告诉我，经验不应当成为个人教学历史的尸体，而应当成为待产过程中的创造本身。换句话说，经验要从传统的被动沉积形态变成主动的开拓行为。**从这个意义上来看，这正是学生给我上的震撼的一课——每一次教学行为都要使经验成为"拔出自我"的再生动力。**诚然，这也是创造教学生活之美的不二法门与不竭动力。

故此，我不断地变换自己的"主体性"，不断地将主体从传统师道尊严的自身中连根拔起，以至于使自己不再是传统意义上"神圣不可冒犯"的自身，使自身置于自我虚无化和自我解体过程中，实现了一种他自身——"平易近人""哥哥""一阵风"——的永远变动和更新。

## 二、创意设计之"哥哥孙建锋"

梅洛·庞蒂认为，文化现象中最重要的是"语言"，语言首先产生在对话形式中。

"师与生、生与生、生与文本"，任何二元之间的对话关系都会产生"真三"的最高境界，而语言正是实现二元向三元转化的决定性因素。

自编教材《关于月亮的神话、古诗、童话串串烧》，是将有关月亮A面的神话《嫦娥奔月》、月亮B面的古诗《嫦娥》、月亮C面的"美版"童话《月神》以及月亮D面"英版"故事《月上圣诞老人》组合而设计的一次语文学科综合性学习的公开课。

这节集"自思想、自教材、自设计、自教学、自反思、自发表"为一体的创造性公开课，其本身就是一种教学艺术的"第三元"，是物我之间的超出物，它以"和"而接纳万物，旨在东方传统文化与西方现代文化的对话中创造出万千之美，达到文化融合的美妙境界。这种"生于二而超于二"的"第三元"揭示了"只有对话关系才能滋生出最高境界"的教学真谛。

课堂中，当学生与月亮A、B、C、D的故事对话之后，我相机唤醒——

"最美的故事还是——月亮E面的传奇，你们想看吗？"

"想！"

"'千江有水千江月'，月亮E面的传奇就在你的心里。请放飞想象，超越'中外'，开创月亮E面的传奇。"

略思片刻，孩子们便争先恐后与大家分享他们打造的"月亮E面的传奇"——

——《把自己射向月球》：有个小女孩，她梦想到月球上去。于是，她就自己制造了一把弓箭，把自己射向了月球……

师：超级震撼，"把自己射向月球"（把题目写到黑板上）。你不仅把自己射向了月球，也把自己的未来射向了北大、哈佛……（笑声）

——《嫦娥回来啦》：寂寞的嫦娥，在月球上，利用桂花树制造了一个飞行器，带着小白兔一起飞回了地球……回到地球……后羿还在等着她吃饭呢，饭桌上的饭菜，已经热了好多遍了……

师：温馨！人圆、梦圆、心圆……团团圆圆……

——《我是哈佛男》：有个哈佛男，勤工俭学、省吃俭用，创造了一艘航母。他的航母就像今天的出租车一样，能够载客登月。航母造好以后，他请他的家人、同学、老师一起飞往月球，并且是免费之旅。只要他的航母在月球一着陆，地球上所有的航母以及核武就会自动解除"武装"，失去进攻作战的能力。因为，他的航母有一种磁场，可以锁定所有毁灭性武器的按钮，没有任何人可以打开……这个哈佛男，就站在你的面前。

师：一切皆有可能。人，就是最大可能。加油！哈佛男！

——《哥哥孙建锋》：有个小女孩非常喜欢演讲，遗憾的是地球上没有人喜欢听……

师：（走到最后排问一位男生她说的什么。男生说，她说有个小女孩非常喜欢演讲，遗憾的是地球上没有人喜欢听……）在听着呢！无论哪个角落的人都在听着呢！请继续……

生：一天，她搬来一把天梯，爬上了月球去演讲。

师：演讲现在开始……小女孩身边——

生：小女孩的身边站着她的哥哥。

师：她的哥哥——

生：孙建锋。（笑声）

孙建锋十分专注地听她演讲……

师：孙建锋喜欢听天籁之音。

生：小女孩觉得孙建锋是她的知心哥哥，是她真正的知音。

……

师：千古知音"不"难觅，他就站在你身旁。请把故事的名字《哥哥孙建锋》写上黑板。

……

分享的"故事"都是假的，但故事带给我以及在场听课老师的"震撼"却是真的。

这种震撼就是"对话"，一种在绝对自由状况下展开的"主际对话"，它所产生的"三"永远高于"二"。

这正是自教材《关于月亮的神话、古诗、童话串串烧》的教育初衷——将"三元"命题悬为高标，跳出一元与同质文化的窠臼，加强中西异质文化之间的对话与交流，因为"异文化是得救的保障，是人类回归自身的保障"。（奥地利文学家霍甫曼萨）

一种文化愈自信，愈开放；愈开放，愈伟大。

一种教学愈开放，愈对话；愈对话，愈超越。

法国有个成语，如果蛹只知道照镜子，永远不能成为蝴蝶。拘泥于传统、食古不化的文化与教学，永远逃脱不了"蛹照镜子"的怪圈。

上文教例揭示：孩子们蛹化成蝶，精神生命得以提升与超越，是通过不断的交流、对话产生的。对话前，彼此好的东西各自藏着；对话后，彼此好的东西不但能发挥出来，而且发生了质变。

一如"哥哥孙建锋"，就是一种令人震撼的对话"质变"。

它的震撼意义开示——对话，不是言说者的单边存在，而是言说与倾听的同在。没有倾听的言说和没有言说的倾听同样是荒诞的。

相对于我们的课堂不缺教师的言说而言，我们的孩子更渴望教师的倾听。"哥哥孙建锋"就是学生对倾听回归的最萌点赞，也是对倾听缺席的诗意批判。

倾听是老老实实的活儿，来不得半点虚假和做作。倾听是对真诚直截了当的考验。所以，如果教师伪装倾听，就不单单是虚伪，而是愚蠢了。

倾听着是美丽的。如果教师能够真诚地蹲下身来，目光清澈地注视着孩子，抛弃唯我独尊的傲慢和道貌岸然的虚荣，那么就能谛听到孩子们五彩缤纷的世界里：有日落月升的呼吸，有虫蚁鸟兽的欢歌，有风里云里的消息，有无声里的千言万语……还有心与心碰撞的清脆音响，宛若风铃。

## 三、创意设计之"跳起抢话筒"

现代人越来越把自己的思想纳入法则、规则以及各种固定的方法之中，我们的教学也不例外。高喊"课改"，而不"改课"。即便"改课"，亦鲜见"改心"。"改心"，就是要有新的教学思考艺术，借用福柯的哲学术语就是"成问题化"。

"成问题化"的目的，就是要颠覆传统的教学思维模式，其策略有三：

**一是"在外面思考"。**"在外面"，不单纯指"外面的世界"，而是比外面的世界更遥远的事物的总称。同时，它又是比一切内在的世界更贴近得多的事物。所以，"在外面"并不只是指它的外在性或内在性，而是指它比外更远、比内更近的双重性。所以，真正的思想是"在外面"，它来自外面，向内折返，又回到外面。基于此，"自思想、自教材、自设计、自教学、自反思、自发表"的创课——《关于月亮神话、古诗、童话的串串烧》力主体现的是"在外面思考"的基本精神，就是在传统的教学之外进行自由思考，在"主体性"之外进行自由创造,在生命的边界进行创生教学。

**二是"在语言游戏中思考"**。这种思考就是通过语言进行思考,在语言的游戏中进行思考。在《关于月亮的神话、古诗、童话串串烧》教学中,看了月亮A面的神话《嫦娥奔月》,嫦娥抵达了永恒的彼岸世界,生命摆脱了一切外在形式的束缚,似乎可以享受长生不老了。但是,她却孤独寂寞,终日依着桂树,看着小白兔捣药⋯⋯学生问:"是不是嫦娥跑得太快了,心没有跟上,落在了人间?"是的,嫦娥的身心是有裂缝的。

"嫦娥应悔偷灵药",当我们吟咏着李商隐感天动地而又气韵悠长的千年嗟叹,一味地沉浸在"碧海青天夜夜心"的无尽追悔之中时,孩子们却说,月亮C面的"美版"童话好玩,月亮D面的"英版"故事养眼。实然,不同文化之间也是有裂缝的。

"互联网+"时代,没有"鸵鸟"可做,我们"在语言游戏中思考",则意味着在寻找新思想活动的裂缝和可能性中教学,这是必然。

**三是"自身决定游戏规则"**。教学不应该把自己埋葬在自己挖的坑里,而应该使自身成为游戏者,并由自己决定游戏规则。

上文教例中,有一个"请学生分享月亮E面传奇"的教学环节。起先,站在前台的六个同学有点拘谨。"谁先得到话筒谁先讲",我把话筒一举,大家一拥而上,跳起来抢话筒。我顺势蹲下来,他们赶快俯下,我又迅速起身,他们又如浪花跃起⋯⋯

"起伏"之中生成的"跳起抢话筒"游戏,不只是表面上调动了学生的参与度而引起了观者的兴奋度,更重要的是它留给我深层的思想震撼——

话筒,物理意义是传声,而象征意义是"发声"。

孩子们表面上是"跳起抢话筒",实质上是"抢自己的话语权",是在抢着"发出自己的声音"。

一个能够"发出自己声音"的人才是真正意义上满全的人;一个勇于"发出自己声音"的人才是有穿透魅力的人。他的魅力源于自信、独立和富有思考的力量。

"发出自己的声音"——言论自由——是宪法赋予每个人的权利。

"跳起抢话筒",是在行使自己的人权,是行走在言论自由的路上。

自由在哪里,人就在哪里;自由在课堂,学生就真正站在了课中央!

当然,"自由"不是一个事实,而是一个设定;"自由"不是自然赋予人类本质的礼物,而是人类为自己设定的最为艰巨的任务。同样,在教学中,"人"并不是一个事实而是一个设定,不是一个生物存在,而是一个优秀的理念和一个很高的境界。

# 《自己的花是给别人看的》创课设计

一次,甲和乙两位老师同课异构《自己的花是给别人看的》,留下两个颇有嚼头的教学片段:

**【片段一】**

师:学了《自己的花是给别人看的》,你的启发是……

生1:人人为我,我为人人。

师(笑盈盈):对!

生2:爱。

师("晴"转"阴"):错!

生3:花究竟拿什么给别人看呢?

师(揶揄):笑话,这样的问题能考到吗?

生4:德国人为什么把花种在窗台上?

师(直接怼):你管得有点太宽了吧!

……

**【片段二】**

师:读了《自己的花是给别人看的》,每个人都有自己的感受,不妨大家一同分享?

(生1也许是思考、也许是迟疑……)

师(微笑着走向学生):这个问题没有唯一的答案,只有不思考的懒汉和不交流的遗憾!

生2:读了《自己的花是给别人看的》,我感受最深的是:"人人为我,我为人人。"

师:为什么这样理解?

生2:"走过任何一条街,抬头向上看,家家户户的窗子前都是花团锦簇、姹紫嫣红。许多窗子连接在一起,汇成了一个花的海洋,让我们看的人如入山阴道上,应接不暇。每一家都是这样,在屋子里的时候,自己的花是让别人看的;走在街上的时候,自己又看别人的花。人人为我,我为人人。"

生3:读了《自己的花是给别人看的》,我悟到的是:"花意味着美;美,意味着爱。"

师：很有哲理，能否具体说说？

生3："宇宙间美的东西很多，花在其中占有重要的地位。"显然，花，是美的象征。记得木心先生说过，美是一种表情，有些表情是等待反应的。例如，乞讨者的悲哀，等待着怜悯；警察的威严，等待着慑服；小丑的滑稽，等待着嬉笑。唯有美是无为的，没有目的。使人没有特定的反应义务的挂念，就不由自主地被吸引、被感动。这个美的表情就是爱。

师：好一个"美的表情就是爱"。

生4：说到"美的表情就是爱"，我想到了桐花。这个花好奇怪，正盛放着，还没枯萎，它就掉落了。后来从书中得知桐花雌雄同株，它们在树上交配，传授花粉。雌蕊授粉以后，就要结成一个个油桐果，要结成油桐果，就需要很多的养分，可树上的养分是不够的。于是雄花就"开会"决定集体飘落，告别这棵树，把所有的养分留给雌花。很多人在欣赏桐花的时候，看到的是花的飘零，花的美。殊不知，为了完成生命的繁衍，为了下一代生命的成长，桐花甘愿把自己飘零下来。这种美难道不是爱吗？

师：桐花的美人人看得见，爱只有有心人读得懂。

生5："走过任何一条街，抬头向上看，家家户户的窗子前都是花团锦簇、姹紫嫣红。许多窗子连接在一起，汇成了一个花的海洋……"漫在"花的海洋"里，渐渐地，我们用来看东西的眼睛变成了花，用来听声音的耳朵变成了花，用来讲话的嘴唇变成了花，用来端茶的手也变成了花。

师：以花眼相欣赏，以花语相沟通，以花香相浸染。人人都像一枝花，香给这世界看！

生6：花为了开花而开花——它以自己的色彩、弧度、力度，向着自己的空间开放，不可遏止，开花就是一切，要开就开得光彩灿烂。

花，向我们展示的就是灿烂的精神！

师：和你有同感，我已经学会"零负担"地欣赏一朵花，驻足，心动，玩味，每一朵花都引领我叩山为钟、抚水为琴……

生7：老师，德国人种花在阳台，不仅仅是一种习惯吧！

师：龙应台的一篇随笔《窗外》，或许对你有所启发。

欧洲的村子特别美，有一个核心的原因：住在村子里的人，有两个视角——窗内、窗外。

如果只有一个窗内视角,屋子就是自己的实用空间,生活所迫,窗台可能变成凌乱堆积之处。

一旦有了窗外视角,心里就会想,异乡人哒哒的马蹄,经过我的窗户,眼睛看到什么?

一扇窗之所以美丽,是因为住在里面的人为走在外面的人设想了:他眼中的我的屋子,美不美?

只要有"窗外视角",一个村子就美了。

只要有"窗外视角",一个国家也美了。

只要有"窗外视角",一个人,也可爱了吧?

……

片段一显然不是创课,是为了上课而上课。这种课"症状"的背后,有一段不为人知的秘密——教者捏着一把生了锈的钥匙,一次又一次,徒劳地想要打开功利教育那把沉重的锁——在长期的应试鏖战中,答案被反复操练为两个"姓":一个姓"对",一个姓"错",除此,再也没有了第三个"姓"了。大部分的学生害怕姓"错"。一旦姓"错",便没有机会将自己"错"的逻辑走完。

片段二显然是创课,创生的环节跟着学生走,跟着学生的感受走。感受是主观的,也是各异的。同样是《桨声灯影里的秦淮河》,俞平伯的感受是那样细腻,朱自清的感受是那样华美。事实判断是客观自在的,一如"1+1=2",等于3就错。但是,即便是事实判断,也是相对的。有谁一直是对的呢?牛顿对了吗?那爱因斯坦呢?爱因斯坦对了吗?那霍金呢?如此严密的科学,"对"与"错"依然是相对的,更不用说基于价值判断的文科教学了。每位学生的每一次阅读实际上都是一种隐秘的个别创作,读了《自己的花是给别人看的》,学生的阅读感受各不相同,这并不仅是对异国他乡风土人情的不同感受,也是对生命的不同感受。当然,感受的丰富与否和个人的知识背景、人文情怀不无关系。如果说人的生命的价值可以得到实现,就表现在人独特的生命感受、生命力量得以尊重。尊重意味着,哪怕答案是"错"的,教师也要鼓励学生走完自己的逻辑,将自己对问题的看法解释清楚,而后留下思考的空间,提供参考的答案,或许这样的答案更有味道,更有营养价值。不是吗?

萨特说,存在是以它自身的显现造就这个世界的存在。意即,我来到这个世界上,我要靠我的努力、我的存在造就我喜欢的世界。鼓励学生走完自己的逻辑,不仅意味着强调学生个人创造的重要性,还特别意味着强调责任的重要性。这意味着当你意识到自己用行动来造就自己的世界的时候,你必须意识到正是因为这样,你的责任是重大的。

下课了,孩子们像小鸟一样飞出教室。那一刻,我觉得教室里空荡荡的。"……有些鸟是不能关在笼子里的,它们的每一片羽毛都闪耀着自由的光辉,当它们飞走时,你会觉得把它们关起来是种罪恶。但是,它们的离开让你生活的地方空荡荡的。"(《肖申克的救赎》)

# 创课《邀非老师到课堂来》实录与反思

生命的"延续生存"使得创课美得并不空洞,每一个以生命美唤醒并激活生命美、以生命美滋养并增长生命美、以生命美提升并升华生命美的创课场景,都是创课美的集合里不可或缺的主打元素。

让我们走进2015年9月19日,走进山东省德州市黎明小学六年级(4)班的课堂,去感受《邀非老师到课堂来》的创课美——

师:同学们,目光炯炯、自信满满,精神面貌真好!

(孩子们一听,顿时明眸生辉、气宇轩昂、劲头十足!)

师:我们迎来了一个好时机——"邀非教师到课堂来",请他们上一些好玩的课给大家看。你们喜欢吗?

生(响亮作答):喜欢!

师:"邀非教师到课堂来",你是怎样理解的?

生:这"非老师",可能不是一般的老师吧!

生:"邀非教师到课堂来",上得不是普通的课。

生:我认为"非老师"也许不是一个真正的老师。

师:都有自己的理解与看法,这是勤于思考的结果。大家想不想看看"非老师"是怎样上课的?

生(充满期待):想!

师:我们一同走进第一课——《鸭妈妈教小鸭子》。

(生露出吃惊的表情!)

师:看过《鸭妈妈教小鸭子》吗?

生(摇摇头):没有!

师:一定想先睹为快吧!《鸭妈妈教小鸭子》这一课一共2分22秒,每一分钟都很奇妙,每一秒钟都很养眼。你打算怎样观看这一课?

生:珍惜每一分、每一秒。

生:用自己的眼睛去看,用自己的心去想。

生:我会带着自己的疑问去看。

师：怀揣不同的动机观看，自然就会看出不同的理解。用孩子的眼睛观看，以孩子的心去想，一定能看出童真、童趣！

下面，有请鸭妈妈闪亮登场——（播放微视频，共2分22秒）

（微视频《鸭妈妈教小鸭子》主要讲述了鸭妈妈站在台阶上等着小鸭子自己上台阶。显然第一个台阶离地面不高爬上去不成问题，从上第二个台阶开始，便有了分化——只有一只率先登上第二个台阶，其余的虽然用力，但是一下子还是上不去。这时，第二个台阶上的捷足先登的那只小鸭已经当仁不让地开始向第三个台阶进行了第一次起跳，显然它的下场是人仰马翻，跌落下来……这时，它趴下来稍稍歇了片刻，积蓄了体能又从台阶的左侧发起了第二次冲锋，虽然没有成功，但是它又快速换到台阶的右侧进行冲击，第三次，它成功地跃上了第三个台阶……接下去，又有三只下鸭子也登上了第二个台阶，它们不畏多次摔跤，也成功地跃上第三个台阶……随后，十一只小鸭子都上了第三个台阶，最后，只剩下一只小鸭了在向第三个台阶做第六次试跳……鸭妈妈始终在等待，等待最后一个孩子上来……第七次，最后一个小鸭子也成功了……）

（生目不转睛观看微视频。）

师：如果说我们的学习也像上台阶，那么小鸭子上台阶给我们学习的启示是——请写一句话，时间两分钟。

（生奋笔疾书。）

（两分钟后……）

师：让我们一起交流，共同分享。

生：如果说我们的学习也像上台阶，那么小鸭子上台阶给我们学习的启示是——做任何事情只要坚持不懈，最终一定会成功！

师：很励志的一句话！写到类似意思的同学请起立！孙老师有一份"礼物"（一个信封），请她（刚刚读作文的学生）代表同学们收下，课后与站立的同学共同分享，这份礼物与"坚持不懈做事"有关系。接着，让我们听听第二种写法，第二种声音。

生：小鸭子上台阶和我们的学习一样，成功都要靠努力、靠汗水。

师：是的，小鸭子每跳上一个台阶，我们学习每取得一次进步，无不需要付出辛勤的汗水！还有第三种声音吗？

生：无论做什么事，都要靠自己的努力才能成功，不能依靠任何人！

师：哪怕是——

生：自己的爸爸妈妈！

师：滴自己的汗，吃自己的饭，靠天靠地靠父母不算是好汉！

第四种声音——

生：一口吃不了大胖子，学习不要急于求成，要一步步来，谁都不能一步登天！

师：一步步来，一个个台阶上，最后"一步登天"了，丑小鸭也变成了——

生：白天鹅！

师：小鸭子上台阶给我们学习的启示多多……你们每写出一句启示，每读出一"一种声音"，都上了一个台阶……给自己不断攀登新台阶掌声！

（鼓掌！）

师：如果说老师教学生就像鸭妈妈教小鸭子上台阶一样，那么老师应该从鸭妈妈那儿借鉴一些好的教学方法——

第一……第二……第三……请写一段话，时间五分钟。

（生快速行文，师巡视指导。）

师：请自告奋勇，让我们一起分享你的精彩习作！

生：如果说老师教学生就像鸭妈妈教小鸭子上台阶一样，那么老师应该从鸭妈妈那儿借鉴一些好的教学方法——第一，学生有问题，能自己解决的就让他自己解决，既不要把他"拉上台阶"，也不要把他"拖上台阶"，更不要把他"抱上台阶"。第二，有困难让学生自己去克服，风雨之后总会有彩虹。第三，耐心等待学生，允许他们摔跟头，允许他们犯错误。每个跟头，每次错误，都是美丽的。

师：你贵姓？

生：宋。

师：宋老师是孙老师的老师，因为你教给我一个金句——"每个跟头，每次错误，都是美丽的"。你的语言闪闪发光，你的智慧熠熠生辉！聆听你的习作是一种精神享受！

（热烈鼓掌！）

生：我跟他写得不一样，不是按第一、第二、第三，而是概括成一句话。

师：不拘一格，请讲——

生：我看到鸭妈妈这位老师，只是站在最上面的平台上等待小鸭子，鼓励它们一个个上台阶。

师：你哪里听到鸭妈妈的鼓励声音？

119

生：我是心里感受到的。

师：心有灵犀一点通！

（掌声！）

生：第一，好老师是让学生自己去努力、自己去实现、自己上台阶，老师只要耐心等待。

师：没有耐心等待，好多一下子上不了台阶的就会"失败"！

生：第二，老师要像鸭妈妈一样营造一个氛围，让"小鸭子"互帮互助。

师：小鸭子有互帮互助？

生：看到前面的跳上去，后面的也追赶。

师：哦！第一个上去的小鸭子给第二个上去的做了榜样，第三个上去的受到第二个上去的鼓舞，它们在精神上互帮互助！是吗？

生：嗯！

师：我懂你！高兴吗？

生：高兴！

师：接着读——

生：第三，好老师相信学生能行！

师：说你行，你就行！孙老师送你一份"礼物"（一个信封），请课后打开与同学们分享。

师：邀请到我们课堂来上课的，不仅有鸭妈妈，还有另外一位。想见一见吗？

生：想！

师：让我们一同走进第二课——《黑雁妈妈教小黑雁》。这节课3分8秒。你做好观看的心理准备了吗？

生：用心去看，因为他是十分罕见的。

师：让我们用心去看，走进那精妙绝伦的教学场景。

（微视频《黑雁妈妈教小黑雁》，主要讲了黑雁妈妈让孵化不久的小黑雁从90多米高的悬崖上跳下地面，自己去寻找食物。在高高的悬崖上，一只小黑雁凌空一跃，向下坠落……身体多次摔在峭壁上……最后，"咚"的一声着地，这时，等在下面的黑雁妈妈一声长鸣，扇动翅膀扑了过去……小黑雁抖一抖绒毛，站在了妈妈身边……）

（生聚精会神地观看。）

师：《黑雁妈妈教小黑雁》仿佛一块磁铁，深深吸附你的眼，磁化你的心。你愿意为谁点赞呢？并写出理由来。写一句话，三分钟。

我为_____点赞,因为_____。

(三分钟后……)

师:愿意到前台来展示的,请——

(生争先恐后上台。)

师:哇,这么多同学踊跃交流,按照先后顺序吧。

生:我为小黑雁点赞,因为它勇敢地从90多米高的悬崖峭壁上跳下,置险地而后生,令我震撼!

师:以前听到的词语是置……

生:置死地而后生。

师:它改动了一个字,灵活化用。这就是创新!给予掌声!

(鼓掌!)

师:我们在习作中,在遣词造句的时候,可以巧妙地化用词语,让人耳目一新!你是创意的代表,这里只需要把险加上双引号,别人对你的化用就会心领神会了。

生:我为黑雁妈妈点赞,因为她的爱是大爱,她懂得生存是没有办法教的,而现实生活是残酷的,小黑雁跳下来有可能摔死,也有可能存活,但待在悬崖上只会白白地饿死。

师:请你站到凳子上去。不害怕吧!

生:不害怕!

师(这时,师快速移动到离读习作同学最远的后排两位同学身边,问他们):她说的什么?

生(男生):我为黑雁妈妈点赞,因为她的爱是大爱,生存是没有办法教的,而现实生活是残酷的。

生(女生):生存是没有办法教的,而现实生活是残酷的,小黑雁跳下来有可能摔死,也有可能存活,但待在悬崖上只会白白地饿死。

师:请你(那位高高站在凳子上的女同学)回头看,你有两个朋友:一个女朋友,一个男朋友。当你读习作的时候,他们无论坐多远,都认真聆听你的声音,记住你美丽的话语!

生:谢谢!

师:你两眼放光,童真真美!你愿意把你的习作再读一遍吗?

生:我为黑雁妈妈点赞,因为她的爱是大爱,她懂得生存是没有办法教的,而现实生活是残酷的,小黑雁跳下来有可能摔死,也有可能存活,但待在悬崖上只会白白地饿死。

师：如果时光能够倒流，我期望我有一个能这样开示我心智的妈妈！时光飞驰，有一天，你也会为人母，你会教给你的孩子什么？

生：生存是没有办法教的，而现实生活是残酷的。

师：我感佩你的灵动与开示。这是赠送你的"礼物"（一个信封），课后与大家分享！

师：观看了两段微视频，我发现鸭妈妈和黑雁妈妈都是教学高手，它们的教学有相同之处——

一是……

二是……

三是……

请写一段话，八分钟完成。

（唰、唰、唰，一个个笔尖在纸上自由舞蹈……）

（八分钟后……）

师（躬身，微笑面对两位比肩而坐的学生）：你有一个苹果，她有一个苹果，你们互相交换各自的苹果，最终每人有……

生：一个苹果。

师：你们的习作互相交换，读了之后，每个人获得了……

生：两篇作文。

师：好！我们彼此交换习作，相互欣赏！

（生交换阅读。）

师：自由读习作，共同分享。

生：两位妈妈都是教学高手，它们的教学有相同之处：一是鼓励，鼓励孩子自己尝试上台阶、跳悬崖；二是放手，放手让它们努力去做，一次次摔倒在台阶下，一次次碰到崖壁上，妈妈都视而不见，真正的放手；三是大爱，大爱是为了孩子的生存，让孩子在跳上、跳下中学会生存的本领。

师：你觉得他的习作……

生："鼓励、放手、大爱"，概括得很准确！

生：我认为改为"放手、等待、大爱"，既准确，又上口。因为鸭妈妈在平台上"等待"，黑雁妈妈在悬崖下"等待"，"等待"是它们教学的共同之处。

（鼓掌！）

生：妈妈们都是放手让孩子自己去做，它们明白只有付出，才有收获！

师：放手、付出、收获！多么励志、多么有哲理的语言！真好！

生：一是两位妈妈让孩子通过自己的努力，创造自己的未来；二是两位妈妈懂得不经历风雨怎能见彩虹的真意；三是两位妈妈让孩子自己领略生活的真谛。

师：像个男子汉，读得铿锵有力！三分写，七分读啊！敢到前台来读吗？

（生蜂拥而至……）

师：我们蹲下来，慢慢欣赏……

（学生偎依在老师周围。）

师（把话筒送到对面的一位同学跟前）：请——

生：我发现两位妈妈教学的共同之处是不教而教，"不教"是它们没有说一句话，没有做一个动作，没有提任何要求；"教"，是说它们给孩子一个宽松的环境，让它们"跳"，让自己教自己。不教而教是大教，就像孙老师，没有教我们具体写作文的方法，但是我们却从中学到了很多种方法。

师：你不是在表扬鸭妈妈和雁妈妈，你是在委婉地表扬……

生（齐声）：孙老师。

师（诙谐地）：你真会"拍马屁"！

（热烈的掌声与会心的笑声交织在一起。）

请大家轻轻地回到座位去……

（生悄悄地回到座位。）

师：请看，孙老师带来了什么？（两张粉色的A4纸，纸的上面印有"邀非老师到课堂来"，下面是德州市_____学校六年级____班合著）这是书的封面，请把你们的习作集中在一起（按照课堂的习作展示过的和未展示的分成两部分），我们装订成书。

生（两名学生代表落款）：德州市黎明小学六年级（4）班合著。

师：祝贺自己出书了！送给孙老师做个纪念好吗？

（生双手捧给老师！）

师：天地为室，万物为本，万法为师。邀更多的非教师到课堂来！

到我们的心里来。

请他们开讲，我们谛听！

下课！同学们，后会有期！

**【创课反思】**

**一、创课的魂在哪里**

在我看来，创课除了要有一定的"时度"与"效度"外，还要有一定的"质度"与"向度"。

"质度"指的是创课的灵魂，创课的灵魂在其"微妙"。

"微妙"之"微"意味着课要洞入精微；"微妙"之"妙"则意味着课要妙趣横生。

教学实践表明：微课《邀非老师到课堂来》的教学文本——2分22秒的《鸭妈妈教小鸭》和3分8秒的《黑雁妈妈教小黑雁》，是洞入精微、妙趣横生的，学生看得目不转睛、津津有味；《邀非老师到课堂来》的教学过程是洞入精微、妙趣横生的，从写句到造段再到"出书"，学生奋笔疾书、畅所欲言而又立马可待；《邀非老师到课堂来》的教学艺术是洞入精微、妙趣横生的，浸润其间，不仅学生觉得情趣盎然，观课的老师也有强烈的心理冲击与曼妙的精神享受。

如下是德州市一位老师观课后发来的微信——

偶然机会，9月19日听到孙建锋老师一堂习作教学的微课，使对教学不求上进的我数次回忆课堂，是什么吸引我呢？诸多因素，无从评说，我准备模仿这节课，它多么有情趣啊！

导入——孙老师让学生呼喊他的姓名，三字、两字、一字，逐字递减，学生越喊越亲——新颖；导写——从写一句到写一段话，从写一段话到编一本书，由简入繁、由浅入深，循序渐进、水到渠成——实在；导评——从谁先站起来评到谁先来到讲台评，从三个人主动上台评到一群人蜂拥而至评，学生评写一浪高过一浪；评写，从鼓励学生"化用创新"，到"怂恿"学生站上凳子，从老师蹲在学生身边，到学生偎依在老师身旁，课堂评价随机生成、创意无限——灵动；导向——"放手、等待、鼓励"是"大爱"，"不教而教"是大教。观课之中赏心悦目，观课之后醍醐灌顶——大气。我想，学生应该感谢您，家长应该感谢您，民族应该感谢您！非常荣幸听到这堂含金量100%的微课，这是微课中的上品。

感谢这位不知姓名的观课老师的微信评议。

我微信回复：《邀非老师到课堂来》还在路上，更加洞入精微而又妙趣横生的微课还在下一个路口等我。

**二、创课的人在哪里**

创课的人在哪里？

回答这个问题考量的是创课的"向度"。

为上课而上的课，往往是"人在课中"；为养人而上的课，常常是"课在人中"。

"课在人中"，是创课自觉追求的向度。

创课之"课在人中"含义有二：一是通过创课，老师要发现并体认自己作为一个生命个体——人的存在。这个人，在创课中不只是一个教者，更是一个"学"者。一个值得向学生学习的"学"者。这样的"学"者要有一种自觉的意愿，努力把自己"教"成一个学生，把自己教回课堂，把自己教回童年。二是"课在人中"的人是儿童。儿童是我们的过去完成时，那时我们也像儿童一样自然。因此，当我们与儿童一起在课堂上时，发现他们的自然状态，就会让我们回忆起自己的过去，进一步看到我们身上的不自然。越发现我们身上的不自然，越觉得我们与儿童在一起非常感动。我们感动，并不是因为我们有力量，我们已经完善，可以站在一定的高度俯视儿童，而是因为我们的境遇受到限制，我们已经被规定，儿童却没有被规定，还有无限的可能性，他们不受任何限制，可以童言无忌、化用词语——"置'险'地而后生"；可以随心所欲、直抒胸臆——"两位妈妈都是教学高手，它们的教学有相同之处：一是鼓励，鼓励孩子自己尝试上台阶、跳悬崖；二是放手，放手让它们努力去做，一次次摔倒在台阶下，一次次碰到崖壁上，妈妈都视而不见，这才是真正的放手；三是大爱，大爱是为了孩子的生存，让孩子在跳上、跳下中学会生存的本领。"因为人不能写出比他自己更真实的东西了。所以，儿童习作中的哪怕是一个新词，一个新句，都仿佛一粒粒新鲜的种子，播在本真的土壤里，令人感佩。对儿童那纯洁的自由的浪漫的想象，那天真无邪、完美无瑕而又前途无量的想象，没有人不觉得他们是一件圣物。

只有这样的圣物，才能"发现两位妈妈教学的共同之处是不教而教，'不教'是它们没有说一句话，没有做一个动作，没有提任何要求；'教'，是说它们给孩子一个宽松的环境，让它们'跳'，让它们自己教自己。不教而教是大教，就像孙老师，没有教我们具体写作文的方法，但是我们却从中学到了很多种方法"。与其说这是他们在习作中的一种了不起的"发现"，不如说这是他们在用儿童的语言跟非儿童的语言做斗争，以理念的伟大摧毁任何经验的伟大！在这样的语境与文化中成长起来的人，即便在知性的判断中可能失去的东西，在理性的判断中一定会赢回来。

### 三、创课的美在哪里

在我看来,生命是一种展现的过程。

生命的展现过程体现在"维持自身";而维持自身就是在它自身范围内实行自我开放和自我展开。一切生命过程,都是力图通过自身的维持和延续,来不断弥补生命自身的欠缺。在这个意义上说,生命就是"活着",就是"延续生存"。

生命从来不是一次性完成的,它不是通过一次性的创造活动就可以一蹴而就的。生命需要在它的延绵中实现持续更新的创造活动。不停超越生存障碍,永不满足地实现生存环境的更新,生命才能克服原先的欠缺,不断地弥补其生存中所感受的"不满",填补其部分的"空白",也补偿其消耗的部分。

《邀非老师到课堂来》中的鸭妈妈和黑雁妈妈谙悉此道,它们放手让孩子"跳上、跳下",旨在"延续生存";我们带领学生徜徉其间——学生视通万里、思接千载、悄然动容、幡然悟道、倾珠吐玉、言人言殊——"我为黑雁妈妈点赞,因为她的爱是大爱,她懂得生存是没有办法教的,而现实生活是残酷的……"这难道不是一种生命的"延续生存"?

生命的"延续生存"使得创课美并不空洞,每一个以生命美唤醒并激活生命美,以生命美滋养并增长生命美,以生命美提升并升华生命美的教学场景,都是创课美的集合里不可或缺的主打元素。

# 《目送》创课教学设计

## ——母亲生命里两个伟大的情人

**每次读龙应台的《目送》,最想说,我只能送你到这里了,剩下的路你要自己走,不要回头。**

师:孩子们,一起来聊聊我们的家,好吗?

(指向某生)你一家三口有……

生:爸爸、妈妈、我。

师:好温馨、好幸福的一家三口啊!那么,你"一家三代"是:"爷爷奶奶、爸爸妈妈和_____"

生:我。

师:你是"一家三代"生命的延续!"一家三代",是一个血肉相连的"生命共同体"。

[投影1]

怎样彻悟这一"生命共同体"的偶然而来,必然而去?这是一堂人生大课,一堂人人必修的人生大课。

著名作家龙应台说,我是当上母亲以后才开始上这"人生大课"的,成绩不佳,因为这是一堂困难无比的课,一堂百味杂陈的课,一堂需要切己体验与心力颖悟的课……

设若,一个人在"生命的上游"就能及早地触摸这人生大课,并开启有情眼与敏慧心,与龙应台那通达生死的《目送》对话,就一定能观赏到人生的曼妙与风光,了悟到生死的美丽与哀伤。

## 一、初读课文　了解大意

师:请看《目送》,读读课题。

生:目送。

师:你仅仅读出了"目送"这个词的声音。这叫"裸"读。

目送,是一种眼神,你来表达一下这种眼神。

(生表演"目送"的眼神。)

师:你情商很高,含情脉脉!

师:把眼神加进去读"目送"。

生:目送。

师:不同的场景,目送不同的人,心情就不一样,譬如,你妈妈就要去西藏,一个月后才能回来,你送她上了火车……请把你送别的"心情"放进去,用"心声"去读"目送"——

生:目送。

师:你读得有声有色、情景交融。这就是"活"读。

师:一起读。

生:目送。

师:第一眼看到《目送》这个课题,你最想知道……

生:谁目送?

目送谁?

怎样目送?

为什么目送?

师:答案就在课文里。放声朗读课文,要求读正确、读顺畅。

(生练习读书。)

师:课文主要写了"我"目送……

生:"我"目送儿子以及"我"目送父亲的情景。

师(板书):

$$ 我 \rightarrow 目送 \nearrow 儿子 \searrow 父亲 $$

## 二、细读课文 理清脉络

师：初读课文，我们了解了大意："'我'目送儿子与父亲的情景。"1225字的课文，我们读成了11个字，长文读短，抓住了主干。让我们再次与文本对话，理清怎样目送。

首先，请（指名）读1-8节——"我"三次目送儿子的情景。

（一生读1-4节。）

师：这是"我"目送儿子上……

生：小学。

（师板书：小学）

师：请（指名）读5-7节。这是"我"目送儿子上……

生：中学。

（师板书：中学）

师：请（指名）读8节。这是"我"目送儿子上……

生：大学。

（师板书：大学）

师：课文的1-8节，特写"我"三次目送儿子上小学、中学、大学的情景。请读"我"三次目送父亲的情景。请读11-12节。

（生读11-12节。）

师：这是目送年老的父亲。

（板书：年老）

接着读13-14节。

（生读13-14节。）

师：这是目送病重的父亲。

（板书：病重）

接着读15节。

（生读15节。）

师：这是目送去世的父亲。

（板书：去世）

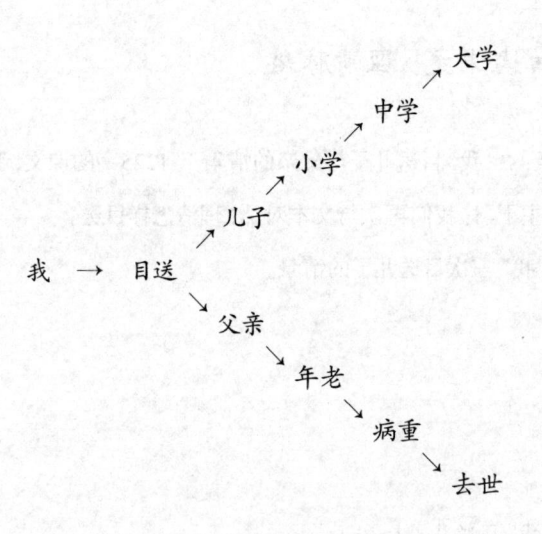

```
                              → 大学
                          ↗
                      中学
                  ↗
              小学
          ↗
      儿子
  ↗
我 → 目送
  ↘
      父亲
          ↘
              年老
                  ↘
                      病重
                          ↘
                              去世
```

**课文11-15节写了我目送父亲老年、病重、去世的情景。**

[投影2]

目送仿佛一条生命线，一头贯穿着儿子渐渐成长的生命，一头贯穿着父亲渐渐衰亡的生命；

目送仿佛一条离别线，一头贯穿着与儿子的生离，一头贯穿着与父亲的死别；

目送仿佛一条情感线，一头贯穿着满满的母子情，一头贯穿着深深的父女情。

## 三、品读课文 感悟亲情

### A

那满满的母子爱，那深深的父女情，便浓缩在六次目送之中，让我们用心品读，悉心领悟。

[镜头一：目送儿子上小学]

师：请（指名）读1-8节。

生：华安上小学第一天，我和他手牵着手，穿过好几条街，到维多利亚小学。九月初，家家户户院子里的苹果和梨树都缀满了拳头大小的果子，枝丫因为负重而沉沉下垂，越出了树篱，勾到过路行人的头发。

[训练点1]

师：能用一个成语概括一下第二句话吗？

生：硕果累累。

师："硕果累累"体现在两个动词上，请点出来。

生："缀满""沉沉下垂"。

师："缀满"说明果子的数量……

生：多。

师："沉沉下垂"说明果子的分量……

生：重。

师：果子数量多，分量重，"硕果累累"的画面感就再现于我们的脑海之中了。边想象画面边读"九月初，家家户户院子里的苹果和梨树都缀满了拳头大小的果子，枝丫因为负重而沉沉下垂，越出了树篱，勾到过路行人的头发。"

（生读。）

师：满园果树关不住，纷纷越过树篱来。调皮地勾住过往行人的头发，亲热地打声招呼。成熟的九月，收获的九月。果树上缀满了果子，不正象征着家庭之树上丰收着一个个即将入学的孩子？

生：很多很多的孩子，在操场上等候上课的第一声铃响。小小的手，圈在爸爸的、妈妈的手心里，怯怯的眼神，打量着周遭。

[训练点2]

师：听我读这一句——"小小的手，'放'在爸爸的、妈妈的手心里，怯怯的眼神，打量着周遭。"

生：是"圈"，不是"放"。

师：有什么不一样？

生：……

师："圈"，可见华安面对陌生的环境、生疏的人群，自然产生胆怯的内心；"圈"，可见每个孩子都是爸爸、妈妈手心里的宝；"圈"，可见爸爸、妈妈的手心，是孩子安全的港湾。

生：他们是幼稚园的毕业生，但是他们还不知道一个定律：一件事情的毕业，永远是另一件事情的开启。

[训练点3]

师：一个幼稚园的毕业生，年龄尚小，当然不知道一个定律：一件事情的毕业，永远是另一件事情的开启。

但是，我们是即将毕业的小学生，至少可以知道——

[投影3]

幼稚园的毕业，意味着_____的开启；

童年的毕业，意味着_____的开启；

冬天的"毕业"，意味着_____的开启；

黑夜的"毕业"，意味着_____的开启；

愚昧的"毕业"，意味着_____的开启；

_____的"毕业"，意味着_____的开启；

……

师：妙哉！简直是"童真、童趣"版的"一件事情的毕业，永远是另一件事情的开启"。接着读第3节，请注意我目送儿子以及儿子目光回应的有关语句。

生：铃声一响，顿时人影错杂，奔往不同方向，但是在那么多穿梭纷乱的人群里，我无比清楚地看着自己孩子的背影——就好像在一百个婴儿同时哭声大作时，你仍旧能够准确听出自己那一个的位置。

师：好一个"无比清楚地看着""能够准确听出"，不是因为母亲的眼特别尖，也不是母亲的耳朵特别灵，而是因为，母亲对自己的孩子太……

生：熟悉。

生：了解。

师：那是自己一口一口喂大的孩子，那是母亲身上掉下来的一块肉。不要说是他的背影、他的声音，就是他的味道，哪怕千里之外，母亲也能闻到啊！

生：华安背着一个五颜六色的书包往前走，但是他不断地回头；好像穿越一条无边无际的时空长河，他的视线和我凝望的眼光隔空交会。

我看着他瘦小的背影消失在门里。

[训练点4]

师：此次目送，儿子是"不断地回头"，（板书：不断回头）他的视线和我凝望的眼光隔空交会。

[投影4]

眼睛是心灵的窗户。"凝望"是一种表达内心的"眼语"，也就是，妈妈的眼睛会说话。孩子是最善于解读妈妈的"眼语"的。

"凝望"：

说明我＿＿＿＿＿＿＿＿＿＿＿＿＿＿；

说明我＿＿＿＿＿＿＿＿＿＿＿＿＿＿；

说明我＿＿＿＿＿＿＿＿＿＿＿＿＿＿；

师：其实，我凝望的眼语里，可能还有更丰富更深刻的内涵：当母爱进入了高级阶段，她的凝望可能更加居高自远——今天，我交给学校一个怀揣五颜六色梦想的孩子，十年后，学校将还我一个怎样的青年？

为了给孩子的学习生活更丰富的色彩，我决定送儿子去美国读书——

[镜头二：目送儿子读中学]

生：十六岁，他到美国作交换生一年。我送他到机场。告别时，照例拥抱，我的头只能贴到他的胸口，好像抱住了长颈鹿的脚。他很明显地在勉强忍受母亲的深情。

[训练点5]

师：我的头贴到儿子的胸口，按理是应该能听到儿子的……

生：心跳。

师：可是我却感到"好像抱住了长颈鹿的脚"，直直的，硬硬的。

我抱到了儿子的人，却没有抱到他的……

生：心。

生：他在长长的行列里，等候护照检验；我就站在外面，用眼睛跟着他的背影一寸一寸往前挪。终于轮到他，在海关窗口停留片刻，然后拿回护照，闪入一扇门，倏乎不见。

我一直在等候，等候他消失前的回头一瞥。但是他没有，一次都没有。

[训练点6]

师：这是16岁的儿子，第一次走出家门，走向美国。

[投影5]

机场送别，我依依难舍。表达我目送的场景，最细腻的一笔描写是……

生："我就站在外面，用眼睛跟着他的背影一寸一寸往前挪。"

师：与其说是我的"眼睛跟着他的背影一寸一寸往前挪"，

不如说是我的（　）跟着他的背影一寸一寸往前挪；

不如说是我的（　）跟着他的背影一寸一寸往前挪；

不如说是我的（　）跟着他的背影一寸一寸往前挪。

师：儿子的一举一动，都在左右我的视线。这就是慈爱的母亲，想与儿子寸步……

生：不离。

师：这就是慈爱的母亲，对儿子的牵肠……

生：挂肚。

师：这就是慈爱的母亲，儿行千里，母……

生：担忧！

师：眼随影移，魂随影挪。此时此刻，母亲多么希望儿子能够回头望，哪怕回望一眼，哪怕是一瞥，可是……

生：他没有，一次都没有。

师（板书：不回头）：那时那刻，母亲的心里一定……

生：酸楚。

师：这并非儿子绝情，可能他无意识；也非儿子无意，他必须轻装上阵、一往无前……

从小学到中学，儿子在一天天长大，也意味着一天天远离母亲，这难道仅仅是一种空间上的渐行渐远？请关注——

[镜头三：目送儿子读大学]

生：现在他二十一岁，上的大学，正好是我教课的大学。但即使是同路，他也不愿搭我的车。即使同车，他也戴上耳机——只有一个人能听的音乐，是一扇紧闭的门。

[训练点7]

师：这是儿子与"我"空间上的逃离！

生：有时他在对街等候公车，我从高楼的窗口往下看：一个高高瘦瘦的青年，眼睛望向灰色的大海；我只能想象，他的内在世界和我的一样波涛深邃，但是，我进不去。

师：这是儿子与"我"心理上的隔离！

隔山、隔水、隔云烟；隔肚、隔心、隔海天！

我只能偷窥："我从高楼的窗口往下看：一个高高瘦瘦的青年，眼睛望向灰色的大海"。（板书：望海）

[投影6]

孩子，你看你的海吧

你见不见我

我都站在你身后

不喜不悲

孩子,你看你的海吧

你见不见我

情都站在你身后

不分不散

孩子,你看你的海吧

你见不见我

爱都站在你身后

不磨不灭

[投影7]

时光流逝,日子滑落;到了时刻,就要别离——

我慢慢地、慢慢地了解到,所谓父女母子一场,只不过意味着,你和他的缘分就是今生今世不断地在目送他的背影渐行渐远。

[训练点8]

[投影8]

一次次的目送。你站立在小路的这一端,看着他逐渐消失在小路转弯的地方,原来:孩子是借父母这张弓射向远方的箭。开弓没有回头箭啊!他用背影默默告诉你:妈妈,不必追!

师:一次次的目送。你站立在小路的这一端,看着他逐渐消失在小路转弯的地方,原来:每个孩子都会长大,都会"逃离",都会自立。他用背影默默告诉你:妈妈,不必追!

师:一次次的目送。你站立在小路的这一端,看着他逐渐消失在小路转弯的地方,原来:孩子只有背朝父母,才能面向前方。他用背影默默告诉你:妈妈,不必追!

B

师:身为人母,我目送儿子的背影渐行渐远,儿子却用背影默默告诉我:不必追!

作为人女,我目送父亲的背影渐行渐远,父亲也用背影默默告诉我:不必追!

这究竟是为什么?欲知个中滋味,请仔细品读"我"三次目送父亲的动人场景。

[镜头四:目送年迈的父亲]

生:博士学位读完之后,我回台湾教书。到大学报到第一天,父亲用他那辆运送饲料的廉价小货车长途送我。到了我才发觉,他没开到大学正门口,而是停在侧门的窄巷边。卸下行李之后,他爬回车内,准备回去,明明启动了引擎,却又摇下车窗,头伸出来说:"女儿,爸爸觉得很对不起你,这种车子实在不是送大学教授的车子。"

我看着他的小货车小心地倒车,然后噗噗驶出巷口,留下一团黑烟。直到车子转弯看不见了,我还站在那里,一口皮箱旁。

[训练点9]

师:这次,我目送父亲开着小货车远去,父亲留下的是……

生:一团黑烟(板书)。

[投影9]

从这"一团黑烟"里,我们分明看到了这样一位平凡而又伟大的父亲——

[投影10]

他开着一辆小货车,努力地冒着黑烟。经年累月奔跑在生活的路上……

他含辛茹苦,育女成凤,将其送到大学教授的位置。

他不是知识分子,但是他懂得敬畏,深深地敬畏知识;他不是心理学家,但是他能够理解,深深地理解女儿需要怎样的体面;他不是武林高手,但是他能够维护,深深地维护"教授"的尊严!

历经人生的林林总总,他活出了他的精彩,他的所能!

师:这次目送,父亲留下的是"一团黑烟",再次目送,父亲又留下什么呢?

[镜头五:目送病重的父亲]

生:每个礼拜到医院去看他,是十几年后的时光了。推着他的轮椅散步,他的头低垂到胸口。有一次,发现排泄物淋满了他的裤腿,我蹲下来用自己的手帕帮他擦拭,裙子也沾上了粪便,但是我必须就这样赶回台北上班。护士接过他的轮椅,我拎起皮包,看着轮椅的背影,在自动玻璃门前稍停,然后没入门后。

我总是在暮色沉沉中奔向机场。

[训练点10]

生:留下了一身粪便。(板书:一身粪便)

[投影11]

每个有良知的人都应该在心里默默追问——

我们看着儿女的娇憨顽皮,眼里不由自主地折射出慈祥挚爱的目光,我们可曾用过同样的眼光，注视过那白发盈头的父母？

我们谒见大人物，周身不自主地逢迎恭顺，我们可曾用过同样的卑躬屈节，对待无助于我们的父母？

我们周旋于知交好友间，满怀欣悦愉快，我们可曾用过同样的心情，交接老眼昏花的父母？

我们惧怕儿女长大，我们惧怕权势短暂，我们惧怕欢娱难驻，我们有几个"真心"地惧怕父母日薄西山？真心地忧虑和父母会短离长？假如我们是真心地忧惧，早就把空余的时间和精力都用在承欢膝下了。

师：在父亲最后的岁月里，我这样陪他慢慢、慢慢走过——

[投影12]

### 教他学走路

我陪父亲出去散步，发现他无法从沙发里站立起来。他的身体向右边微微倾斜，口水也就从右边嘴角流出。他的腿不听脑的指挥，所以脚步怎么都迈不出去。

在客厅里，和父亲面对面站立，我拉着父亲的双手，说，"来，跟着我走。左——"

父亲极其艰难的推出一只脚，"右——"另一只脚却无法动弹。

"再来一次，一……二……左……右……"

父亲显然用尽了力气，脸都涨红了，可是寸步维艰。

我仍旧抓住他的手："我们念诗来走路。准备走喽，开始！白—日—依—山—尽……"

他竟然真的动了，一个字一步，他往前跨，我倒退着走，"黄—河—入—海—流……"

[投影13]

### 为他清眼屎

父亲坐在沙发里。我手里拿着一只细棉花棒，沾水，用手拨开他红肿的眼皮，然后用棉花棒清他眼睑内侧。

洗过后，他睁开眼，母亲在一旁笑了，"开眼了，开眼了。"

为什么好多次探望都没有发觉他的眼睛愈来愈小，最后被自己的眼屎糊住了？

我认真地注视过他吗？

"老"的意思，就是失去了人的注视，任何人的注视。

## 替他擦稀屎

我把一朵花搁在父亲用毛毯覆盖的腿上，就在这个时候，我发现，稀黄流质的屎，已经从他裤管流出，湿了他的棉袜。

在浴室里，我用一块温毛巾，擦父亲的身体，本该最丰满的臀部，在他身上萎缩得像两片皱巴巴的扇子，只有皮，没有肉。全身的肉，都干了。黄色的稀屎粘到他衣服上，擦不掉。

师：哪个人不是父母一把屎、一把尿拉扯大的？在父母最后的日子里，当他们生活不能自理的时候，大小便失禁的时候，儿女们能够耐心地守候床头为父母端茶送水吗？能够不厌其烦地为父母擦屎刷尿吗？

师：再读这一节，用心体会作者的一片孝心。

（生读。）

师：生老病死，人生无常。请读16节。

### [镜头六：目送火化的父亲]

生：火葬场的炉门前，棺木是一只巨大而沉重的抽屉，缓缓往前滑行。没有想到可以站得那么近，距离炉门也不过五公尺。雨丝被风吹斜，飘进长廊内。我掠开雨湿了前额的头发，深深、深深地凝望，希望记得这最后一次的目送。

[训练点11]

师：这次目送，父亲留给我的是火化后的一盒……

生：一盒骨灰（板书：一盒骨灰）。

师："我"掠开雨湿了前额的头发，深深、深深地凝望，希望记得这最后一次的目送。

[投影14]

那该是怎样深深、深深地凝望，又该是怎样的最后一次目送啊！

[投影15]

——他的喉咙有一个洞，插着管子。他的手臂上、胸上，一条一条管线连着机器……他的嘴不能言语，他的眼睛不能传神，他的手不能动弹，他的心跳愈来愈微弱，最后失去了能够感应世界的所有密码……法鼓山的师傅用一条黄色的缎布把他裹着，诵经八小时。我在那八小时中，不间断地在注视，我看见血水逐渐渗透了缎布，印出深色的斑点。我还是一直注视，注视——注视他的离去，注视他此生此世最后的容颜……

[投影16]

这是2004年，52岁的龙应台，直面父亲的去世，深深、深深地凝望。

父亲的逝世，是她第一次上了"生死大课"，她开始独自去咀嚼和消化人生不可逃脱的死亡。既挚爱仙逝的父亲，又痛彻心扉地抗拒那永诀的一幕；既坚守在亲人的身旁，又再也不愿意回顾那一段哀恸的岁月。除了等待时间之水慢慢洗刷，让哀伤一点点稀释，否则，没有其他任何方法可以挣扎出那哀伤的海洋！

师：请看——匆遽的人生。（视频《人生短暂》）

[投影17]

来时一丝不挂，去过一缕青烟，剩下一盒骨灰。

这就是人生的历程与归宿。

[投影18]

现在，我们比任何时候都更容易想起英国诗人约翰·堂恩的诗句："没有哪个人是一座孤岛，自身就已完整；每个人都是构成大陆的一块，是汪洋的一部分——任何人的死亡都会将我消减，因为我是人类的一员。因此，不必差人去打听丧钟为谁而鸣；它，为你而鸣。"

[投影19]

死别，是人世间最寻常的遭遇，更是人世间最痛苦的悲情。痛定思痛——

我慢慢地、慢慢地了解到，所谓父女母子一场，只不过意味着，你和他的缘分就是今生今世不断地在目送他的背影渐行渐远。

[训练点12]

[投影20]

目送父亲的背影渐行渐远，我才明白……

死亡是生命最终必须完成的一次无法言说的孤寂体验。

目送父亲的背影渐行渐远，我才晓得……

死亡的本质就是不可能再有任何可能性了。

目送父亲的背影渐行渐远，我才了然……

一个人无论多大年龄上没有了父母，他都成了孤儿。

父母在，他的来路是眉目清楚的，他的去路被遮掩着；

父母不在了，他的来路就变得模糊，他的去路反而敞开了。

目送父亲的背影渐行渐远，我才懂得……

父女母子一场，不管是偶合的，还是修来的，那是千世万世才能成就一次的佳缘啊！

师：目送父亲的背影渐行渐远，我才醒悟……写一句话，三分钟。

（生写句子。）

师：目送父亲的背影渐行渐远，我才醒悟：

"最是人间留不住，朱颜辞镜花辞树。"

目送父亲的背影渐行渐远，我才醒悟：

"树欲静而风不止，子欲养而亲不待。"

目送父亲的背影渐行渐远，我才醒悟：

"纵使埋骨成灰烬，难遣人间父女情。"

[训练点13]

[投影21]

目送父亲渐行渐远——

你站立在小路的这一端，看着他逐渐消失在小路转弯的地方，那是一条自古以来人人都要走的驿道啊！那是一个有去无回的地方啊！他用背影默默告诉你：孩子，不必追！

你站立在小路的这一端，看着他逐渐消失在小路转弯的地方，那是一条后亡人把先亡人送走的不归路。这条路上从来都是一路号哭，一路泪雨啊！他用背影默默告诉你：孩子，不必追！

你站立在小路的这一端，看着他逐渐消失在小路转弯的地方，有些事，只能一个人做；有些关，只能一个人过；有些路啊，只能一个人走。他用背影默默告诉你：孩子，不必追！

## 四、总结收课　揭示生命

[投影22]

目送，是母亲的生命线，它脐连着儿子渐渐成长的生命，也心连着父亲渐渐衰亡的生命；

目送，是母亲的离别线，它牵连着与儿子的生离，也着与父亲的死别；

目送,是母亲的情感线,它藕连着母亲生命里两个血脉相连的伟大情人:父亲与儿子!

师:有一天,岁月牵着儿子的手来到了我的"位置",我便到了父亲的"位置",儿子既要目送他的孩子渐行渐远,又要目送"我"渐行渐远……

[投影23]

生命就是这样,循环往复,周而复始——

一个生命的毕业,永远是另一个生命的开启。

生命就是这样,匆然而来,飘然而去——

今生既相遇,就好好相聚;

今生既相爱,就好好相待;

安得与君相决绝,免叫生死作相思。

**附板书设计:**

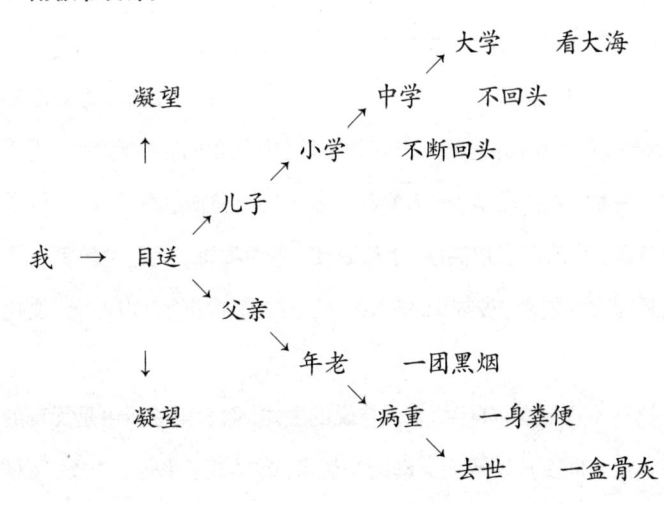

```
                    凝望
                     ↑
                           → 大学    看大海
                      中学       不回头
                      小学       不断回头
                    ↗
                儿子
              ↗
    我 → 目送
              ↘
                父亲
                    ↘
                      年老    一团黑烟
         ↓            病重    一身粪便
        凝望           ↘
                        去世    一盒骨灰
```

# 《桥》主题阅读创课设计

语文，即语言文字。语言的原形动词为"言说"。"言说"不是"我"向自己描述被提及的事物，它是面向听者"你"的。因而，"在语言中理解"表现为"你"和"我"的对话结构。"我"理解的根本不是"你"，而是向"我"所述说的东西，是"你"的语言。

当然，"你"绝不是一个简单的人称代词，它实际上涵盖着包括文献、艺术品、历史、文化传统乃至整个世界等一切与理解者发生关系的对象。这个对象，具体到阅读教学中，就是文本。"阅读教学过程是教师、学生和文本之间的对话过程"。（《语文课程标准》）所谓"对话过程"——应当是让各种不同的意义在全体参与者之间自由流动。

"对话过程"不是教师带领学生向着教案或教参所设定的"标准答案"的运动，也不是学生作为纯粹的旁观者去认识特定的"文本"，而是让大家认识到每个人心里想的都是什么，但并不对人们的想法下任何结论或者判断。

对话的反极——独白。独白是独自言说。独白是以人格依附、刚性管理、思想灌输、单向度传播等为主要特征的话语方式，它具有内容确定性、方式单向度、结论唯一性、受众明确化、价值权威性等特征。独白教学，意味着独白者以权威和师道尊严自居，将学生看成被教化、被规训的对象，并采用意识高压、手段封闭、思想灌输、反复说教等方式进行教育灌输；学生往往是无言的他者、被规训的对象，只能被动地接受思想观念、文化知识、社会信息等。

对话教学，意味着教师不再是自言自语、自话自说的主体，而学生也不再是无言的、被教化的他者，教师和学生之间变成了双向互动的交流者，教学成了平等、开放、宽松、包容的话语场景。对话成了流淌于人们之间的意义之溪，它能推动群体形成新的理解和共识，在对话中"人人都是胜者"。

"人人都是胜利者"，为什么？

对话的过程中，对话双方都向着对方开放着自己。

他人向我展示的是他自己的体验，表明了他人的意见是一个无可否认的合法存在，它已经存在着；我从中领悟了它，说明我们在对话的主题上已取得了一致，我对它作出自己的判断，或赞同，或反对，这种判断表达了我对所言及的事物的理解。

这种理解虽然是我自己的，却是通过他人才成为清晰可见的，这就是说，我是通过他人才认识了自己，理解了自己，因此，对他人的理解同时就是自我理解。

一切理解，归根结底都是对文本的理解，所理解的是文本向我们敞开的意义；但理解又不是纯粹的再现文本的意义，它通过问题的重建融入了新的意义，也就是在新的视界中所理解的意义，就此而言，理解过程就是意义的创造过程。人人都成为"创造的赢家"，从这个意义上讲，"人人都是胜利者"。

不同的文本有着不同的对话方式。《桥》一课，根据它的行文特点，可以通过品"词"与文本对话。

【披文入境、品词析句】

"雨突然大了。像泼。像倒。""山洪咆哮着，像一群受惊的野马，从山谷里狂奔而来，势不可当。近一米高的洪水已经在路面上跳舞了。""死亡在洪水的狞笑声中逼近。"人们怎么样了呢？

人们——惊慌、你拥我挤、疯了似的、跌跌撞撞、拥去（整体无序）

老汉——不说话、盯着、像一座山、沙哑地喊、冷冷地说（疏导无序）

人们——排成队，依次（整体有序）

小伙子——（队伍里）（个别无序）

老汉——冲上前、揪出、吼道、凶得像只豹子。（处置无序）

小伙子——瞪、站到（个体有序）

说明：指挥得力，维持秩序。

小伙子——推、说："你先走。"

老汉——吼道（"少废话，快走。"）用力、推上、似乎要喊

说明：先人后己、舍生取义。

在洪水就要吞噬生命的危难关头，拯救生命的唯一通道——桥。

逃生，拥挤，混乱……的状况下，是谁让混乱无序变成井然有序？老汉。

是谁让小伙子先走？老汉。

让群体从混乱无序过渡到井然有序的老汉，先人后己的老汉，难道不是一座桥？

他是一座什么样的桥呢？他是——

一座飞架生死的桥；

一座勇于担当的桥；

一座冲锋陷阵的桥；

一座先人后己的桥；

一座舍生忘死的桥；

一座精神铿锵的桥；

一座骨上开花的桥；

一座（　　）的桥；

……

所以，"对词的了解就是对文化的了解……每当我们掌握一个新的词义，实质上表明我们已经进入了新的文化视野。"迦达默尔说得既哲理又诗意，"词无疑地表现为一种包容一切的精神王国。在这个王国中人能够完全返回到自身。"

如果说村里的那座桥是物质的桥，洪水中的老汉则是精神的桥。

物质的桥活在水里；精神的桥活在（　　）里。

物质的桥或许会被洪水冲垮，精神的桥永远屹立在人们的心中！

在危难中，老汉被时光雕刻成了一尊"桥"的雕塑——它有人的温度、人的精神、人的光辉、人的思念——它刻骨铭心、刹那永恒、照山照水。

**【举一反三，"文本"与"文本"对话】**

仅仅阅读教材文本这个"1"，只知其一，往往易于窄化视域，难以开阔眼界。怎么办？不妨"主题阅读"，从课内教材文本"1"，向课外文本的"N"蔓延。换句话说，就是"1"与"N"对话——"文本"与"文本"对话。

为什么要"文本"（教材）与文本（主题文本）对话呢？在世界经验中进行着不同的语言之间的相互对话，每完成一次"对话"，就获得了新的经验，也就进入到新的语言世界，拓展了世界观。

那么，怎样遴选同主题文本（"N"）呢？

同主题课外文本的萃取策略——见仁见智、因人而异。囿于篇幅，列举两个易于操作的选文"策略"：选择相辅相成同主题文本；选择相反相成同主题文本。以"选择相辅相成的同主题文本"为例详细说明。

# 选择相辅相成的同主题文本

例一

## 生命桥

一个狩猎队,把一群羚羊赶到了悬崖边,准备全部活捉。

几分钟以后,羚羊群分成了两类:老羚羊为一类,年轻羚羊为一类。一只老羚羊走出羊群,朝年轻羚羊叫了一声,一只年轻羚羊应声跟老羚羊走到了悬崖边。年轻羚羊后退了几步,突然奔跑着向悬崖对面跳过去,随即老羚羊紧跟后面也飞跃出去,只是老羚羊跃起的高度要低一些。当年轻羚羊在空中向下坠时,奇迹出现了:老羚羊的身子刚好出现在年轻羚羊的蹄下,年轻羚羊在老羚羊的背上猛蹬一下,下坠的身体又突然升高并轻巧地落在了对面的悬崖边,而老羚羊就像一只断翅的鸟,笔直地坠落了山涧。

试跳成功!紧接着,一队队羚羊凌空腾起,没有拥挤,没有争夺,秩序井然,快速飞跃。顿时,山涧上空划出了一道道令人眼花缭乱的弧线,那弧线是一座以老羚羊的死亡作桥墩的生命桥。

那情景是何等的神圣。猎人们个个惊得目瞪口呆,不由自主地放下了猎枪。

与文本对话时,重点抓住老羚羊的"行为"——

落点在老羚羊的"动作"上——

(一只老羚羊)"走出"(羊群),"朝"(年轻羚羊)"叫"(了一声),(一只年轻羚羊应声跟老羚羊)"走到"(了悬崖边)。

(随即老羚羊)"紧跟"(后面也)"飞跃出去",(只是老羚羊)"跃起"(的高度要低一些)。

(老羚羊的身子刚好)"出现"(在年轻羚羊的蹄下)。

(老羚羊就像一只断翅的鸟)(笔直地)"坠落"(了山涧)。

老羚羊——动作干净利落、一气呵成、准确无误、高度默契。

在千钧一发之际,在生命垂危的关头,面对死的威胁,你从"老汉""老羚羊"身上有什么发现?你有什么疑问?

找出《生命桥》一文与《桥》一文中"一百多人很快排成队,依次从老汉身边奔上木桥"在笔法上相似的句段——

"一队队羚羊凌空腾起,没有拥挤,没有争夺,秩序井然,快速飞跃。"

与这两段文字对话，你觉得群体在遭遇灭顶之灾的危难关头，大家都有逃生的强烈欲望。群体生命要赢得最大限度的自救。这时，遇难群体最需要的是——

例二

## 船长

1870年3月17日夜晚，哈尔威船长像平常一样，把"诺曼底"号轮船从南安普敦开往格恩西岛。

薄雾笼罩着大海。突然，沉沉夜雾中冒出一个阴森森的往前翘起的船头。那是正在全速前进的"玛丽"号巨轮，它直向"诺曼底"号的侧舷撞过来。只听一声巨响，"诺曼底"号的船身一下被剖开了一个大口子。船发生了可怕的震荡。顷刻间，所有的人都奔到甲板上，男人、女人、孩子，半裸着身子，奔跑着，呼喊着，哭泣着，海水猛烈地涌进船舱。

哈尔威船长站在指挥台上，大声吼道："大家安静，注意听命令！把救生艇放下去。妇女先走，其他乘客跟上，船员断后。必须把60人全都救出去！"

实际上船上一共有61人，但是他把自己给忘了。

船员赶紧解开救生艇的绳索。大家一窝蜂拥了上去，险些儿把小艇弄翻了。奥克勒大副和三名二副拼命维持秩序，但整个人群简直像疯了似的，乱得不可开交。

就在这时，船长威严的声音压倒了一切呼号和嘈杂，黑暗中人们听到一段简短有力的对话：

"洛克机械师在哪儿？"

"船长叫我吗？"

"炉子怎么样了？"

"被海水淹了。"

"火呢？"

"灭了。"

"机器怎样？"

"停了。"

船长喊了一声："奥克勒大副！"

大副回答："到！"

船长问道："还能坚持多少分钟？"

"20分钟。"

"够了。"船长说,"让每个人都到小艇上去。奥克勒大副,你的手枪在吗?"

"在,船长。"

"哪个男人敢走在女人前面,你就开枪打死他!"

大家沉默了,没有一个人违抗他的意志,人们感到有个伟大的灵魂出现在他们的上空。

"玛丽"号也放下救生艇,赶来搭救由于它肇祸而遇险的人员。

救援工作进行得井然有序,几乎没有发生什么争执或斗殴。

哈尔威巍然屹立在他的船长岗位上,沉着镇定地指挥着,控制着,领导着。他把每件事和每个人都考虑到了,他仿佛不是在给人而是给灾难下达命令,一切似乎都在听从他的调遣。

"快救克莱芒!"船长喊道。

克莱芒是见习水手,还不过是个孩子。

轮船在慢慢下沉。人们尽力加快速度划着小艇在"诺曼底"号和"玛丽"号之间来回穿梭。"动作再快点!"船长又叫道。20分钟到了,轮船沉没了。船头先沉下去,很快船尾也浸没了。

船长哈尔威屹立在舰桥上,一个手势也没有做,一句话也没有说,随着轮船一起沉入了深渊。人们透过阴森可怕的薄雾,凝视着这尊黑色的雕像徐徐沉入大海。

哈尔威船长一生都要求自己忠于职守,履行做人之道。面对死亡,他又一次运用了成为一名英雄的权利。

阅读以上文本,我们纵向观照——

老汉沙哑地喊话:"桥窄!排成一队,不要挤!党员排在后边!"

几分钟以后,羚羊群分成了两类:老羚羊为一类,年轻羚羊为一类。

"大家安静,注意听命令!把救生艇放下去。妇女先走,其他乘客跟上,船员断后。必须把60人全都救出去!"

你读出什么相同和不同?

泰坦尼克号在下沉。

世界首富向逃生的妻子喊了四个字……

例三

## 泰坦尼克号在下沉

在1912年4月14日那个恐怖的夜晚,泰坦尼克号上共有705人得救,1502人罹难。38岁的查尔斯·莱特勒是泰坦尼克二副,他是最后一个从冰冷的海水中被拖上救生船、职位最高的生还者。他写下17页回忆录,详述了沉船灾难的细节。

他在回忆录中写道:面对沉船灾难,船长命令先让妇女和儿童上救生艇,许多乘客显得十分平静,一些人则拒绝与亲人分离。

在第一艘救生艇下水后,我对甲板上一名姓斯特劳的女人说:你能随我一起到那只救生艇上去吗?没想到她摇了摇头:不,我想还是待在船上好。

她的丈夫问:你为什么不愿意上救生艇呢?这名女人竟笑着回答:不,我还是陪着你。此后,我再也没有见到过这对夫妇……

我高喊:女人和孩子们过来!却没有几名妇女愿与亲人分离,我根本找不到几个愿意撇下亲人而独自踏上救生艇的女人或孩子!莱特勒回忆道:只要我还活着,那一夜我永远无法忘记!

当船尾开始沉入水下,我听到在那最后一刻,在生死离别的最后一刻,人们彼此呼喊的是:我爱你!我爱你!它,在向我们每一个人诠释着爱的伟大!最最重要的是:我要让你知道,我有多么地爱你!

亚斯特四世(当时世界首富)把怀着五个月身孕的妻子玛德琳送上4号救生艇后,站在甲板上,带着他的狗,点燃一根雪茄烟,对划向远处的小艇最后呼喊:我爱你们!大副默多克曾命令亚斯特上船,被亚斯特愤怒地拒绝:(我喜欢最初的说法)保护弱者!然后,把唯一的位置让给三等舱的一个爱尔兰妇女。几天后,在北大西洋黎明的晨光中,打捞船员发现了他,头颅被烟囱打碎……他的资产可以建造十几艘泰坦尼克号,然而亚斯特拒绝了可以逃命的所有正当理由。

为保卫自己人格而战,这是伟大男人的唯一选择。

著名银行大亨古根海姆,穿上最华丽晚礼服:我要死得体面,像一个绅士。他给太太留下的纸条写着:这条船不会有任何一个女性因我抢占了救生艇的位置,而剩在甲板上。我不会死得像一个畜生,我会像一个真正的男子汉。

死难者还有亿万富翁阿斯德、资深报人斯特德、炮兵少校巴特、著名工程师罗布尔等,他们都把救生艇的位置让出来,给那些身无分文的农家妇女。

斯特劳斯是世界第二巨富，美国梅西百货公司创始人。他无论用什么办法，他的太太罗莎莉始终拒绝上八号救生艇，她说：多少年来，你去哪我去哪，我会陪你去你要去的任何地方。八号艇救生员对67岁的斯特劳斯先生提议：我保证不会有人反对像您这样的老先生上小艇。斯特劳斯坚定地回答：我绝不会在别的男人之前上救生艇。然后挽着63岁罗莎莉的手臂，一对老夫妇蹒跚地走到甲板的藤椅上坐下，等待着最后的时刻。

纽约市布朗区矗立着为斯特劳斯夫妇修建的纪念碑，上面刻着这样的文字：再多再多的海水都不能淹没的爱。6000多人出席了当年在曼哈顿卡耐基音乐厅举行的纪念斯特劳斯晚会。

一名叫那瓦特列的法国商人把两个孩子送上了救生艇，委托几名妇女代为照顾，自己却拒绝上船。两个儿子得救后，世界各地的报纸纷纷登载两个孩子的照片，直到他们的母亲从照片上认出了他们，孩子却永远失去了父亲。

新婚燕尔的丽德帕丝同丈夫去美国度蜜月，她死死抱住丈夫不愿独自逃生，丈夫在万般无奈中一拳将她打昏，丽德帕丝醒来时，她已在一条海上救生艇上了。此后，她终生未再嫁，以此怀念亡夫。

在瑞士洛桑的幸存者聚会上，史密斯夫人深情怀念一名无名母亲：当时我的两个孩子被抱上了救生艇，由于超载我坐不上去了，一位已坐上救生艇的女士起身离座，把我一把推上了救生艇，对我喊了一声：上去吧，孩子不能没有母亲！这位伟大的女性没有留下名字。后来为她竖了一个无名母亲纪念碑。

泰坦尼克号上的50多名高级职员，除指挥救生的二副莱特勒幸存，全部战死在自己的岗位上。凌晨两点一号电报员约翰·菲利普接到船长弃船命令，各自逃生，但他仍坐在发报机房，保持着不停拍发"SOS"的姿势，直至最后一刻。

也有不多的例外：细野正文是日本铁道院副参事，男扮女装，爬上了满载妇女和儿童的10号救生船逃生。回到日本被立即解职，他受到所有日本报纸舆论指名道姓的公开指责，他在忏悔与耻辱里过了10年后死去……

在1912年泰坦尼克号纪念集会上，白星轮船公司对媒体表示：没有所谓的海上规则要求男人们做出那么大的牺牲，他们那么做只能说是一种强者对弱者的关照，这是他们的个人选择。

《永不沉没》的作者丹尼·阿兰巴特勒感叹：这是因为他们生下来就被教育——责任比其他更重要！

这正是从生命角度创课设计——教材文本"1"+"主题文本"N=生命美。生命全靠其自身的内在意向性而审美地生存于世。

法国著名哲学家柏格森指出："生命从头到尾都是一种注意力现象。"也就是说，生命是以生命自身内在成长的生存意向性为其动力基础。生命不需要靠它之外的异质力量，也不需要它之外的"他物"作为其生存的基础。生命是自我确立、自我给予、自我生产、自我观察、自我组织、自我创建、自我更新、自我参照和自我付出。

# 《妈妈家长学校现场招聘》创课实录与反思

有没有觉察和意识,是不是点赞和认同,并不重要,重要的是公开课4.0的翩然而至、闪亮登场,使得从1到N只具复制性却难以创造新价值的"'被'公开课1.0"" '仿'公开课2.0"和"'秀'公开课3.0"越来越相形见绌,且逐渐被边缘化。迅速崛起的公开课4.0,追求的是从0到1,或者说是从无到有,意味着执教者要善于创造、创新,通过自能开发教材、自主教学设计、自行公开教学、自觉独立反思的创课过程,进而实现教学公开课质的垂直性层级跨越,由此开辟一个生态公开课的"蓝海市场"。

笔者的习作教学创课《妈妈家长学校现场招聘》,就是公开课4.0的一种实践形态。现呈实录与反思,以飨教者。

## 一、导入对话

师:白泥坑小学六年级的孩子们,下午好!

生:老师好!

师:非常高兴,能有机会和大家一起学习!

请看这个词语,(投影"评委"),齐读一下。

生:评委。

师:目前,你能理解到的"评委"是什么意思?

生1:在歌舞表演节目中做评判的人。

师:哦。喜欢看歌舞类节目吧。

生2:评出好坏,打出分数。

师:言简意赅。

师:如果有机会,你愿不愿意做评委呢?

生:愿意。

师:喜欢参与,很好!

师:"妈妈家长学校现场招聘",请看——(投影)

投影

● 招聘对象：凡是当了妈妈的都可以应聘

● 招聘职位：家长学校教师一名

● 招聘要求：应聘者须提供一段怎样教孩子的微视频

● 招聘评委：在场的各位学生

● 招聘过程：观看微视频，做出取舍，写出理由

● 招聘监督：监督评委取舍的理由是否公平、公正

## 二、微视频对话

师：现场招聘第一环节——

请评委们观看微视频，边看边思。

先看第一个微视频——《丫妈妈教小丫》。（约4分钟）

（微视频《丫妈妈教小丫》梗概—— 一个四岁大的小女孩，泪眼滂沱地坐在一个小凳子上，在妈妈急迫的提示和催促下，一遍又一遍地背乘法口诀，可是"三五一十五"小女孩始终背成"三五三十五"，妈妈越指责，孩子越害怕，惶恐的眼神，畏惧的表情，满眼的泪花，大声地抗议——"我从小到大就这么一句话……这三五也太难了……一点也不简单啊……"）

看着微视频，同学们时而捧腹大笑，时而凝神思考！

师：微视频深深吸引每个人，你们看得目不转睛，一定有自己的思考。

下面我们再看第二个微视频——《鸭妈妈教小鸭》（约2分钟）

（《鸭妈妈教小鸭》的微视频，讲述了鸭妈妈站在台阶上等着小鸭子自己上台阶。显然第一个台阶离地面不高爬上去不成问题，从上第二个台阶开始，便有了分化——只有一只率先登上第二个台阶，其余的虽然用力，但是一下子还是上不去。这时，第二个台阶上的捷足先登的那只小鸭已经当仁不让地开始向第三个台阶进行了第一次起跳，显然它的下场是人仰马翻，跌落下来……这时，它趴下来稍稍歇了片刻，积蓄了体能后又从台阶的左侧发起了第二次冲锋，虽然没有成功，但是它又快速换到台阶的右侧进行冲击，第三次，它成功地跃上了第三个台阶……接下去，又有三只下鸭子也登上了第二个台阶，它们不畏惧多次摔跤，也成功地跃上第三个台阶……随后，十一只小鸭子都上了第

三个台阶,最后,只剩下一只小鸭了在向第三个台阶做第六次试跳……鸭妈妈始终在等待,等待最后一个孩子上来……第七次,最后一个小鸭子也成功了……)

(学生看得津津有味,眉宇间流露着兴奋,眼睛里放射着光芒。)

## 三、自我对话

师:两个妈妈,都在教自己的孩子。

看了两个微视频,作为评委,就要对他们的行为做出客观公正的评断。两位妈妈只能有一位入选家长学校教师职位,请评委做出取舍,写出理由。

(生动笔阐述理由。)

师播放配乐。(约15分钟)

师:请"评委们"在背景音乐中舒心地写,请听课的老师们用心地赏。

PPT播放完毕,乐声终止,评委停笔。

(生奋笔疾书。)

(师巡视指导。)

## 四、分享对话

师:文字落下,就是你美丽的容颜。有人说,孩子是自己的好。习作就是你精神的孩子。如果喜欢自己精神的孩子,就美美地把自己的习作读一读。

(生自由读自己的习作。)

师:现代人的特质,就是懂分享。同桌互换习作,彼此分享"评语"。看看别人是怎样述说理由的,他(她)哪里说得好,是我没有想到的,哪怕是一个词、一句话,都值得我学习、借鉴。

(生同桌彼此交换,欣赏习作。)

师:下面大家共同分享习作——读一读你的评选理由。有没有愿意监督评委的,听听他(她)取舍的理由是否公平、公正?

(三位同学毛遂自荐。)

师:好!你们三位的职责是——

生：听听评委写出的理由是不是合情合理。

师：好！三位监委，希望你们认真履行职责，秉公执法，做好监督工作。台下一双双雪亮的眼睛在看着你们呀！

（笑声。）

生：放心，一定不辱使命！

（鼓掌！）

师：哪位"评委"敢为人先，上台宣读自己的评选理由？

生1（一位女同学自告奋勇走上讲台）：从微视频1可见，第一位妈妈只会一味地教孩子死记硬背，这种方法在她的孩子身上显然是不成功的，最终的结果是让孩子讨厌背诵乘法口诀，丧失学习的兴趣，甚至觉得学习就是一种煎熬。

微视频2中的鸭妈妈教育方法很独特，它放手让孩子自己上台阶，至于每个孩子从哪个角度上，要摔多少跟头，要几次才能爬上去，鸭妈妈不去过问，只是等待。等待的方法很管用，孩子们经过自己的努力，最后全部上了台阶。

所以，我投微视频2的鸭妈妈一票。

师：三位监委怎么看这位评委的评选理由？

生（监委1）：她说的符合事实，理由让人信服，评语是公正的。

生（监委2）："一味地教孩子死记硬背……显然是不成功的，最终的结果是让孩子讨厌背诵乘法口诀，丧失学习的兴趣，甚至觉得学习就是一种煎熬。"这几句话说得很真实。我觉得如果这样说效果更好——"一味地教孩子死记硬背……显然是不成功的，结果是让孩子讨厌背诵乘法口诀，甚至觉得学习就是一种煎熬，最终丧失学习的兴趣。"

师：嗯。监委就是监委，这样表述逻辑性更强。

（笑声。）

师：各位评委的评选理由愈公开，这次评选就愈公平。继续分享"评选理由"。

生2：微视频1中的丫妈妈因为操之过急，"牛不喝水强按头"，自己淘汰了自己。

我为微视频2中的鸭妈妈的不着急点赞，它让小鸭子慢慢来，让每个孩子都按照自己的能力爬台阶，不命令，不强求，不逼迫。这是很好的教育方法。看来，妈妈教育好孩子，先要教育好自己。

师：各位监委，你怎么看他的评选理由？

生（监委3）：他有两点是我写不出来的：一是"丫妈妈因为操之过急，'牛不喝水强按头',自己淘汰了自己";二是"妈妈教育好孩子,先要教育好自己",我觉得说到根本上去了。

师:你也说到根本上去了!

(掌声。)

师:让我们继续分享——

生3:丫妈妈和鸭妈妈都是爱孩子的。爱和爱是不同的,丫妈妈的爱是恨铁不成钢;鸭妈妈的爱是自己的台阶自己上。鸭妈妈的爱比丫妈妈的爱大,因为鸭妈妈的爱里有智慧。

(掌声。)

生4:我认为应该选择微视频2中的鸭妈妈,因为鸭妈妈是让孩子们独立克服困难上台阶,孩子们尽管摔了一次又一次,但它们痛并快乐着……而微视频1中的丫妈妈对孩子太过严格,训斥孩子,逼迫孩子,这样即使孩子会背诵了也会对学习产生厌恶心理。丫妈妈的行为让孩子认为学习是痛苦的、可怕的,会伤害孩子幼小的心灵,等她长大了,就算成才了,生命中却缺少了一个快乐的童年,别人回想童年是笑语欢歌,她却是泪眼汪汪……

师:监委们怎么看?

生(监委2):回家我让妈妈看看这两个微视频。

生(监委3):现在很多的孩子都没有童年,包括我自己。

(掌声。)

师:捍卫每个孩子的童年,任重而道远!

生5:一个鸭子头不过100多克,人脑却1000多千克,但是,从这两个视频来看,鸭妈妈的智慧大于丫妈妈的智慧。

生6:我录取鸭妈妈,它不说一句话,不用托和拉,小鸭全上啦。这种不教而教是大教。大教,能力越教越大。

丫妈妈是死教硬教,是小教。小教,兴趣越教越小。

(掌声。)

师:你对这节课有兴趣吗?

生6:很感兴趣!

生7(女生):我觉得丫妈妈太凶了,从小女孩的眼神看,她完全笼罩在恐惧之中,除了害怕还是害怕,根本没心去背诵。这是一种破坏性的教育。

而鸭妈妈不一样,它仿佛知道自己的孩子就是鸭子,上台阶不可能一蹴而就,不可能不摔跟头,不可能不需要时间,等待,就是最好的教育。

我想,鸭妈妈没文化,但是它懂教育。

师:请你站到凳子上,大声把结尾再读一遍。我仰视你,聆听你!

生7:鸭妈妈没文化,但是它懂教育!

师:我可以把你抱起来吗?(生7点点头。)我抱起的是一种智慧,一种精神。我想再次聆听你的哲思!

生7:鸭妈妈没文化,但是它懂教育!

师:你将来以后也会做妈妈。(我仰视怀抱里的生7。)

生7:要做就做鸭妈妈!

师:监委们,每人一句话说说自己的感受。

生(监委2):好!

生(监委3):我双手点赞!

生(监委1):这是从内向外发出的声音!

……

师:我会铭记,2015年"五一"节前一天,白泥坑小学的孩子给我上了很棒的一课。你们的评语如珍珠!送给我做个纪念吧!

生:好!

【反思】

## 从0到1:公开课4.0的核心

没有人不期待公开课的进步。进步可以有两种形式:第一,水平进步,也称广泛进步,它意味着照搬已经取得的成功经验——直接从1跨越到N,水平进步容易操作,可以借鉴,可以模仿,甚至可以批量生产。第二,垂直进步,也称深入进步,它意味着要探索新的道路——从0到1的进步。垂直进步相对较难,需要尝试从未做过的事情。所有专家都是现存事物方面的专家,没有人是未来事物方面的专家,要成为未来的专家,远见必须取代经验。从0到1,从无到有,要跳出那些"包围着人们思想方法,支配着人们行为习俗,控制着人们情感抒发,左右着人们审美兴趣,规定着人们价值取向,悬置着人们终极关怀"的伪文化精神窠臼,开拓新的疆域。这是公开课4.0的核心。

### 非零和游戏：公开课4.0的基因

有限游戏在边界里玩，是一种零和游戏，有确定的开始和结束，玩家只是在既定规则下争做赢家，有人赢，就一定有人输。但无限游戏玩儿的就是边界，是一种非零和游戏，没有确定的开始和结束，玩家可以不断加入，新价值被不断创造出来，游戏因而可以不断延续。

功利教育笼罩下，特别是在应试教育、应赛教育的既定规则下，"'被'公开课1.0""'仿'公开课2.0""'秀'公开课3.0"只能做一种零和游戏，"不是我赢你输，就是你赢我输"，游戏的结果是零值。

公开课4.0，铁肩担道义，审慎地和功利教育保持距离，做的是一种非零和游戏。一如上文《妈妈家长学校现场招聘》的习作教学，和功利教育绝缘，其教材、设计、教学、反思，每个环节都没有确定的开始和结束，都可以不断创新，由此，新价值都可以被不断创造出来，这种非零和游戏因而可以不断得以延续。在这种非零和游戏中，因每一次预设和生成都充满创新，教师和学生自然会在教学创新中取得双赢。譬如上文案例的学生习作："鸭妈妈不教而教是大教。大教，能力越教越大。丫妈妈是死教硬教，是小教。小教，兴趣越教越小。"在场老师听了热烈鼓掌。再如，学生习作中的金句"鸭妈妈没文化，但是它懂教育"的潜台词——有文化不一定懂教育，振聋发聩，一语点醒梦中人。在非零和游戏中，师生的双赢、多赢，是为公开课4.0的基因。

### 无须教育：公开课4.0的命脉

觉者没有教育的概念，因为他们不需要教育。上文教例中的鸭妈妈就是一位觉者。我们对教育持什么态度？将它的意义下降到最低。没有人需要教育，更不需要像上文教例微视频2中的丫妈妈一样负能量的教育和破坏性的教育，他们需要自我教育。一个懂自我教育的人必将谙悉，并能把握公开课4.0的命脉，公开课4.0本身也不需要教育，它只是觉者的自醒与自觉。

### 享受对话：公开课4.0的精髓

研发教材是一种对话。享受这种对话，就是享受"观察、萃取、转译、组合"教材的研发过程。

智造设计是一种对话。享受这种对话，就是享受通过创造与对话来认识我们生活在其中的世界。这种从0到1的教学设计，是色彩、形态、质地、素材、节奏、空间、运动、点、线、面、体的生态组合。

享受对话是一种对话。享受这种对话，就是享受对话过程中生命的须臾体验。在生命的须臾体验中，教师个体生命的短暂、微弱和渺小被觉解，取而代之的是教师感受的是一种生命当量的释放——在教室里开天辟地，把自己亮成日月，光照每个学生，不密布任何恐怖的阴影，不隐藏任何掌控的企图，只释放本能的能量，不期待，不强求，不按照自己的一厢情愿试图修改孩子的基因——让其都开成一朵花，都结成一种果。所以，才有上文习作教例中孩子们灵性的舒展，心性的怒放，个性的彰显。这种须臾的生命体验，超越时空，无声无灭，不去不来，定格人心，当下圆成。它使教师从世俗的身份地位、欲念诉求等桎梏中超脱出来，回归优游自得、逍遥自在的幻化之境，在这种片刻心性自由的对话中领略创造力的伟大。

享受对话是公开课4.0的精髓。舞台是凝固的美，舞姿是灵动的媚。与其艳羡与钦慕那一支支曼妙飘旋的芭蕾，不如关注与解读红舞鞋里那一个个磨成肉团的脚趾。

# 《童诗·师童》创课实录与反思

## 一、创课环节A

师：亲爱的衡阳的小朋友们，大家下午好！

生：老师您好！

师：孙老师给你们带来一份礼物，想不想要？

生：想！

师：请看屏幕上的四个字，大家一起读一读！

生（声音洪亮地）："童诗""师童"。

师：这四个字，从屏幕上飞到你的眼里，落到你的心里，你也许会问什么是"童诗"。

生1：儿童写的诗。

师：你的理解呢？

生2：写给儿童的诗。

师：接下去！

生3：儿童诗人。

师：能不能跳开这些？

生4：儿童的梦。

师：每人都有自己的理解，这很正常。孙老师也有自己的理解："童诗——儿童如诗"。（指着PPT上母子相悦图片）如图所示：妈妈的眼里，儿童如诗一样美丽，如诗一样值得吟诵，如诗一样值得欣赏。老师何尝不是妈妈？还是给你们讲个"儿童如诗"的故事吧。

生：好啊，好啊！

师：有一天，诗人牛汉在写东西，他五岁的外孙女突然伤心地大叫：

"爷爷，花灭了！"

"不对！应是'花谢了'！不是'花灭了'！"

这时，牛汉以一个成年人的权威口气矫正外孙女。

外孙女坚定地抗议道：

"花真的是灭了，花就是灯！"

……

牛汉的外孙女,最有诗意的一句话是?

生:"花真的是灭了,花就是灯!"

师:好一个"花灭了,花就是灯!"

童眼看花——

生:"花是灯"。

师:童嘴说花——

生:"花灭了"。

师:儿童的眼睛——

生:如诗。

师:嘴巴——

生:如诗。

师:心灵——

生:如诗。

师:儿童的本质是诗!在座的都是儿童,你们每个人都是一首诗!难道不是吗?

## 二、创课环节B

师:我们理解了什么是"童诗",那么,什么是"师童"呢?

生1:老师和儿童。

生2:老师喜欢的儿童。

师:这里"师"不是老师,而是"以……为老师"或者"把……当老师"。

生3:噢,"师童",就是"把儿童当"。

师:什么意思?

生4:把儿童当师。

师:你(生4)就是把儿童(生3)当作老师了,你从她(生4)那里学会了……

(生发出笑声。)

师:以儿童为师。看(PPT图片),儿童把书摆成步步高的台阶,然后拾级而上。多有创意!这种有创意的儿童,难道不应该成为成人的老师吗?

（生微笑、点头。）

师：孙老师就是把你们当成我的老师！正在通过教你们而被你们教！

德国有位教育家叫作福禄贝尔，他说过一句话——我们一起读一读，复活他的话。

生："孩子就是我的老师，他们纯洁天真、无所做作……我就像一个诚惶诚恐的学生向他们学习。"

师：孙老师正在拜你们为师，诚惶诚恐地向你们学习！

关于拜儿童为师，作家格非小说里有几句成人与儿童的对话，值得玩味——

你的桥不牢

它是给鸽子走的

鸽子能飞过河去，不用桥鸽子也能飞过去

它是给没有翅膀的鸽子走的

所有的鸽子都有翅膀

没有翅膀的鸽子没有翅膀

我们现场演绎一下这段成人与儿童的对话，好不好？

师：你的桥不牢

生：它是给鸽子走的

师：鸽子能飞过河去，不用桥鸽子也能飞过去

生：它是给没有翅膀的鸽子走的

师：所有的鸽子都有翅膀

生：没有翅膀的鸽子没有翅膀

师：现场与格非小说里的儿童对话，我发现儿童的世界单纯美好，在这方面，儿童堪当我的老师！特别是那灵光闪烁的"没有翅膀的鸽子没有翅膀"，此句只应——

生：孩子有。

师：成人——

生：难得几回闻！

师（把话筒递给一位学生）：把"孩子"换成你的名字，把"成人"换成"孙建锋"。再说一说这句话。

生：此句只应"黄浩"有，"建锋"难得几回闻！

（笑声。）

师:"没有翅膀的鸽子没有翅膀",儿童是在用自己的脑袋思考,用自己的嘴巴说话,说率真的话,说有精神价值的话,说有神性而诗意的话。从这个角度讲,成人有什么理由不应该向儿童学习?

## 三、创课环节C

师:套用"没有翅膀的鸽子没有翅膀",没有翅膀的鸟没有翅膀。想见一见这种鸟吗?

生:想……

师:孙老师千里迢迢来到衡阳,就是来给你们送"无翼鸟"的!

(笑声。)

师:请观看微视频——《无翼鸟》。(约3分钟)

(生神情专注。)

师:在场的每双童眼一经看过《无翼鸟》,每颗童心中便有一位"内在老师"引导你产生心灵感应。

童手自然而然就会写出你最想说的那种心灵感应。请不拘一格,自写自话。

(播放配乐PPT《美丽的白鹭》,台下的老师聆赏。台上的孩子在背景音乐声中开始习作。)

(8分钟后……)

师:一个人写的东西,能经得起读,那就很好。请你们放声朗读自己的习作——这是对习作的一种自我肯定。

生1:我写的是《醉在她建造的梦里》。一只无翼鸟,生下来爸爸妈妈就没有给她带来翅膀。但是,她有"飞翔"的梦。为了实现她的梦,她凭借双脚把一棵棵树木垂直钉在悬崖峭壁上,经过一天天的努力,"森林"造好了,她开始"放飞"梦想了。来到山顶,她先是助跑,然后头朝下,"飞"向万丈深渊……她从自己营造的"森林"里飞过,风从她的耳际掠过,云从她的身边飘过,梦从她的心里穿过……她激动得潸然泪下,一颗晶莹的泪珠从她的眼眶滑飞,她闭上了眼睛,她仿佛醉了,醉在她建造的梦里……

师:听了《醉在她建造的梦里》,我醉在他的文章里!

(笑声。)

生2:我写的是《无翼鸟,我为你点赞》。这是一只有梦想的无翼鸟,为了实现飞的梦想,它用勤劳的双脚植树造林,它用恒心和毅力把成千上万棵大树钉在悬崖上。"飞"向谷底只是一瞬间,那一瞬间的美好足以满足一生的心愿。了不起! 无翼鸟,我为你点赞!

师: 我为你的习作点赞!

生3: 没有翅膀怕什么,可以用双脚创造翅膀!

生4: 无翼鸟天真可爱,就像我们这群孩子。我们也没有翅膀,也想飞翔。无翼鸟的故事告诉我们,飞翔欲望不是梦,梦不在梦里,梦在行动里!

师: 闪光的语句在哪里?

生5: 无翼鸟的故事告诉我们,飞翔欲望不是梦,梦不在梦里,梦在行动里!

师: 需要疏通的地方是……

生6: "飞翔欲望不是梦",改成"飞翔的欲望不是梦"。

师: 还可以改成……

生7: 欲望飞翔不是梦。

师: 你有语言创造的灵性!

生8:《人人都是无翼鸟》每个人的心里都有一只无翼鸟,都有飞的欲望,欲望可以让人心生翅膀,随梦飞翔。

我的心里也有一只无翼鸟——飞向"中央美术学院"。即使我没有双手,没有双脚,甚至没有双眼,我用意念之手、之脚、之眼,也要梦飞中央美院!

师: 祝你好梦成真!

(掌声。)

……

师: 我心中也有一只无翼鸟,梦想回归童年,好好地经营童年,美美地享受童年! 这个梦实现了,在这里实现了,因为听了你们的习作,我的心被"童"化了,被深深地"童"化了!

## 四、创课环节D

师: 记得美籍华人作家薛涌书中有句话(出示PPT)。

生: "列车正驶过海边一片广阔的平野,铁路两侧随风摇曳的树在车窗外飞逝而过,仿佛是一行绿色的舞女。"

"五岁的女儿惊喜地用小手指着窗外叫起来：'妈咪，那真是美丽，就像电影一样。那是一种破碎般的美丽！'"

师："破碎般的美丽"，是女孩和景色直接撞击而产生的。这诗一般的语言，散发着一种不规则的原创美。孩子与生俱来就有创造"不规则原创美"的语言天赋。

让我们先来玩一次"撞击"——与一个3分钟的"微视频"撞击。

请欣赏微视频——《鸟的故事》（约3分钟）

（生聚精会神观看。）

师：《鸟的故事》深深撞击了你的眼球，撞击出的想必是一段段具有"不规则原创美的"像孩子说的话。

请直抒胸臆、自由表达。（播放配乐PPT《各美其美》——世界上没有两朵完全一样的花，所有的花颜色不一，形态各异，就像我们孩子的思维之花，各美其美。请台下的老师们分享《各美其美》。）

（学生在背景音乐声中舒心愉快自由习作。）

（15分钟之后……）

师：有人说，写得好，不如读得好。读是为了欣赏，为了分享。我们姑且把它分为三个步骤：

一是自读自赏；二是互读互赏；三是共读共赏。

先请大家自读自赏，感觉你的习作是否文通字顺。

（生自由读自己的习作。）

师：再请同桌或者前后位的同学，交换习作，互读互赏。

互读互赏，不妨动笔批注同桌习作的优点，当然也可指出不足。然后，我们对话交流。

生1：《鸟的故事》：这群鸟真有意思。开始是一只小鸟落在电线上，后来是一排小鸟，再后来一只超级大鸟落在他们中间，超载的电线被压弯了，小鸟顿时挤成一堆，很不舒服。大鸟一不留神，倒挂金钩。靠她最近的两只小鸟，趁机落井下石，在群鸟的助威声中，拼命啄大鸟的脚，大鸟最后支撑不住了，倒栽葱落地。没想到的是，所有的小鸟也被电线弹飞。落地后，一个个变成了赤裸裸的"肉鸟"……

同桌写得很形象、很生动。例如，"倒挂金钩""倒栽葱"用词恰如其分！

师：对这篇习作，其他同学的看法是……

生2：我觉得结尾好像没写完。如果能加上一句更好，譬如："争来斗去，两败俱伤啊！"

师：好！画龙点睛之笔！

生3：《排斥》：看了《鸟的故事》，我便想到了转学的一位同桌。她在的时候，我们几个女生，就是不愿和她一起玩。一次课间跳绳，我们正跳得欢，看见她来了，我们几个干脆不跳了，一起跑了……后来，由于家庭的原因，她妈妈改嫁了，她也随之转学。现在想想，觉得当时排斥她，很不是滋味，多么希望她能再回来！

读了同桌的《排斥》，我觉得很真纯，能够从鸟想到人。这是我应该学习的。

师：你是在欣赏中学习，在学习中欣赏！

生4：我同桌的题目是《小鸟PK大鸟》，题目引人入胜，一看就想知道故事的内容。

师：请自告奋勇，读自己的习作，大家一起共读共赏。

生5：同桌的作文题目《光身音符》，引人入胜。他的作文内容同样欢快活泼，妙趣横生——

那一群小鸟天真可爱，就像我们这群调皮捣蛋的孩子。它们在电线上跳来跳去，就像一个个活蹦乱跳的音符。似乎所有的耳朵都在聆听它们演奏的乐曲。一只大哥大的大鸟落在它们中间，电线往下掉，掉成一个"V"字形。大鸟被啄落地，一个个"音符"也成了光着身子的娃娃！但是这些光身"音符"知道害羞，悔不当初！

……

师：同学们会欣赏，同桌写得有声有色，你们品得有滋有味！

下面，请同学们共读共赏，自告奋勇、自报姓名读自己的习作，大家一起分享。

生6（一生上台）：我叫冯琛媛。

"世界上没有完全相同的两朵花，任何花都有属于它自己的那份美。"

（师：你就是班花之一！）（笑声。）

是花终会绽放，但需要静候！（师：静候你的绽放！）

如果世界上有些花有缺陷，更需要用水去浇灌，用阳光去温暖，用真心去静候。（师：现场的每位老师，都是一滴水，都是一缕阳光，都是一片真情……）

我们要用心感受生活的美。有圆满的美，也有破碎的美；有人工的美，也有自然的美。我们要接受一切美，包括大鸟、小鸟的美！

生7：我叫王子辰。我写的是《鸟的故事》——

电线本无鸟，

群鸟来争吵。

上帝一发笑，

鸟儿落地了。

大鸟嘴啃泥，

小鸟脱光毛。

（掌声。）

师：你去过南岳的祝融峰吗？

生：是的。

师：噢……儿童诗！空灵的儿童诗啊！

（笑声。）能否改个题目呢？

生8：上帝一发笑。

生9：无题。

生10：电线本无鸟。

师：你选一个吧。

生6：电线本无鸟。

师：尊重你的选择。

谁来挑战王子辰？（三位女同学上台……）

谁是大姐、二姐、三姐，自己排序。（她们自动排序。）

大姐人先来——

生11：这是一群多么快乐的鸟啊！看不出她们有一丝忧虑，不用上课，不用作业，不用考试！我常常想当一只鸟，早上起来就唱歌，晚上就睡在树上，想飞到哪里就飞到哪里。每天快乐，一生都快乐！

师："大姐"渴望自由、飞翔、快乐！艺术家！"二姐"呢？

生12：我叫段含玥。

师：好有诗意的名字。

生12：《心里有一条电线》——人人的心里都有一条电线，第一天会落上大鸟、小鸟，他们相互争吵，心生无限烦恼。第二天，还会落下大鸟、小鸟，直到有一天，电线断了，鸟儿不来了，人也完了……

（热烈鼓掌。）

师：掌声就是认同！"二姐"，心理学家！"三姐"呢？

生13：我叫谭慧！

《一、V、一》

师：读拼音，还是念外语？

（笑声。）

生13：题目。

师：与众不同。

生13：一＝一条电线＝平衡；

V＝小鸟PK大鸟＝不平衡；

一＝一条电线＝平衡。

世界就是在"平衡、不平衡、平衡"中运动的。

师：呵！"三姐"，哲学家！

令我钦佩的"艺术家、心理学家、哲学家"请上座。（师搬来三张凳子，请"大姐、二姐、三姐"落座。）我坐在你们的面前，甘做你们的学生，我们来张合影吧。（这时台下有老师上来抓拍镜头。）

……

师：分享你们的习作，我倏地明白——你们的思维之花是自然绽开的！

如果我想当然地预期花的形状和颜色，急不可耐地用手掰开花瓣，也许一时能领略"盛开"的景象，那花也会很快就"枯萎"的！

分享你们的习作让我倏地明白——法国生命现象学家米歇·昂利的金言："创造一部作品就意味着创建一个世界！"

你们每一个同学，都通过现场习作创造了一个精神世界！

## 五、创课环节E

师：我深深地知道——儿童绝对不是迷你版的成人，而是成人之外的另一种"人类"。

"童诗"在座的每位同学如诗，充满诗性。

"师童"你们就是我最好的老师。

这节课，从你们身上学到的，比我能教给你们的更多！

行年渐长，红尘渐染。无限滋生的物欲与膨胀的功利心，密密地封锁了我的诗性与神性。

在上帝眼里，我是"盲人"。

迷茫之中我在找寻光明——

左眼是童诗，右眼是师童。

【创课反思】

### 学生能使文本活跃起来吗？

学生是多种多样的，每个学生又都有他所属的和属于他的世界。即使是同一个学生，也会因其观看文本时不同的情绪、时间和环境而变成"多种多样的学生"。由于不同学生的不同感受及其不同的观看方法，使文本具有不同的新生命运动。一如上文教例中的"微视频"文本《无翼鸟》与《鸟的故事》，一入学生的眼帘，就不再是某种环绕着特定意义的单一封闭单位，而是人与人之间进行对话的中介渠道，也是学生进行再创造的重要场域，成了一种隐含多种意义的空间，"红杏枝头春意闹"，学生使文本活跃起来。

### 文本能给学生带来心智增值吗？

文本《无翼鸟》与《鸟的故事》除了能够激发孩子的习作兴趣，最大的启智意义就在于开蒙了孩子的"生存美学"。

生存美学的核心是观自在。观自在是人生过程中对自身、世界、他人和历史进行关注和观看的一种形式。通过这样一种观看形式，人们将对外界和对他人的观看转化为对自身的观看。

因此，观自在也是一种在自身内心世界中进行反思的方式。由于由外向内的观看的转化，人们才可以实现对于自身思想进程的监控和督导。在这个意义上说，观自在就是自我进行心修和沉思的过程。

上文习作课中，有孩子写道："每个人的心里都有一只无翼鸟，都有飞的欲望，欲望可以让人心生翅膀，随梦飞翔。"这不就是孩子从"对外界和对他人的观看，转化为对自身观看"的写照吗？当然，也有孩子写道："人人的心里都有一条电线，第一天会落上大鸟、小鸟，他们相互争吵，心生无限烦恼。第二天，还会落下大鸟、小鸟，直到有一天，电线断了，鸟儿不来了，人也完了……"

还有孩子写道："一=一条电线=平衡；V=小鸟PK大鸟=不平衡；一=一条电线=平衡。世界就是在'平衡、不平衡、平衡'中运动的。"这难道不是一种由外向内观看的转化吗？

在这种转化的过程中,孩子的心智实现了前所未有的增值。不是吗?

**教师能够打造教学生命的艺术品吗?**

艺术只能是艺术生命自身的自我创造、自我展现和自我实现的过程。每位艺术家,首先只有真正把握自身生命的脉动频率,只有掌握自身生命内在要求之精华,才有可能创造出富有生命力的艺术作品。艺术作品最生动地表现出艺术家本人的生命特征,因为艺术家有什么样的生命状态和生活风格,他就会创造出什么样的艺术作品。

每一天,每一课,每一次师生对话,都有机会打造成宛如一首诗、一幅画、一支歌一样美好的教学生命艺术品。在《童诗·师童》的习作教学课上,笔者真切地以自身生命和学生生命对话,虔诚地蹲下身来与孩子对话,聆听孩子们习作中智慧生长、生命拔节的天籁之音,旨在把课上到孩子的心里,植入孩子的魂里,进而创生一种养人的习作教学生命艺术品。设若,一位对生命无所感受、无所体验、无所忧虑和无所关怀的教师,还奢望创造出卓尔不群、富含生命美感的教学艺术品,岂不是痴人说梦?

# 基于核心素养的主题创课教学——《天使,在身边》

在我看来,小学阶段核心素养的关键词,主要指涉"平等合作意识,初步逻辑思维,知识学习兴趣,保存活泼天性"等。笔者开启基于核心素养的主题创课教学,旨在从知识技能导向教学转向核心素养教学,聚焦学生思维素养主题,创构教学内容和形式,达至培养学生思维素养之鹄的。

下面,试以2015年11月,笔者应邀在重庆执教的习作教学公开课——《天使,在身边》为例,浅谈践行体悟,以飨同仁。

## 平等合作:从名词世界流向动词世界

**教例一**

师:亲爱的孩子们,你们看起来真精神——目光炯炯、情绪饱满!我们第一次见面,一起喊一遍我的名字。

生(齐):孙建锋。

师:大庭广众之下直呼我的姓名,你的想法是?(自然地蹲在一个学生面前,递上话筒。)

生:我觉得老师很容易让我们亲近。

师:第二次,不喊姓,只喊最后两个字。

生(齐):建——锋——

师:这和喊三个字,你有什么不一样的想法?

生:我觉得建锋两个字,是"爱称"。

师:你是不是现在"爱"我了?

生:可以这么理解!

(一阵笑声。)

师:第三次,只喊最后一个字,一般情况下我是不允许别人当众喊我最后一个字的。今天开放了!

生(齐):锋——

师：这回又有什么不一样的想法？

生：这样一喊你就留在了我们的心里！

……

**创课自悟**

平等合作意识，是人的核心素养。较之于学习内容，学生与教师的人格对等应该率先"置顶"。

怎样缔造平等合作的师生关系呢？

课始，我蹲下来，从身体到心里蹲下来，目光放平，与学生人格对等。"怂恿"学生直呼姓名，学生无拘无束，畅快呐喊：三个字，两个字，一个字，字数越喊越少；"亲近""爱称""留在心里"，师生感情却越来越亲。亲其师，信其道。

缔造平等合作的师生关系，意味着生命与生命温情对话。生命温情对话需要"上帝"思维：OPEN心场，发射"WIFI"，把自我与学生的心连接起来，把师生对等的人格连接起来，把彼此的爱连接起来。这个"WIFI"的密码——"平等合作"。

若此，"平等合作意识"才会真正终结于纸上谈兵，从抽象的名词世界流向实操的动词世界。

## 激发兴趣：让每个独特的思维都开花

**教例二**

师：有人说，中国小朋友的想象翅膀，比不过美国小朋友的，你觉得呢？

生：我不服气，都是人，为什么他们就比我们强！

师：那就比一比，比想象，比思维，比智慧。

一位美国小学三年级的小朋友，写了一篇作文——

生："我们几个小男生，到郊外去玩，在芦苇丛中发现了一只蛋。有的说是蛇蛋，有的说是鸟蛋，有的说是龟蛋……大家争论不休。后来，我们决定把蛋拿回去放到烘箱中去孵……壳快破了，大家紧张地盯着看……哈，蛋里孵出的是……"

师：蛋里孵出的是什么？需要我们猜想。这是和美国小学三年级的小学生比想象。当然，猜想，在这里没有对错，每个猜想都是美丽的。

（同学们各发独想：蛋里孵出的是小鸡、恐龙、手榴弹、一条龙、一只凤……这时一个学生突发奇想……）

生：蛋里孵出的是一位名叫孙建锋的老师。

（惊呼！大笑！）

师：请（这位学生）站在自己的椅子上，"蛋里孵出的是……"

生：先孵出的是孙建锋，再孵出的是我自己。

（大笑。）

师：（再请这位学生站在自己的课桌上。）更上层楼（师蹲下身，伸长胳臂递过话筒，仰视学生。）请告诉大家，蛋里先孵出来的是……

生：蛋里先孵出的是孙建锋老师。

师：蛋里又孵出……

生：又孵出了我。

师："双黄蛋"啊！

（哄堂大笑！）

师：请看"原著"（屏幕投影）——

生："哈，蛋里孵出的是奥巴马总统！"

（笑。）

师：其实你的想象力并不比美国小学生逊色。他想象孵出了奥巴马，你想象孵出了我们俩，"我们俩"大于"奥巴马"。

（生鼓掌。）

……

**创课自悟**

"蛋里孵出的是什么？"激发兴趣中，每个孩子的想象都是独特的，特别是那个蛋里孵出"'我'和孙建锋"的学生，更加卓尔不群，丝毫不输给孵出"奥巴马"的美国小朋友。

为什么会这样？

因为在生命秩序中，每个生命的DNA不同、指纹不同、声线不同。一切个体都是独特的。每个个体的独特性，最终只有在面对其他独特的个体时才有意义，才得以形成，得以显露，这是一个开放生命的存在条件本身。故此，在上文教例中，笔者创设情境，尽情绽放每个生命个体独特的思维之花。

独特的思维是一种能量。每个生命个体的独特思维，彼此相遇，相互碰撞，交织出不可思议的能量之网。思维相似的能量吸引着相似的能量——形成了相似的"能量块",一如蛋里孵出"'我'和孙建锋"和蛋里孵出"奥巴马"的相似能量,彼此相遇,相互吸引,相互"融合",形成相似"能量块"。当越来越多的这种独特想象的"能量块"黏合起来,便会形成高级的联合思维。这是一种能够创造奇迹的潜在力量。我们没有理由不让每个独特的思维都开花!

## 潜移默化:引领学生从单一思维走向网状思维

### 教例三

师:我的朋友甲和乙,分别是两家创意公司的CEO。近日,他们发来两个新创的微视频。请先来分享朋友甲发来的"微视频1"。

(播放微视频1——有一个巨石人在山上玩弄巨石,突然,巨石滚落,加速度越来越大,眼看就要把山下的小镇夷为平地,巨石人奋力一跃,落在巨石的前面,用双手托住巨石,在惯性冲击下,巨石人的一只脚触到了小镇最前端的一座教堂的墙壁上……)(这时,动画戛然而止。)

师:"在这千钧一发之际,巨石人力挽狂澜,小镇免除了灭顶之灾。巨石人和巨石化为了一尊雕像,雕像成了小镇的一道风景,风景成了一处旅游景点。"

这原本是我朋友甲公司主创人员创作的故事结尾,然而我的朋友甲却说"不过如此"。如此结尾,太缺乏想象力!

老板说这个创意一般般,就意味着这个月的奖金泡汤了。

(生笑。)

我的朋友甲说,孩子们是想象的天使,能不能请小朋友们帮助设计一个充满想象力的结尾呢?参与者"有奖"哦!

请你用一句话编一个奇妙的结尾,争取拿到这个"奖品"。

(几分钟后……)

师:分享的想象才是最好的想象。你做好准备了吗?

(学生想象的结尾百花齐放——

——小镇上的人们为石头巨人建造了一座宫殿,供奉它。

——巨石人和那块石头被玉帝移到天国成为一道美丽的风景。

——仁慈的上帝为了赞赏他为小镇不顾一切的精神，击碎了大石头，巨人变成了一个欢快的小孩，并加入皇室的行列。

——当巨石离小镇只有1米时，突然"孙建锋超人"从天而降，与巨石同归于尽。人们为了纪念他，把孙建锋的塑像和伟人的塑像放在一起。）

师："无限穿越""奇特组合"。分享你们曼妙的想象！

朋友甲要颁发的"奖品"是分享他征集到比较满意的一个五年级小朋友设计的结尾——

（放视频——巨石人尽管使劲了回身解数，由于巨石的惯性太大，它的后脚跟还是触碰了教堂，教堂钟声响起，随之便轰然倒塌了，闻声，小镇每个窗口都举起兵器，霎时，万箭齐发……巨石人被激怒了，放手了，巨石继续滚落下来，碾碎了整个小镇，连同那里的居民……）

（生大笑。）

师：朗朗的笑声，表示了你对这个结尾的一种认同。我的朋友甲，很想知道你们对这个结尾怎么看，希望你们给他编一条微信。

……

师：我们一起来分享你的微信，好吗？

生：我原以为结局应该是石头巨人保护了小镇，恰恰相反，结局是石头巨人亲手摧毁了它拯救的村庄。不可思议。

生：小镇的人们没有理解巨人的意思，反而恩将仇报，巨石人就毁掉了小镇。

生：山上，顽石，他是一个中性人；山脚，托石，他是个大英雄；山下，放石，他是个刽子手。石头人，多面人。

师："中性人"是……

生：就是介于一个极端与另一个极端之间的人。

师：由此我们知道，想象思维不能仅仅是一条线，还有可能是三个面。石头人在山上玩石头，无所谓好与坏，是中性人；石头就要滚落到小镇上，它力挽狂澜并托住它，就是大英雄；放手毁掉小镇，它就是刽子手。

**创课自悟**

单一思维习惯于将刺激归入"A"或者"非A"。换句话说，就是习惯于非黑即白的思维模式。

但是，思维是复杂而非简单的，是多元而非一元的，是网状而非直线的。

因为世界是网络状的，而不是直线型的。吉尔兹描述得最真切：人是悬挂在意义之网里的动物。意义是网状的，所以基于意义或被意义驱动着的人的行为就是多因多果的而不是单因果链的。

上文教例中，学生写道："山上，顽石，他是一个中性人；山脚，托石，他是个大英雄；山下，放石，他是个刽子手。石头人，多面人。"这是基于对"V视1"中巨石人行为的动态感悟，运用朴素的思维网状，做出的洗练概括。巨石人生活在特定的情境之网里，它的行为必然受到来自其情境的影响，在不同时段，不同地点，面对不同的境遇，做出了不同的反应。

教学要回归正常思维，就要潜移默化地引领学生从单一思维走向网状思维。

## 保持活泼：别怕不知道思维

### 教例四

师：这是我朋友乙发来的"微视频2"，我们一起分享——

（播放微视频2：茫茫的雪野上，一群白人青年男女正为一场party布置道具……正在这时，来了一位不速之客——一只胖胖的黑狗熊。众人哗然，急忙躲避……胖胖的狗熊，大摇大摆地来到一台白色洗衣机前，背向镜头，起身站立……）

（镜头定格。）

师：胖胖的黑狗熊，接下来会做什么呢？朋友乙跟我说，只要你的"猜写"让人大吃一惊，就有资格看微视频2的"原创"续集！

（生奋笔疾书。）

……

（生交流分享……）

师：每个人DNA是不一样的，每个人的指纹是不一样的，每个人的思维也是不一样的，各开各的思维之花。每朵思维之花都很美，在我的眼里，没有不美的思维之花，孩子们，给自己鼓掌！

（生鼓掌。）

师：我们来欣赏一下原创的结尾。

（播放微视频——黑熊从白色的洗衣机里取出放进去的黑色外衣，黑色的外衣变成了白色的，它穿在身上，一转身，连头发也变白了，黑熊变成的北极熊……）

师：孩子们，微视频2的结尾究竟有什么味道，请独自"品尝"。

（生书写……）

师：再次放飞自己的想象，看谁的反应最快，谁就有可能抓到机会展示自己的习作3-2-1——

生（同学们争先恐后跑向讲台围着老师小手举得高高的。一名女孩子说道——）：我觉得结尾意味无穷：雪是白的，洗衣机是白，卡拉OK是"白"的……

师：卡拉OK是"白"的？

生："白皮肤"的人创造的歌曲啊！

师：哦！难怪你把白字加上了双引号！请继续读——

生：黑熊走白的。

师："走白的"——好有创意的诗性语言。

生：用白的。

师：哦！它用白色的洗衣机。

生：唱白的。

师：卡拉OK里放的是"白人"的乐曲。

生：最后黑熊皮肤白了，头发白了，方向变了……

师：无论方向怎么变，黑熊、白熊，还是熊。

（大笑。）

生：我可以借用这句吗？

师：那就是我们"合著"了！朦胧诗，诗朦胧！（搬了把椅子请生坐下，同时请全班同学一起围坐她周围。）我们来一起分享。（师蹲在女生身旁。）仿佛月亮树下，听月亮姐姐讲故事——

生（声情并茂）："雪是白的，洗衣机是白，卡拉OK是'白'的，黑熊走'白'的，用'白'的，唱'白'的，最后皮肤白了，头发白了，方向变了……可是，黑熊、白熊，还是熊。"

（热烈鼓掌。）

师：我可以把你（生）抱起来吗？

（生微笑点头。）

师（把生高高抱起，递过话筒）：愿意仰视你富有哲理的想象，更愿意再次聆听你诗性的天籁之音——

生："雪是白的，洗衣机是白，卡拉OK是'白'的，黑熊走'白'的，用'白'的，唱'白'的，最后皮肤白了，头发白了，方向变了……可是，不论黑熊、白熊，还是熊。"

（热烈掌声。）

### 创课自悟

"雪是白的，洗衣机是白，卡拉OK是'白'的，黑熊走'白'的，用'白'的，唱'白'的，最后皮肤白了，头发白了，方向变了……可是，不论黑熊、白熊，还是熊。"

我不知道，我也无法知道孩子竟然能够思接千载、视通万里、口吐莲花、妙语如珠，妙手偶得，写出如此富有哲思的美文！

每个课堂，每个时刻，每个教师，都会遭遇"不知道"。别怕"不知道"！怕密布着"收缩、封闭、逃避、隐藏、伤害"的负能量。

苏格拉底说："我什么都不知道，我唯一知道的，就是我什么都不知道。"

在这个世界上，你有很多不知道的东西，只有在你认为你不知道的时候，你才有机会想要知道，可能去知道。

16世纪初，哥伦布只带了三艘小船一百多个人就出海了；此前100年，郑和带着三万人和几百艘大船，七下西洋。这两个人最大的不同就是，郑和认为他都知道，所以他是去册封的，是去宣扬天朝国威的；而哥伦布认为他不知道，他想要找到印度，找到那个财富集中的新大陆。

情同此理，自以为"无所不知"的"郑和牌"教师，上课就会不厌其烦地对学生耳提面命、滚动联播；而"一无所知"的"哥伦布式"教师，常常会带着学生"水手"去未知的海域发现"新大陆"。

教海探航，心海远航。做郑和，还是做哥伦布？

每个教师都是终点，也是起点。

# 《审辩式习作——我和"公平"有个约会》创课实录与反思

## 一、梦中情人"公平"长啥样呢

师：我们将要约见的梦中情人"公平"长得啥样呢？

像西施？像维纳斯？还是像谁？

语言可以画画，请用一句话勾勒一下你这位"梦中情人"——"公平"的模样。

（先动笔，再交流。）

生：公平就是天平两边分别放了一样重的两个玻璃球。

师：形象！

生：她长发飘飘，瓜子脸，丹凤眼，小巧的嘴巴，甜美的笑容。

师：这是你"梦中情人"，美哉！但她的"公平"在哪里？

生：她走到哪里，美就跟到哪里；无论到哪里，无论谁看，她都不收费。

师：风趣、幽默！

## 二、梦中情人"公平"来了，请你认一认

师：请你认一认哪些是"梦中情人"，一句话写出你确认的理由。

（出示一组词语：1.妈妈 2.阳光 3.法官 4.死亡 5.空气 6.时间）

（学生判断，写出理由，然后交流。）

生：我认为法官是公平的，他会按照法律的规定，公平判案。

师：有异议吗？

生：一般情况下，法官断案可能是公平的；但是，在特殊的情况下，譬如，在接受贿赂的状况下，他的断案就可能有失公平。

师：换句话说，法官的公平是相对的，而不是——

生：绝对的。

生：死亡是公平的，每个人都有入土的那一天，因为这个世界上既没有人长生不老，也没有人天长地久。

师：这是生命的规律。

生：我觉得死亡是公平的，人无论早死、晚死，都得死。

师：语言简约，表达精准！

生：我认为时间是公平的，无论对老人、对孩子，对男人、对女人，对中国人、对外国人，一天都是二十四小时。时间公平地把一个个风度翩翩的少年演变成一位位白发苍苍的老人，任何一位白发老人都回不到英俊少年了。

师：时间一往无前，永不折返。

生：时间没有快慢，只以同样的速度延伸，这看上去是公平的，却也是不公平的。同一时间的战场上，杀戮者也许觉得公平，对被杀戮者来讲就是不公平。

师：时间公平与否，在于怎样利用时间。

生：阳光是公平的，它使得花有花的花期；时间是公平的，它使得草有草的旺季；死亡是公平的，它使得人有人的归期。

师：你的语言充满诗意、哲意、禅意。

生："阳光、死亡、空气、时间"都是公平的，因为每个人都拥有阳光，都能呼吸空气，时间不会老停在一个人那儿，我们每个人都会生老病死。

师：先做了一个整体的判断，然后又述说理由——表达出了自己的见解！

生：我认为"空气、阳光、时间和死亡"都是公平的，因为这些东西都是可以一起分享的，都是平等的。阳光不会因为谁一贫如洗就少给他一缕，也不会因为谁腰缠万贯就多给他一缕；空气也不会因为你土豪就给你清新的，也不会因为你穷困就给你污浊的；时间不会在任何人门前多停留一分一秒；死亡对所有的生命都会如期而至。

师：三分写，七分读。我们再来聆听她的朗读——

（生读。）

师：语言如小溪流水，欢快清新！

生：同样的孩子，妈妈往往会有所偏爱，有时不能一碗水端平，所以妈妈不是绝对公平的；同样的案子，法官如果不能执法如山，有私心杂念，往往就不能公平断案，所以，法官也不是绝对公平的；"阳光、死亡、空气和时间"都是不偏不倚的，所以，它们是公平的！

师：不公平的是什么？为什么？公平的是什么？为什么？表达有逻辑，层次清晰。

## 三、你的梦中情人"公平",有时会受到一点儿小委屈,怎么办

师:同学们,你的梦中情人"公平",有时往往会受到一点儿小委屈,你怎么办?

生:安慰。

生:打抱不平。

生:那要看受到什么样的"委屈"。

师:请看一段微视频——

(生观看微视频1,其大体内容:"我们让孩子做了些家务,他们有的倒垃圾,有的擦玻璃,有的刷车,有的扫楼梯……但是,我们给女孩的报酬比给男孩的少……一个女孩问,为什么他的是五澳元,我是两澳元?……你觉得这样公平吗?")

师:哲学家孟德斯鸠说:"对一个人的不公,就是对所有人的威胁。"面对女孩的不公平,我们应该怎么办?请用笔说话!

(生习作。)

师:请分享你的对策!

生:我们的劳动都是一样的,为什么报酬不一样?

师:质问"为什么"。

生:我觉得每次遭遇不公平,都要去问为什么,与其这样,不如提高自己,让别人不敢对自己不公平。

师:提高自己,用自己的地位震慑制造不公平的人。

生:我觉得我们应该放宽心情。在这个世俗的生活中,不可能每个人、每件事都公平。我们不去抱怨别人的不公,也不去计较事情的不平。豁达一些,不公平就少了。

师:从另外一个角度讲,凡事看淡了,不公平与公平似乎都不见了。超然!一种你这个年龄少有的超然!

生:如果要保障真正的公平,就要依靠法律。比如,法律规定男女同工同酬。

师:理性,文明!

生:倒垃圾,擦玻璃,洗汽车,扫楼梯……看上去都是在干一样的活,其实,也有区别。只要是劳动,就会有区别,要根据劳动量给报酬。

师:依据劳动的质量、劳动创造的价值,来支付劳动报酬。真会思考!

## 四、如果是小猴子遭遇"不公平"会怎样呢

师：如果是小猴子遭遇"不公平"会怎样呢？

我的推测是_____

（生想象习作。）

师：请自由交流。

生：我的推测是如果小猴子是个猴王，他会带领一群小猴子造反。譬如，会朝对他不公平的人扔香蕉皮，让他摔倒！

师：想象比较有趣！

生：直接和对他不公的人打起来。

师：武力反抗。

生：猴子是有头脑的，它会用智慧解决这个问题。

生：面对不公，如果小猴子自己摆不平，一来可以请求朋友援助；二来可以把不公者告上法庭。

师：有智慧！我们一起看看一段心理学家拍摄的视频"当小猴子遭遇不公"。

（微视频2大意：在实验室笼子里的两只小猴子，按实验人员要求每取一粒石子，就奖励一块小黄瓜。当其中一只小猴子被奖励的小黄瓜变成了一粒葡萄，另一只小猴子看到后，就把手中的小黄瓜投向实验员……）

## 五、最近，瑞士全民艳遇"大众情人"——"公平"，你怎么看

师：人间天堂——瑞士，最近，全民艳遇"大众情人"——"公平"。

（生观看微视频3。主持人说："瑞士最近全民公投，全部公民无条件的发钱，每个人每个月2500瑞士法郎，相当于人民币16000元，相当于港币2万元，每个孩子也有600多，这么一件于民有利的大好事，但是在进行公投的时候，瑞士国民竟然有70%的人投了反对票。"）

师：这个短片告诉我们一件事——国家无条件给公民发钱，每人每月2500瑞士法郎，什么事都不用做，待在家里，睡醒了，钱就送来了，就是这么一件天上掉馅饼的好事，在很多人看来，这绝对是件公平的事，不论男女老少，大家都有份。但在瑞士进行全民公投时却有70%多的公民投了反对票！这真是一群"傻子"，有"公平"，不懂享受！请书面

发表你对这种"公平"怎么看——

（生习作。）

生：我觉得这种所谓的"公平"只是别人给你的，而不是你自己的劳动换取的。

生：我反对这种做法，因为这是别人白白给你的，不是你自己劳动得来的。我认为，国家给每个人发这么多钱，只出不进，即便是再富裕的国家，最后经济也会支撑不了的。

生：我认为这可能对中国人来讲觉得公平，但对瑞士人而言不公平。因为中国人的心理是"不患寡而患不均"，希望人人有份。譬如，我们家7口人，每个人2500瑞士法郎，多大一笔钱啊！但是，瑞士人不这么想，如果没有人做事情，坐吃山空，每天都往外发钱，最后国库都空了，怎么办？

师：真棒！小小的年龄能够公平地看待这件事。

生：天下没有也不应该有免费的午餐，只有劳动了才能有收获！

师：免费的午餐我们不能吃。要滴自己的汗，吃自己的饭。

生：每个人做的事情不一样，劳动强度也不一样，有的人做得多，有的人做得少，还有的人不做事，如果这样每个人都发同样多的钱，我觉得是不公平的。

师：你爷爷80多岁了，不做事，不给他发钱可以吗？

生：我认为能做事情的人就要努力去工作。爷爷曾经年轻，做过很多事情；老了，干不动了，应该老有所养。这才公平！

师：老有所养，少有所为。这才公平！

## 六、如果梦中情人——公平，在家庭里缺席了，会怎样呢

师：我们来看一看，一个梦中情人"公平"缺席的家庭，母女常常会因小矛盾闹僵，这样的家庭是怎么样过日子的？（播放微视频4。）

生观看视频，其大体内容——

妈妈：想不想吃饭？

小女孩：我不是给你说了吗，我要。

妈妈：你要吃饭对不对？那你知道你错在哪里吗？

小女孩：你已经知道了，干吗还问我？

妈妈：我知道啊，但是你不知道啊。我惩罚你，不让你吃饭，就是想让你知道你错

在哪里啊。

小女孩（哭）：那你也不能这样啊！

妈妈：我怎么样啊？

小女孩：那你不能这样欺负小孩子啊！

妈妈：我是为了教育你走正路，把性格改过来！

小女孩：我的性格就是这样，没法改！

妈妈：你的性格没法改，那你就不要做我的孩子。我的孩子是乖巧听话的，只做妈妈的好孩子，脾气倔强的孩子我是不要的。你说我这样教育你是不对的，那别人是怎么样教育孩子的？你说说看，为什么别人的孩子那么乖，我家的孩子怎么那么不听话？

小女孩：这就是性格！性格你不懂吗？好坏又不是我自己决定的，是老天决定的！

妈妈：性格是老天决定的？你是妈妈生出来的孩子，你是妈妈教育的，你是老师教育出来的孩子，跟老天有什么关系呢？你自己说。

小女孩：就有关系！

妈妈：你说我教育你不对，那别人是怎么教育的？

小女孩：别人就是你跟她说她就会知道，而你是直接骂我，这是不对的！

妈妈：我现在是不是在好好跟你说，我有没有骂你？

小女孩：你刚才就骂人，而且打我很久啦！

妈妈：那你为什么要把遥控器扔掉啊？

小女孩：因为你惹我生气了！

妈妈：我跟你说要吃饭了，把电视关掉，吃饭时不能看电视，你为什么要扔掉东西？

小女孩：那我为什么不能看啊？

妈妈：我说不能就不能，食不言寝不语，你知道吗？吃饭的时候就不要说话，不要看电视，你不懂吗？学《三字经》，里面教的什么？学《三字经》没用是吧？老师教的没用是吧？明天开始不要读书，今天晚上开始不要吃饭。

小女孩：你敢？！

妈妈：我就是敢！

小女孩：你敢我就报警！

妈妈：你去报呗！

师：小女孩果真报警了。你就是接警的"警官"。常言道："清官难断家务事。"梦中

183

情人"公平"驾到,"警官"就能"公"断家务事。你是个具有独立思考和判断能力的"警官"。请你站在第三者中立的立场公平裁决——写裁决词。刚才有同学说法官是公正的,现在让你来做法官,你来评判一下微视频中母女俩谁讲的话有道理。

(生书写,几分钟后交流……)

师:谁愿意扮演微视频4中的小女孩?

(生上台。)

师:请你邀请台下一位老师,扮演你的妈妈。

(生邀请一位年轻女老师上台。)

师:请愿意做"警官"的同学自愿前来断案。(一对"母女"、警官和老师同时站到前台的桌子上。)警官贵姓?

生(警官):文。

师:文警官,请你公平断案!

生:我认为,你们说的都有道理,说出了对方的缺点。但就是不知道改正自己的缺点。你们互相指责对方的缺点,这一点做到了,但是,还要改正自己的缺点,这才是最重要的。

师:女儿对文警官的断案服气吗?

生(女儿):嗯,还行。

师:妈妈呢?

妈妈:你觉得我的缺点在哪里?

生:你应该心平气和地跟女儿说,不要这么凶。

妈妈:我不是凶,我是在教育她。

生:你教育她应该用温柔的语气对她说话,这样她才能更好地接受。

妈妈:太温柔,她不听怎么办?

生:她不听,你可以再细细地给她讲一下。

妈妈:你不觉得她是属于性格很倔强的那种吗?

生:那你就要改变她的性格啊。

师:警官在和我们这位"母亲"当场对质,母亲在向警官讨教怎么样才能把孩子教育好的问题。感谢这位警官"公平断案"。也谢谢"妈妈"和"女儿"的扮演者。

## 七、梦中情人"公平"常驻的家庭,母女常常能将小矛盾和解

师分享微视频5。

生观看微视频5——

妈妈:妈妈告诉你一件事,好吗?

女儿:好啊。

妈妈:妈咪今天真的好饿,然后……我不想让你伤心,但是,我吃光了你的糖果。

女儿(面部表情在不停地变化:由平静到伤心,到双目盈泪,到破涕为笑):妈咪,那真的让我有点伤心。

妈妈:你会怪妈妈吗?

女儿(撇着小嘴,摇了摇头):不会啦!只是有点伤心而已(说着用胖乎乎的小手抹了抹眼角的泪水)。

妈妈:嗯,那真的让你伤心。

女儿:因为……因为你吃光了我的糖果。

妈妈:我那时真的好饿。

女儿:你应该……应该吃……(天真地)那会让你头疼耶。

妈妈:因为吃光所有糖果吗?

女儿:对啊。

妈妈:但我没有不舒服耶。

女儿:你应该喝点水。

妈妈:我应该配水喝对吗?

女儿:是啊!那到下次圣诞节我就不会再伤心了。

妈妈:但是今年我吃光了这些糖果。你会不会怪我?

女儿(摇了摇头):不会!我只是有点伤心。但是等到明年圣诞节,我们可以一起分享我的糖果喔。

妈妈:好!我知道错了!女儿你真贴心!你真的不会生我的气吗?

女儿:喔,我今天得到了这个喔!(说着举起一个书夹。)

妈妈:你不会因为糖果生气吧?

女儿(高兴地):不会啦!我还有这个!(说着从书包里又拿出一个画夹。)

妈妈：你不介意你的糖果，是吗？

女儿：嗯嗯，我不在意啦！

妈妈：喔，你人真好！你不会生我气吧？

女儿：不会！

妈妈：你只是为了分散注意力，所以才不会生我的气。

女儿：我是……有点生气啦，但也不那么气啦！

妈妈：有什么可以补偿你？

女儿：那你多花点时间陪我好啦！

妈妈：那这就是我可以补偿的吗？

女儿：是啊！

妈妈：那当然可以啦！爱你喔！

女儿：我爱你！（吻了一下妈妈。）

师：如果我们从"公平"角度出发，你认为微视频5中妈妈对待孩子的最大"公平"是什么，请写出能证明你观点的理由。

（生写作，几分钟后交流……）

生：我认为微视频5中妈妈对待孩子的最大"公平"是"诚信"。首先，妈妈承认自己因为饿吃光了女儿的糖果。其次，妈妈承认自己错了。再次，妈妈愿意用陪陪女儿的方式做出补偿。

师："首先，其次，再次"说理井然有序。

生：我认为微视频5中妈妈对待孩子的最大"公平"是"爱"。妈妈是爱女儿的，她怕女儿伤心，怕女儿生气，所以，才开导她。正因为妈妈开导有方，所以，女儿才不生妈妈的气，不仅不生妈妈的气，最后还说"我爱你"！所以，妈妈爱女儿，女儿爱妈妈，爱是公平的。

师：你这段话里用了三个"所以"，去掉"所以"，读得通吗？

生：嗯！

生：一般情况下，妈妈吃了女儿的糖果，会觉得是天经地义的事情，根本不会意识到糖果是女儿的私有"财产"，没跟女儿讨论，就"私吞"了她的"财产"，这可能是一种错误。任何人都可能犯错误，犯了错就要承认错误，更重要的是进行补偿。这才是公平的！

生：我觉得微视频5中妈妈对孩子的最大公平，就是"交心"。她不因为自己是妈妈，是大人，就不允许孩子有自己的小情绪、小脾气、小个性，她给孩子表达的机会与空间，她让孩子释放与发泄……

师：她让孩子有机会成为她自己，这就是母亲，公平交心的母亲！

生：我觉得妈妈最大的公平，就是口头承认错误，用多陪陪孩子的实际行动做弥补。

师：妈妈陪伴女儿，花时间在女儿身上，这就是最大的公平。孩子眼里的公平，是多么天然与纯粹啊！学习了，受教了！

……

师：每个人的内心都有不同的自我。自我渴望公平，哪怕是妈妈和幼小的孩子。彼此都可以公平对话，对话可以产生变化。

公平，旨在追求一种均衡——一切上升或者坠落，旋转或者破碎的事物都有一个优雅的终点。今天——

生：我和"公平"有个约会。

师：明天——

生："公平"和我相亲相爱。

【反思】

美是直观的。公平的美德，可见可闻，可审可辩，可躬身笃行。

《我和"公平"有个约会》"审辩式"习作教学创课（以下简称"'审辩式'习作创课"），发扬了审思、明辨、笃行等修养治学的传统经验，观照了当代小学生社会生活的实际需要和表现形式，是深化小学习作课程教学改革的创新尝试。

"'审辩式'习作创课"的内容主题是：公平。公平包括平等与公正，是中国特色社会主义核心价值观社会层面的价值取向。公平是现代法制社会的价值基础，亦是一种人格美德。《九年义务教育语文课程标准》指出，语文课程丰富的人文内涵对学生精神世界的影响是广泛而深刻的，学生对语文材料的感受和理解又往往是多元的。因此，应该重视语文课程对学生思想情感所起的熏陶感染作用，注意课程内容的价值取向，要继承和发扬中华优秀文化传统和革命传统，体现社会主义核心价值体系的引领作用，突出中国特色社会主义共同理想，弘扬以爱国主义为核心的民族精神和以改革创新为核心的时代精神，树立社会主义荣辱观，培养良好的思想道德风尚，同时也要尊重学生在语文学习过程中的独特体验。

"'审辩式'习作创课"，在三维的内容和形式整合上，有机融合、贯通了中国特色社会主义核心价值观教育与语文的学段特点、学科特质和小学生的身心特征，充分展示了习作过程的独特、多元体验。该创课，体现了小学的全民义务教育性质，凸显了语文作为基础学科的人文特质，锐化了小学生自我意识、社会意识发展的核心品质，充分尊重了小学生由具体形象思维向抽象逻辑思维发展的认知习性。

"'审辩式'习作创课"，在启课、入课和收课环节，艺术地展现了语文课程丰富的人文内涵及其对小学生精神世界广泛和深刻的影响。课题《我和"公平"有个约会》中的"我"即指小学生；"约会"形象地隐喻了小学生的社会关系：亲子关系、同学关系、社群关系。教学中分别列举"妈妈、阳光、法官、死亡、空气、时间"等词语，引导学生审辩公平所涉及的资源、人际等层面的含义。

"'审辩式'习作创课"精心遴选、展示的5个视频是直观的，公平是抽象的。小学生感知、体察、意化并审辩了家庭和社会生活的公平观念、行为所涉物我、人的规则、资源、过程、结果、机会、权责及其救济等层面样态和含义。审思是闪烁、意化，明辨是外化、表达。其之于写作的积极作用得以充分发挥：激活写作冲动，唤起写作思维，生成写作素材，聚焦写作主题，驱动、维持、推进、深化习作进程，尊重了小学生的认知习性，启迪了6年级小学生的抽象逻辑思维及语言表达能力，有效解决了写什么、怎么写的问题。

关于亲子关系，上文课例从否定例证、肯定例证的角度，依次展示了3个家庭生活视频1、4、5，基于这三个视频，学生所写的心理感受丰富多元，颇具童趣色彩。学生体察并审辩了关于性别公平、亲子公平的细腻、复杂、多样性及其相关性。关于社群关系，课中展示了两个社会生活的视频2、3，学生体察并审辩了关于社会公平的多元、复杂和多样性及其相关性，历练了写作思维的灵活性、变通性、多样性。师生互动的模拟法庭表演，鲜活生动，激活了体验，升华了认知，身体力行，是生成、拓展、凝练习作素材的好办法。

"'审辩式'习作创课"创造性地贯彻了课标精神：写作是为了表达自我、与人交流。自主写作与合作交流，彰显并促进了小学生自我意识、社会意识的发展，凸显了习作的人际语用价值。

"'审辩式'习作创课"主动、积极地认知、践行社会主义核心价值观，为深化小学习作课程教学改革，做了有效的探索。

# 《卖火柴的小女孩》"1+N+1"的创课设计

越是长大越是觉得童话是这世界上最真诚的读物。童话是写给儿童看的,也是写给成年人看的。每个成年人大概都有一个童话梦,只是随着年龄的增长,知道永远无法实现后就将它藏在心底,连同那段岁月一起藏在了秘密的花园。锁上门,然后想办法唤醒一座秘密花园,每一片叶子都藏着秘密,那里就像春雨,洗去身上的泥泞,卸下装备,远离喧嚣,回归平静。

**怎样理解教材文本这个"一"?**

在创课者看来,它是可资教师教学与学生学习的文本之一,而非唯一。

**对教材文本这个"一"理解的误区是什么?**

教材文本被神化成教师教学与学生学习的唯一。当教材文本被幻化成"唯一"准绳的时候,就教材教教材,自然,便成了"保险系数"最高的教学方法。笔者曾亲历的《卖火柴的小女孩》的教学正是按这样的行径进行教学设计的。

一次听五位老师《卖火柴的小女孩》的"同课异构"教学。

大家清一色地参阅"特级教案",使用多媒体手段,进行音乐渲染,对小女孩五次擦燃火柴的原因、过程以及出现的幻觉与破灭,析微析细、读来讲去。尽管氛围凄迷哀婉,环节九曲回肠,直煽得学生心酸落泪,最后还是殊途同归:大年夜,小女孩悲惨地冻死街头且无人同情,丹麦社会何其黑暗,简直是人间地狱!

掬一把"同情"小女孩的伤心泪,还美其名曰为了培养孩子的"同情心";念几句"痛斥"丹麦黑暗的诅咒符,还说是这样批判了缺少人性的罪恶社会。

怎样考,就怎样教。教得有板有眼,教得理直气壮,教得心安理得。当然,唯考是教,最终是教得糊里糊涂,教得直冒傻气。

糊涂在哪里,傻在何处呢?

关键是对教材的"一"把握得"一塌糊涂"。"之一"当"唯一",表面看敬畏"一",尊奉"一",朝圣"一"。实则是窄化了"一",片面了"一",戏弄了"一","一"变成了"一条死胡同""一具木乃伊"。

怎样走出"一条死胡同"?如何满血复活"一具木乃伊"?

开展"1+N+1"的创意读写创课实践。

"1+N+1"=1。(学习一篇教材文本)小院子+N(学习若干个与教材文本有关的延展文本)小院子周围的生机勃勃的原始森林,还有院子附近无数条隐秘小径通向原始森林+1(增值一个读写结合)新生了一棵小树。

阅读,就是开放时空放手让学生去读,这是最主要的,老师的讲述却没有那么重要。好的老师不仅是讲经布道的牧师、介绍风景的导游,更是一名带领学生的探险者。经典性、经典化应该是一个开放的系统,而不是一些目录。课本里的东西是沧海一粟,教材只是简单的一个勾画,对于学生的文学道路来说,只是一个指示的标牌,不是生气勃勃的原始森林,而只是一个小院子。老师要告诉学生,在院子附近,有无数条隐秘的小径,通向原始森林。

我们可以通过创课在阅读的原始森林里"探险"!通过探险找到通向原始森林的无数条路径(N),最终到达原始森林(大氧吧)(N)。

## 跟着学生的"问题走",探险路径一

借助网络,开放课堂,把学习的自主权还给学生。

师:孩子们,童话王子安徒生的《卖火柴的小女孩》,可谓妇孺皆知、耳熟能详,请你们再次与课文对话,说说你的想法。五分钟后,我们交流。

(五分钟后……)

生1:寒冷与饥饿夺走了小女孩的生命,可以想象,她的死是极度痛苦的,为什么她死的时候嘴角还带着微笑?

师:想了解这个问题的请举手?

(约60%的学生举起了小手。)

师:好,我推荐你们读一读作家毕淑敏的《童话中的苦难》。快速上网检索,五分钟后,再谈你们的想法。

(生充满期待地、全身心投入地到检索、阅读《童话中的苦难》之中。)

师:让我们共同分享大家的"自我"对话。首先是小女孩冻死的时候为什么嘴角还带着微笑?

生2:毕淑敏在《童话中的苦难》里说道:"依我在西藏雪域生活多年的经验,作家笔下所描绘的小女孩临死前所看到的温暖光明的家庭图画，其实很有科学根据。濒临冻僵的人，神经麻痹之后会出现神秘的幻觉——平日的理想都虚无缥缈地浮现出来了。包括小女孩脸上的笑容，也有医学基础。严寒会使人的肌肉强烈痉挛，我当过多年的医生，所见过的被冻死的人，表情都好似在微笑……"

由此，我明白了小女孩冻死街头但嘴角还留着微笑的科学依据。

**小结：**

1="小女孩冻死的时候为什么嘴角还带着微笑"？

1+N=阅读《童话中的苦难》，教材文本与拓展文本对话——

"依我在西藏雪域生活多年的经验，作家笔下所描绘的小女孩临死前所看到的温暖光明的家庭图画，其实很有科学根据。濒临冻僵的人，神经麻痹之后会出现神秘的幻觉——平日的理想都虚无缥缈地浮现出来了。包括小女孩脸上的笑容，也有医学基础。严寒会使人的肌肉强烈痉挛，我当过多年的医生，所见过的被冻死的人，表情都好似在微笑……"

1+1+N=1

由此，我明白了小女孩冻死街头但嘴角还留着微笑的科学依据。

## 跟着学生的"问题走"，探险路径二

生3：毕淑敏同时说道："小朋友和中朋友们，说句真心话，依我这些年跋山涉水走南闯北的经验，苦难就像感冒，几乎是不可避免的。如果谁告诉你们世界永远阳光灿烂，请记住——他是一个骗子。"

理智告诉我们：生活中不可能永远阳光明媚，总有风雨阴霾。

生4：面对痛苦，毕老师告诫："还有一条路是——我们拭干眼泪，重新唤起生的勇气。掩埋了亲人之后，我们努力振奋新的精神，以告慰天上的目光。我们更珍惜生命的价值和意义，争取用自己的存在让这颗星球更美……"

师：好一个"争取用自己的存在让这颗星球更美……"！经过努力争取，今天的丹麦的公民生活怎么样了呢？还有卖火柴的小女孩吗？请让事实说话！

生5：《丹麦前外交大臣为中国驻丹麦大使馆外交官做关于丹福利制度的报告》——今天的丹麦是世界闻名的高收入、高税收、高福利国家，实行了"从摇篮到坟墓"的全方位免费福利保障体系，国家税收有大约一半用于转移支付养老金、失业救济、教育、医疗、各类补贴等福利开支。

生6：作为高福利国家，从小学到大学丹麦的教育是全部免学费的。

生7：儿童日间照顾服务——

在哥本哈根，11个月以上的儿童都可以经过申请进入日间照顾中心。按照丹麦福利制度规定，0~2周岁的儿童每人每年就得到补贴12500丹麦克朗；3~6周岁的儿童每人每年得到补贴11300丹麦克朗；7~17周岁的孩子每人每年补贴8900丹麦克朗。丹麦儿童享受日间照顾是基本不用父母掏腰包的。

校外中心和俱乐部服务——

为10~14岁儿童放学后活动服务。俱乐部组织的活动非常丰富，无论是喜欢美术、音乐、文学的孩子，还是喜欢运动、电脑、手工的孩子都可以在这里找到自己的乐土。

儿童健康服务——

丹麦儿童满5岁之前要接受7次预防性的体检。全都是免费的。

**小结：**

1="丹麦的公民生活怎么样了呢？还有卖火柴的小女孩吗？"

1/N=阅读《丹麦前外交大臣为中国驻丹麦大使馆外交官做关于丹福利制度的报告》——

1+1/N=1

丹麦是全球幸福指数最高的国家之一。

## 跟着学生的"问题走"，探险路径三

生8：我曾到过丹麦，我把拍摄的部分照片与大家分享（图略）……

到一个陌生的地方，孩子们更善于观察，感知变得敏锐，胸怀也更宽广。

当眼里看过更大的世界，心中才能更宽容，才能更坦荡。接受彼此的不同，尊重相互的差异，是"了解世界"的重点。

## 跟着学生的"问题走",探险路径四

生8: 丹麦已经允许学生在进行年终期末考试时使用互联网。

丹麦教育部长Bertel Haarder表示:"我们的考试应该反映日常课堂生活,而课堂生活也是社会生活的反映,在社会生活中互联网是必不可少的,我坚信在未来几年里大多数欧洲国家都会采用同样的考试体制。"

师:我们了解一下丹麦是怎么对待孩子的考试分数的。

【视频】40年来,丹麦13岁以下的孩子从来没有在学校拿到分数……

《卖火柴的小女孩》是安徒生的经典之作。卡尔维诺说,一部经典作品的经典之处乃是"我们从一部在文化延续性中有自己的位置的、不管是古代还是现代的作品那里所感到的某种共鸣"。不管世界变化得多么令人猝不及防,总有人在某个角落里琢磨着那些经典的文字,弹奏着笔尖上的夜曲。是的,我一直在这里,在这些作品里,不断寻找着字里行间的共鸣。

# 中天月色好谁看

## ——《修得一颗柔软心》创课实录与反思

我蹲下仰望孩子，孩子是心中明月。明月照亮了课堂，课堂美成了天堂。像以往任何一次创课一样，《修得一颗柔软心》属于没有经过彩排的现场直播。也许有人会问，为什么要设计《修得一颗柔软心》？在浩渺的宇宙里，在无边的虚空中，最大最有力量，或者最小最卑下的，就是自己的心；没有任何人可以让自己更庄严，也没有人可以使自己更卑陋，除了自己的心。在这个坚硬的世界里，柔软心才是最有力量的，它比花瓣更美，比草原更绿，比海洋更广，比天空更阔。水流过，星月留下。课录如是，以飨方家。

## 一、课启

师：有位诗人说——妈妈是宝宝与天使的第一次相遇。

有一只"萌萌哒"猴宝宝，刚刚出生。

看——（投影一只毛茸茸的猴宝宝。）

（学生盯住看，脸上洋溢喜爱之情。）

师：猴宝宝瞪大黑葡萄似的眼睛，张着小口，告诉我们：它渴望遇到"天使"啊！

有人给它请来了两位"代妈妈"——（投影图片）

一个钢丝妈妈，怀揣一只奶瓶；一个毛巾妈妈，身上没有奶瓶。

你猜它会选哪一个妈妈？请用笔说话——

我认为猴宝宝会选择_____妈妈，因为_____。

生1：我认为猴宝宝会选择钢丝妈妈，因为有奶就是娘！

（哄堂大笑。）

师：俗语用得恰如其分。

生2：我认为猴宝宝会选择毛巾妈妈，因为毛巾妈妈温柔，小猴子感到温暖。

生3：我认为猴宝宝会选择毛巾妈妈，因为毛巾妈妈比钢丝妈妈柔软，柔软就是天使，又因为"妈妈是宝宝与天使的第一次相遇"，猴宝宝不选择毛巾妈妈还会选择谁呢？

师：让实验揭开谜底——（播放微视频：一天的时间里，小猴子和毛巾妈妈待在一起

的时间超过22小时,和钢丝妈妈待在一起的时间少过1小时)

(生目不转睛地观看。)

师:这个心理学实验证明:一只小猴,除了吃奶的生理需求外,还有一种更重要的需求——接触柔软。

师:从提出假设(小猴子更喜欢和哪个妈妈待在一起。)到实验验证(微视频),再到得出结论(小猴子更喜欢和毛巾妈妈待在一起,它喜欢接触柔软。)这是一个人重要的学习素养——科学思维的素养。

## 二、课承

师:柔软,是一种生命的需求。何止是猴,人,也一样需要柔软。

哪些是柔软的——

最美的花瓣是柔软的,

最绿的草原是柔软的,

最广大的海洋是柔软的,

最无边的天空是柔软的,

最自由的白云是柔软的,

最_____是柔软的。

师:请拿笔写下来。

(生奋笔疾书,两分钟后交流……)

师:请分享你的佳句——

生4:最雪白的棉花是柔软的。

生5:最免费的空气是柔软的。

师:好一个"最免费的空气是柔软的",柔软到一般人感觉不到,只有你这样的诗人才感觉得到!

生6:最无私的母爱是柔软的。

生7:最甘甜的乳房是柔软的。

(哄堂大笑。)

师:吃奶不忘喂奶人!没有最甘甜的乳房,就没有我们在座的每一位。"最甘甜的乳房是柔软的",给伟大的抽象行为艺术诗人掌声!

(热烈鼓掌。)

生8(女):最飘逸的秀发是柔软的。

师(问邻座的两位男生):真的,假的?

生:真的。

师:轻触一下她的马尾辫(生8),感觉?

生9:软软的。

生10:有点硬。

师:(轻轻拍了拍生9)一个心太软;(轻拍一下生10)一个心太硬!

(一阵爽朗的笑声。)

在孙老师看来,最大的柔软,莫过于柔软心了

它比花瓣更美,

它比草原——

生:更绿。

师:它比海洋——

生:更广阔。

师:它比天空——

生:更无边。

师:它比白云——

生:更自在……

唯心柔软,才能悲悯;

唯心柔软,才能包容;

唯心柔软,才能精致;

唯心柔软,才能超拔。

## 三、课转

师:怎样修得一颗柔软心?

孙老师给大家分享一个故事吧——

古时候在藏地，牛皮做成皮鞋之前，必须用酥油来打磨，把牛皮磨得非常柔软。这样，哪怕以后接触到水，牛皮也不会损毁。

故事开示我们——

如果说酥油好比"法水"，牛皮就像我们的心，要不断地用"法水"来洗涤我们的心，心才会变得越来越柔软。

洗心的"法水"，无处不在。

听——（播放《鸿雁》开头两句："鸿雁，天空上，对对排成行……"）

你仿佛看到了天空中一行行的……

生11：大雁。

师：这里有个大雁的故事，想听吗？

生：想！

师：请看——（播放微视频：公元1205年的一天，一个16岁的少年在应试途中，遇见了一个捕雁的人，捕获了两只大雁。一只已经死了，另一只死里逃生，却一直在天空中悲鸣盘旋，久久不肯离去，后来竟然从天空中俯冲下来，撞地而死。少年甚为震惊与感动，便出钱买下了这两只大雁，把它们埋葬在汾水边上，垒石为碑，并刻字曰：雁丘。）

（生聚精会神地观看，一分钟后……）

师：一只大雁被猎杀之后，另一只大雁在空中悲鸣盘旋，久久不肯离去……

我似乎听到那只死里逃生的大雁在天空中悲鸣，它在说＿＿＿＿＿＿＿＿＿＿

我仿佛看到那只逃生的大雁在头顶上盘旋，它在想＿＿＿＿＿＿＿＿＿＿

（生兴趣盎然地书写自己的感怀……）

师：分享智慧的才是价值最大化的智慧，请自由言说——

生12：我似乎听到那只死里逃生的大雁在天空中悲鸣，它在说，我的夫啊，你为什么落在了猎人的魔掌之中，就这样弃我而去。

师："魔掌"，对猎杀者深恶痛绝，溢于言表。

生12：我仿佛看到那只逃生的大雁在头顶上盘旋，它在想既然丈夫已经离我而去，我留在世上还有什么意义。生不能同日，死可以一起。于是，它俯冲直下，撞地而死。

师：壮烈满怀！

生13：我似乎听到那只死里逃生的大雁在天空中悲鸣，它在说，猎人太可恶，杀妻之恨，永无完结。有朝一日，IS的炸药包会找到你！

师：恐怖组织的复仇心态，典型的以眼还眼，以牙还牙！

（笑声。）

生13：我仿佛看到那只逃生的大雁在头顶上盘旋，它在想夫妻是一个整体，死要死在一起。

师：双雁合一，共赴黄泉。

生14：我似乎听到那只死里逃生的大雁在天空中悲鸣，它在说，猎人只是一时迷途，他会知返的。上帝，宽恕他吧，他也很可怜，一个迷路的孩子！

师：心太软，你总是心太软。人，都是有原罪的。犯罪的人，也很可怜，因为他在原罪的基础上又加了一道罪恶。有罪，就有宽恕。宽恕仇敌，是最大的宽恕，也是最大的柔软！

……

师：一只大雁被猎杀，另一只撞地殉情。一个16岁的应试少年，闻知此事，买雁、葬雁、写雁——（播放微视频：回家以后，情之所至，写下了感动千古的《摸鱼儿·雁丘词》："问世间，情为何物，直教生死相许？天南地北双飞客，老翅几回寒暑。欢乐趣，离别苦，就中更有痴儿女。君应有语：

渺万里层云，千山暮雪，只影向谁去？

横汾路，寂寞当年箫鼓，荒烟依旧平楚。

招魂楚些何嗟及，山鬼暗啼风雨。

天也妒，未信与，莺儿燕子俱黄土。

千秋万古，为留待骚人，狂歌痛饮，来访雁丘处。"）

（生目不转睛地观看……）

师：读罢《雁丘词》，一派考官认为——情以文生，文以情成。元好问才情并茂，当以录取。

另一派考官认为——元好问"儿女情长"，答题偏离了"四书经义"，不予录取。

现在你是主考官，请拿出终审意见……

（一个个"主考官"忙得不亦乐乎。）

师：请主考官们陈词——

生15：元好问应当被录取。一、他有才，《雁丘词》堪称一等文章；二、他有情，同情、关爱弱小的大雁；三、他有义，买雁、葬雁。虽然，他这次考试偏离了"四书经义"，但是其文笔功力深厚，是个可塑之才，只要以后稍加培训即可。

师：慧眼识珠！

生16：元好问应当被录取，因为他才情并茂。其才，《雁丘词》可证；其情，表现在同情一只弱小的大雁上，买雁、葬雁……社会上，难道不是弱势群体居多吗？眼睛向下，关注弱者，如此同情心，就是柔软心。有一颗柔软心，才能赢得民心，民心所向的人不录取，还录取谁呢？

（热烈鼓掌。）

师：你的心中有一杆公平的秤！为这位优秀的主考官点赞！

生17：一个16岁赶考少年，可以对猎杀大雁置若罔闻，可是，他却买雁、葬雁、写雁。那"问世间，情为何物，直教人生死相许"的一问，软化了所有磐石般的心肠，可谓有情有智，当以录取！

生18：我认为元好问不应当录取。考题是"四书经义"，而不是"才情诗词"，更不是"儿女情长""豆腐心肠"。再说，元好问善发议论，如此之人，往往易感情用事，实不适做官啊！

师：对这样的主考官，你怎么看？

生19：这个主考官才是感情用事之人。你看他的结语，用了一个"啊"字，后面还加了一个大大的叹号！这才是感情用事！

（鼓掌。）

师：善品啊！一字未宜忽，语语悟其神！

生20：元好问应该被录取，因为成为一个真正有用的人才，就该高情商、高智商。如果说元先生"儿女情长"，那不就证明主考官"英雄气短"了吗？究竟是《雁丘词》"离经背道"，还是"四书经义"有待发展，这考的是主考官的智商。大家说，是不是？

生（齐声）：是！

师：天若有情天亦老，一转眼，八百年过去了，反观当初——元好问有没有被录取，已不再重要了。

重要的是——他留下"问世间，情是何物，直教人生死相许"的天问。"及第"一时荣，文章千古秀。一曲《雁丘词》，将大雁的精神化为可以破解的哲学意义——大雁以最美的死亡方式，透过语言的褶皱，消失在了浩如烟海的文字宝库之中，从而实现了自身生命的历史总体化与永恒化。

师：其"雁"虽已没——

生：千载有余情。

师：你认识这位先生吗？（投影——蟑螂图片）

生：蟑螂！

师：你见到它的第一反应是？用笔说话……

生21：恶心。

生22：尖叫。

生23：砰，踩死！

生24：啪，就是一鞋底！

……

师：即便是一只"人见人烦、人人喊打"的蟑螂，也有自己别开生面的"故事"——（播放配乐PPT：《一只蟑螂死在美国教学楼之后》）

这天，美国德克萨斯州一个大学的教授在脸书上发了个帖子，说在校园里教学楼一个楼梯上有一只死了的蟑螂，在那里已经有两个星期了。

事情是这样的——

2015年12月4日，一只死蟑螂身边，不知道是谁给它用纸做了个墓碑，写着"安息吧，蟑螂"……上面写着蟑螂的名字叫Rosie……

晚点的时候，蟑螂的旁边出现了一束花……还有创可贴和夹子……当天蟑螂身边的东西逐渐多了起来……有硬币、石头、玫瑰花、香烟、棒棒糖、纸条、巧克力……

第二天，这只蟑螂居然没被扫掉！旁边还多了各种汽水瓶盖、糖果等。最牛的是，有人给蟑螂做了一个棺材，旁边还点上了蜡烛……

12月8日……已经过了好几天，各种印着耶稣、圣母的蜡烛和玩具熊出现在它身旁，甚至还有人给它投了钱……

墙上的纸条写着："Rosie，你每天早上都在那里跟我们打招呼，我们会一直思念你。"

"12月14日有一个纪念Rosie的追悼会，到时会有食物和饮料供应。"

12月16日，墙上贴满了大家送给它的诗歌——

"这里躺着的是Rosie，一只自由的蟑螂。"

尘归尘，土归土。

离别的时刻终于还是到了，12月18日，在所有人的参与下，它被隆重地火化了……

它赤裸裸地来，带着满身荣誉离开。

（孩子们都看呆了……）

师：纪念一只曾经来这世界上走一趟的蟑螂。我都读到了什么？

请用笔说话！

生：我手写我心，不用扬鞭自奋蹄。

师：大家都读到了什么呢？

生25：是哪个"小强"不重要，死在哪里才重要！

师：朦胧诗啊！

（笑声。）

生25：朦胧美！

生26：蟑螂，活的时候，人见人烦，到处能看到卖蟑螂药的，人们巴不得它们死光光，哪有情趣悼念它。天下之大，无奇不有，美国大学去悼念一只死去的蟑螂，为什么呢？为了赚取眼球？为了哗众取宠？为了提高大学的知名度？

师：究竟为什么？提出一个问题，比解决一个问题更重要！

带着更多的问题走出课堂，比解决了所有问题走进课堂更重要！

生27：一只蟑螂死在了美国教学楼梯上之后，一位好事者给它立了一个墓碑，一群人为它捐款、捐物、造棺材、写悼词、举行葬礼，以人的礼遇对待一只卑微的蟑螂，所有的生命，在追思人的眼里都是等同的。"小强"，满载荣誉而归，死得荣光！

师：蟑螂的死亡，在这里，因为有了人情味，变成了一种死亡美学。

生28：万物都有生命，蟑螂也是一条命。

追悼一只蟑螂，就是敬畏与哀悼一条曾经来到这个世界上走一遭的生命。

在这场追悼会上，大学生们自发捐了硬币、石头、玫瑰花、香烟、棒棒糖、纸条、巧克力等，表达了共同的哀思。

生29：真正的大学是拿毕业证的地方，更是有故事的地方，让人向往的地方。

……

师：蟑螂的葬礼，引发我们思考：

蟑螂同人一样，也是生命，都是匆匆过客。

举行葬礼是一种符号，遭遇死亡是一种艺术。

它唤醒人们在审美中看待死亡——生是偶然，死是必然。

每个人都无可避免地要同死亡遭遇。

死亡是生命的一部分；生命也是死亡的一部分。

它教会人们在直面死亡中审美——

生（齐读）：以宇宙万物为友，以人间哀乐为怀。

师：记得，苏东坡有首五言诗——（投影）

生：钩帘归乳燕，穴窠出痴蝇。

爱鼠常留饭，怜蛾不点灯。

师：钩着窗帘不敢放下，是为了——

生：让乳燕能回家。

师：看到冲撞窗户的愚痴苍蝇，赶紧——

生：打开窗门让它出去！

师：担心家里的老鼠没有吃的，时常为它们——

生：留一点饭菜。

师：夜里不点灯，是——

生：爱惜飞蛾的生命呀！

师：每一个小小的善举背后都藏着——

生：一颗柔软心。

师：乳燕、痴蝇、老鼠、飞蛾、大雁、蟑螂……

天下众生与我们一体同生，

我们要用慈悲心善待众生。

有了慈悲心——

生：才有柔软心。

师：有了柔软心——

生：才开柔软花。

师：这样我们才会谛听到——

生：日落月升也有呼吸；

虫蚁鸟兽也有悲欢；

风里云里也有远方的消息；

无声里也有千言万语……

师：昨天，我收到两位家长的微信——

第一位家长说，教孩子们用一颗柔软心体验生命用意是好的，但是在现代社会的竞争压力下，不能让孩子"心太软"，要变得有点狼性，才好生存……

第二位家长说，真正的强者，都有同情关爱弱者之心，都具有悲天悯人的情怀。如果世界上没有了悲悯之情，人与人之间将变得冷酷无情。

请帮我回复家长的微信。

生31：社会竞争是残酷的，人心却是向善的，山高水远情长。

生32："人不犯我，我不犯人"，人若犯我，法庭相见。

师：法治社会，有礼有节。

生33：人应该有柔软心，有一颗柔软心并不代表遇事怕事，而是没事不惹事，有事不怕事。再说了，真正的强者应该关爱弱者，有悲悯的心。父母能陪伴孩子一生吗？父母的想法能代替孩子的活法吗？

师：铿锵有力、掷地有声！

生34：真正的强者是自己活得好，也让更多的人活得好！譬如，善捐的扎克伯格就是这样的人！

师：哲思金句，熠熠生辉！扎克伯格捐出99%的股份约450亿美元来庆祝女儿出生，他说："跟所有父母一样，我们希望你成长在一个更好的世界里。"这善款就是用来改善大环境，让女儿活在更美好的生活里。这是大善！

## 四、课合

师：柔软心，就是善心。

最大的善，就是最高的美。

美的对立面不是"丑"，而是"恶"。

恶具有极端性，因而是惨无人道的，又是平庸的、肤浅的。

恶总是要摄取、占有和破坏美。

师：在捕雁人眼里，没有生命，只有猎物。

生：这就是十足的"恶"。

师：在元好问眼里，没有猎物，只有生命。

生：这就是十足的"美"。

师：在粗鄙者眼里，只有蟑螂死亡，没有生命哀思。

生：这就是平庸的"恶"。

师：在博爱者眼里，只要生命消逝，就要寄托哀思。

生：这就是平等的"美"。

师：美，不仅能够恒久长存，而且能够——包容一切，博爱一切、涵摄一切；能够以高远的智慧、宽阔的胸怀、深邃的力量与恶抗衡，使得世界存有希望，使得生活充满光明！

【反思】

## 少年不识月

一个人在钢筋水泥的森林里待久了，自觉不自觉逼进眼里的，除了车子、房子，还是车子、房子。由是，你会觉得一切都变得比熟悉更熟悉，比陌生更陌生。

有时甚至不晓得：天在哪里，月在哪里，中天明月，又在哪里？尽管月亮还是那个月亮，眼睛还是那双眼睛。

为写此文强说愁吗？

少年不识月，越舞月零乱。

## 中天月色好

岁不宽人头渐白，天能容我眼始青。

我学会睁开心眼，中天明月有了光。

我学会迈开双腿，城市森林有了路。

我蹲下仰望学生，孩子是心中明月。

明月照亮了课堂，课堂美成了天堂。

## 山高月更明

麦家说：平庸的人只有一条命，叫性命。优秀的人会有两条命，即性命和生命。卓越的人则有三条命：性命、生命和使命，它们分别代表着生存、生活与责任。

创课，是最王道的教学生存，创生创生，不创不生；创课，是最有品的教学生活，是去教学，去生活，去跌倒，去站立，去用生命再创生命；创课，是最高格的教学责任，是对自己的人生负责。创课一次，卓越一次；创客一生，卓越一生。

创课不是梦，是"想法"+"行动"；创课是梦，如果只是想入非非，空泛其行。

创课，要创"大"课。

创大课,创客须是"六副"眼镜:

**一是望远镜,学生戴上你,能看远——**

生29:真正的大学是拿毕业证的地方,更是有故事的地方,让人向往的地方。我想去美国读大学!

师:准备好money了吗?

生30:考奖学金啊!

师:路不远人,"梦"在脚下!

……

《一只蟑螂死在美国教学楼之后》的PPT,抛出"线索",呈现"另类",世界仿佛就是由精妙绝伦、诙谐幽默、极富感召力的细节组成的。倏地,学生视通万里,冲破藩篱,思想舞蹈,舞美飞旋到旷远的世界。

**二是显微镜,学生戴上你,能看仔细——**

生18:我认为元好问不应当录取。考题是"四书经义",而不是"才情诗词",更不是"儿女情长""豆腐心肠"。再说,元好问善发议论,如此之人,往往易感情用事,实不适做官啊!

师:对这样的主考官,你怎么看?

生19:这个主考官,才是感情用事之人。你看他的结语,用了一个"啊"字,后面还加了一个大大的叹号!这才是感情用事!

(鼓掌。)

师:善品啊!一字未宜忽,语语悟其神!

……

洞悉童心之至简,深谙童真之至深,了然童趣之至微,唤醒了隐藏于孩子内心的自我,引导孩子见微知著,不惑于事。

**三是放大镜,学生戴上你,能看透——**

生34:真正的强者是自己活得好,也让更多的人活得好!譬如,善捐的扎克伯格就是这样的人!

师:哲思金句,熠熠生辉!扎克伯格捐出450亿美元,他说:"跟所有父母一样,我们希望女儿成长在一个更好的世界里。"这笔善款就是用来改善大环境,让女儿活在更美好的生活里。这才是大善!

……

卓尔不群的扎氏，不是炫富卖酷，不是赚取眼球，也不是哗众取宠，他是将自己和孩子置于和世界的某种关系之中。这种大气、大善、大美的义举，真实而又温柔地映照在每一个听故事的孩子的心灵之上，很暖，很阳光。

**四是太阳镜，学生戴上你，能看淡——**

生20：元好问应该被录取，因为成为一个真正有用的人才，就该高情商、高智商。如果说元先生"儿女情长"，那不就证明主考官"英雄气短"了吗？究竟是《雁丘词》"离经背道"，还是"四书经义"有待发展，这考的是主考官的智商？大家说，是不是？

生（齐声）：是！

师：天若有情天亦老，一转眼，八百年过去了，反观当初——元好问有没有被录取，已不再重要了。重要的是——他留下"问世间，情是何物，直教人生死相许"的天问。"及第"一时荣，文章千古秀。

……

世上存在着三种"时间"：一种是人的时间，从生到死，从萌发到灭亡，时刻流逝、毫不停顿；一种是神的时间，恒远不朽，凝固不变；第三种，就是普罗米修斯的时间，循环往复，永无止歇。"及第"是人的时间，"文章"，是神的时间，普罗米修斯的时间，都去哪儿了？

**五是哈哈镜，学生戴上你，能看笑——**

生8（女）：最飘逸的秀发是柔软的。

师（问邻座的两位男生）：真的，假的？

生：真的。

师：轻触一下她的马尾辫（生8），感觉？

生9：软软的。

生10：有点硬。

师：（轻轻拍了拍生9）一个心太软；（轻拍一下生10）一个心太硬！

（一阵爽朗的笑声！）

……

接触柔软，是孩子的天性；说真话，也是孩子的天性。"哈哈镜的幽默"是一种柔软，孩子喜欢亲近这种柔软，这种柔软能够最好地呵护孩子身上本来就有的发光的部分。天性得以呵护的孩子,将比我们活得更像自己。

**六是VR镜,学生戴上你,能看全——**

生15:元好问应当被录取。一、他有才,《雁丘词》堪称一等文章。二、他有情,同情关爱弱小的大雁。三、他有义,买雁、葬雁。虽然,他这次考试偏离了"四书经义",但是其文笔功力深厚,是个可塑之才,只要以后稍加培训即可。

师:慧眼识珠!

……

狗看见的世界和我们一样吗?牛其实看不见红色?猫为何能在暗夜中行动自如?从老鹰的眼睛看出去,兔子竟被放大成6倍!同一个风景,动物和我们看到的却不一样!

视觉和动物的生活方式息息相关!

马的视野宽达350度,向前跑时,还可以看见背上骑士的动作!

老鹰可以侦测到猎物遗留在地上的尿液,进行追踪,不愧为空中之王!

蜜蜂共有5只眼睛,复眼上还有7500个小眼面,看见的世界一定很惊人!

我们期待孩子们永远有澄澈清亮的眼睛,能够用自己的眼睛去看,去看见世界更迭的不同,去看见世界温柔的相同。

孩子眼里自有他的广阔心灵。

每一天,每一课,走进课室,走近学生之前,创课者须叩问自己:

我从哪里来?

我是谁?

我为什么在这里?

我能做什么?

这不是鸟儿问答,这是儒、释、道、耶的天问。

在这个迷恋速度的时代,节奏越来越快,快得使脑子变得越来越麻木,快就变成了慢。请勇敢地让自己慢下来!很多事情慢比快更需要技术,更需要花工夫,更考验一个人整体的能力。譬如,逐字逐句敲下课堂实录,节奏慢下来,慢得使思路变得更加清晰、敏捷。这样的慢,就是快。教育,不,精准点说,每次创课,每次生命对话,都是慢的艺术。

当所谓"教改"天天新、日日变的时候,要敢于独自后退与坚守,安于一个孤独的课室,寂寞地创课。

没有人要求一个人必须创课。创课是一种自觉与自律。创课是选择自己的教学人生。

每次创课都是自我考验——考验胆量、考验突破障碍的能力、考验享受孤独的能力。在孤独中，一个人就是一支队伍，"我心师师，我行匪匪。雪地冰天，央央春日。"

朗朗乾坤，皎皎明月。

有一个小姑娘，到敦煌沙漠里连续过了50个中秋节，一辈子花在了看护敦煌壁画、守护民族文化与信仰上，她就是樊锦诗：敦煌研究院院长。谭盾先生说："我陪樊院长和敦煌的朋友们过了我的第二个敦煌中秋，我还有48个月亮要赶上啊……"

千江有水千江月。

每个学生都是教师心中的一轮明月。

中天明月好谁看？

莫道山高觉月小，设若有眼大若天，当见山高月更明。

# 《触摸春天》主题阅读创课设计

**谁的世界没有伤痕，谁的肩头没有齿痕？**

对孩子最好的引导是让他们去阅读。这样即使他们遇到糟糕的事，也会知道还有个备份的世界，那里有备份的梦想、备份的宁静、备份的诗意、备份的远方。

或许再过几年、几十年，我们的孩子还会记得这篇课文、这段故事，并不是因为考试才记得它的内容、它的结局，而是故事里最明亮的瞬间。我们和孩子一起经历的课堂岁月，甚至，生活本身都可能是不真实的。可我们必须信奉——那些让人恍然的瞬间，都是真的。

当带领孩子"肉眼、心眼、天眼"齐观——《触摸春天》，我们便拥有了那"恍然的瞬间"——黑暗是另一种光线。

## 一、《触摸春天》文本解读

### （一）触摸春天的符号

春天是抽象的季节符号，也是抽象的文字符号。所谓"触摸春天"，就意味着触摸春天的符号。换句话说，就是通过与文本对话，触摸春天的万物。

我们与课文中"春天来了，小区的绿地上花繁叶茂。桃花开了，月季花开了""浓郁的花香""那朵月季花上，正停着一只花蝴蝶"等语句描写对话，触摸到了一系列象征春天的符号——

月季是植物的符号；蝴蝶是生物的符号；安静是人物的符号；绿是色彩的符号；桃花开了、月季花开了是植物形态的符号；花繁叶茂是植物茂盛的符号；浓郁的花香是植物味道的符号……这是代表春天万物的符号，这些都是春天的生命生机勃发的符号！

从这个角度出发，触摸春天，就有了触点。每个触点，都让人触电，因为每一个美的生命体都是一个美的音符，他们在合奏春天美的赞歌！

### （二）生命与生命对话

"昔我往矣，杨柳依依"（《诗经》）；"春风杨柳万千条"（毛泽东）……从远古到现在，春天一直都在，所有春天的信息与生命符号并没有消失，只是换个方式继续存在。我们呼吸的空气，曾是李白呼吸过的空气，当然，也是希特勒呼吸过的空气。人会死，但组成人的这些信息，不会消失。组成人的这些信息，难道不包含春天的生命气息？

答案是肯定的。所以触摸春天，就意味生命与生命的对话。

### 1. 花香的味道诱惑着安静

花香诱惑着安静——花的生命气息诱惑着安静的嗅觉。

春天说："来拥抱我，我自温馨，自全芬芳，来拥抱我。"

"这个小女孩，整天在花香中流连。"

甚至等待也不必，保持安静。

这世界将会在你面前自愿现出原形，不会是别的，它将如醉如痴地在你面前飘动——"安静的手指悄然合拢，竟然拢住了那只蝴蝶，真是一个奇迹！睁着眼睛的蝴蝶被这个盲女孩神奇的灵性抓住了。蝴蝶在她的手指间扑腾，安静的脸上充满了惊讶。"

每个词语都是生命与生命对话的见证和确认。每次对话都不可被任何人复制。

### 2. 蝴蝶的舞动诱惑着安静

"安静在一株月季花前停下来。她慢慢地伸出双手，在花香的引导下，极其准确地伸向一朵沾着露珠的月季花。我几乎要喊出声来了，因为那朵月季花上，正停着一只花蝴蝶。安静的手指悄然合拢，竟然拢住了那只蝴蝶，真是一个奇迹！睁着眼睛的蝴蝶被这个盲女孩神奇的灵性抓住了。蝴蝶在她的手指间扑腾，安静的脸上充满了惊讶。"

——就像一只笼子在寻找它的鸟，蝴蝶是在寻找安静的掌心！我们似乎看到了蝴蝶的触角朝向，我们似乎感受到了一个生命在寻找另一个生命的信任，蝴蝶本真的生命与安静童真的生命同频共振。

毋庸置疑，安静，一个盲童，笃定是受难的。

当然，任何人必然都是无法饱满的——所以表面的充盈是通过减损别处获得的。只有破，有罅隙，光才有投入其间的可能。

故此，对安静而言，受难是这个世界的积极因素，是的，它是这个世界和积极因素之间的唯一联系。春光，就射进安静的心里。

我们周围的一切苦难，我们都得忍受。我们并非与安静共有一个身躯，共有一双眼睛，却共有一个成长过程，它引导我们经历一切痛楚，不论是用哪种形式。就像盲童安静，我们同样在成长中经历这个世界的一切苦难。

**(三) 是安静触摸春天, 也是春天触摸安静, 更是两相触摸**

**1. 安静触摸春天**

"安静在花丛中穿梭。她走得很流畅, 没有一点儿磕磕绊绊。"

安静穿越花丛时, 就像在花丛中翩翩飞舞的蝴蝶, 它可以自由选择穿越的道路。其触摸春天是自由无阻的。

"她张开手指, 蝴蝶扑闪着翅膀飞走了, 安静仰起头来张望。此刻安静的心上, 一定划过一条美丽的弧线! 蝴蝶在她八岁的人生划过一道极其优美的曲线, 述说着飞翔的概念。"

安静, 或许改变不了被蒙住的生理双眼, 但她却用一只手挡开了笼罩着命运的绝望, 同时, 用另一只手放飞了一个蝴蝶梦。

这个梦把她带到了身体无法到达的地方。

**2. 春天触摸安静**

安静, 这位春天的"探险家", 以失明走进花园, 以希望拥抱春天, 以"惊讶"触摸真实, 以春光自我加冕……她是明眸世界里的唯一的"精神裸体者", 她以独一无二的"触摸春天"的方式决定了她的"创作"——"谁都有生活的权利, 谁都可以创造一个属于自己的缤纷世界"——她的"创作"完成了她自己。

与其说是安静触摸春天, 不如说是春天触摸安静。

"在花香的引导下, 极其准确地伸向一朵沾着露珠的月季花", 春天以"花香"触摸安静;"在春天的深处, 安静细细地感受着春光", 春天以"春光"触摸安静,"安静细细的感受", 这是深度沉醉, 沉醉是人生最好的黄金比例——安静打开了"心眼"。

"她张开手指, 蝴蝶扑闪着翅膀飞走了, 安静仰起头来张望。"安静打开了"天眼"——"此刻安静的心上, 一定划过一条美丽的弧线! 蝴蝶在她八岁的人生划过一道极其优美的曲线, 述说着飞翔的概念。"打开了天眼, 就看到了诗和远方。

**3. 与其说是春天触摸安静, 不如说是安静、春天两相触摸**

命运并不善良, 也并不是不善良。盲童安静, 带着一个美丽的伤口来到这个世界, 铿铿作响地走在花园里, 触摸到了春天最撩人的语言——花香、蝴蝶——识香入花园, 拢蝶得自然。

春天把生命藏在春光里, 每一个毛孔都张开了! 它刻不容缓地以花香、以飞蝶缠绵地触摸安静的灵感, 打开了她的心眼、天眼。春天的一切都成了她生命的陪嫁。

初读不知春天意，再读已是春天人。设若我们不能肉眼、心眼、天眼齐观，便看不见身边那个触摸春天的安静；看不见身边那个触摸春天的安静，怎么可能看得见春天触摸安静？怎么能看见那个世界以痛吻我、我要报之以歌的春风盲童？

"安静触摸春天"是启程；"春天触摸安静"是归来。启程是天真，归来是辽阔。

## 二、主题拓展阅读设计之一

终其一生，我们都在学习如何在黑暗中睁开双眼。

"肉眼、心眼、天眼"齐观——从与"1"个（盲童）文本的对话，走向与"N"个（盲童）的课外文本对话。

### (一) 拓展阅读《盲童的画》

在少年儿童画展色彩缤纷的画幅中，我看到了一幅没有色彩、线条也极简单的画，是一幅盲童的画。

雪白的纸上，用圆珠笔画着一个太阳，照耀着一座小屋，小屋前一条小溪，还有一棵树。寥寥几笔，勾画出了一个和平幸福的人家。

从这里走过的人，都会细心地看着这幅没有色彩的极简单的画，看得这么久。他们不单是看这幅画，而是透过这幅画，他们好像触到了这个盲童的心灵。

设想一下盲童拿起笔的情形吧：她画一个太阳，那美丽的太阳准是露出红红的脸，放射出温暖的光芒，照在每个人身上；她画一棵树，准是葱绿葱绿的，上面栖留着无数的鸟，唱出悦耳的歌，她好像也听到了它们的合唱；她画一条小溪，准是清澈见底的溪流，她曾在溪里洗过手，多么清凉；她画一座小屋，屋里准是充满着亲切的细语、温暖的笑声。这是多么美好的情景啊。

可是，她心灵上的色彩，她感觉到的声音，怎么画得出来呢？她是个盲童啊，她只能画这样一幅简单的画，这么疏疏落落的几笔。一个失去视力的孩子，用她那美丽的想象组成这样一幅和谐的画面，已经很不容易了。

不，就从这没有色彩的画幅上，人们看到了她心灵上的色彩；从这简单的构图中，人们听到了她感觉到的声音。谁走过这幅画前，都会觉得这幅画蕴藏着美好的内容：一个热爱生活的盲童在向你招手；一棵美丽的生命之树在祖国温馨的阳光下生长；一颗坚强的、充满希望的心在对你微笑。

**(二)让我们睁开肉眼看《盲童的画》**

有人说，所有的作品，都是作者本身。盲童的画就是盲童本身。这个本身是什么？也有人说，疾病和信仰让人干净。盲童的眼疾，让她的画干净。你从文中哪里看出她的画干净？

**(三)让我们打开心眼看《盲童的画》**

"可能性多"并非好事，而"无路可走"也可以是一种积极的宿命。结合盲童画画，写写你的理解。

**(四)让我们"肉眼、心眼、天眼"齐观《盲童的画》**

第一遍读《盲童的画》，我用肉眼看盲童的肉眼，觉得，他是黑暗中的一只羔羊——绝望而坚强。

第二遍读《盲童的画》，盲童在用心眼看我的心眼，盲童也觉得——我在黑色中柔韧而坚强。

第三遍再读《盲童的画》，我们都在用天眼看彼此，都觉得——

无人可以看透我，连我自己也不行。

黑，才是永生花，是最冷艳的性感、最神秘的色彩。

如果让时光折射出黑色的光芒，就可能灼伤眼睛。力透纸背的黑色，最有风骨的黑色，不肯花红柳绿的黑色，自带光芒的黑色，骨头上开出铿锵之花的黑色。所以，书家中颜真卿是黑色的，画家中徐渭是黑色的，《盲童的画》是黑色的。

我分明看到了，在光阴中，盲童是一只黑色的小鸟，在黑暗中飞行，飞得光华灿烂，飞得绝世芳华——即便在黑暗中，他仍然飞得那么干净、飘逸、有力。

"雪白的纸上""一幅没有色彩"的画，要什么色彩，黑色是一切颜色的尽头；白色是所有颜色的集合。

"透过这幅画，他们好像触到了这个盲童的心灵"——黑色诗人点亮了白色世界——追求轰轰烈烈的光怪陆离后，黑白素简，是进一步的美学升级。它流淌着本身的生命色彩，只待温度与时间的酵化。套用加缪的话，唯有"盲童"画家，才能平复我们"审美"的饥饿。

# 三、主题拓展阅读之二

**文本《叙利亚盲童Ansam》**

"妈妈,这里的回声很好听。"10岁的Ansam在大马士革近郊旁的一片废墟中,发出了这样的感叹。Ansam和其他40名小伙伴就是在这里一起完成了歌曲《心跳》MV的拍摄。这样的景象对他们来说并不陌生。孩子们全部来自附近的避难所,因战争逃离家乡,有的人甚至7次举家搬迁。而先天失明的Ansam通过白色鞋子下的瓦砾感受到了这一切。

2017年3月15日,在叙利亚内战的第六个纪念日上,联合国儿童基金会以及作曲家Zade Dirani扎德·迪拉尼,发布了这首为叙利亚谱写的歌曲《心跳》。

"孩子们鲜艳的衣服,手中的花朵和油漆桶中的颜料,与周边的灰色废墟形成了巨大的反差,让这里再次充满了生机。你是否曾看见过太阳从废墟中升起?生长在这片土地上的孩子就是有如此强大的复原能力。"联合国儿童基金会叙利亚办事处新闻联络官Yasmine Sake说。

据联合国儿童基金会统计,目前在叙利亚国内有近600万儿童需要依靠人道主义救助,是2012年的12倍,数百万儿童流离失所。在土耳其、黎巴嫩、约旦、埃及和伊拉克等国生活着近260万叙利亚儿童难民。

让我们一起聆听她演唱的《心跳》——

在废墟和战火中,我们的伤口很深

我们想要大声说出来,但我们的声音很微弱

我们也许还是孩子,但我们的哭泣来自心灵

我们想要消除恐惧并且改变

我们想要大声说出来,一切皆有可能

有人在听,有人听见

我们想要唤回我们的童年

在一起,我们可以希望

我们将更加强大和成长

带着痛苦、恐惧和泪水

我们写下这首歌

我们的心跳重新获得生命的活力

我们的脸庞将焕发光彩并点亮这长夜的黑暗

我们一起追逐的梦想都会成真

我们的心再次跳动

我们的微笑无处不在

我们的心再次跳动

在一起，我们可以希望

我们将更加强大和成长

带着痛苦、恐惧和泪水

我们写下这首歌

我们的心跳重新获得生命的活力

### 1. "肉耳、心耳、天耳"齐听——

"在战火和摧毁中，我们的伤口很深。我们想大声呼喊，但却很微弱……"看了MV，听了《心跳》，你觉得叙利亚盲童Ansam的声音微弱吗？

为什么全世界都能听见？

你听见了什么呢？

你觉得叙利亚盲童Ansam的力量微弱吗？

为什么？

### 2. "肉眼、心眼、天眼"齐观——

安静、画画的盲童、叙利亚盲童Ansam，他们双目失明，无疑给生活带来诸多不便，想必他们是痛苦的。

但是，痛苦会过去，美却会留下。

他们各自留下的美在哪里？

留下共同的美又在哪里？

通过以上"肉眼、心眼、天眼齐观"——《触摸春天》的解读与主体拓展阅读，我恍然：教材文本与课外同主题文本的对话，是一个世界带给另一个世界更全的信息。

解读文本，进行文本与文本之间的对话，是为了加深、加宽理解。理解是由被理解的事物和其他理解或不理解的事物之间的关系构成的。

"一个人若要完全理解另一个人，大概必须有过类似的处境，受过类似的痛苦，或者有过类似的觉醒体验，而这却是非常罕见的。"（黑塞）赫兹利特在读18世纪思想家埃德蒙·柏克的作品时，如此陈述自己的阅读体验："我放下书本想要洞悉这力与美的奥秘，又不得不绝望地将它重新拾起，边读边赞叹。"这种"不得不绝望地将它重新拾起"的感觉，相信真正喜爱阅读的人都有过体会。或许每个读者都会有幸遇到一个让自己"绝望地将它重新拾起"的作家，这种感觉体现了所阅读文字的魅力，而这种"绝望"在实质上是读者走到了自身知识和思想的边境线的证明，他发现了凭借自身的认知能力去扩展自身知识疆域的艰难。因此，我们要敬畏和求助边境线之外的文本，拓展同主题阅读的大视野。

# 《注视美》创课实录与反思

审美好的人更容易对身边的善产生共鸣,懂美的人更容易有情有义,无审美者亦无情。难怪在希腊艺术的黄金时代,德尔菲的神谕就说出"最美的,也是最正义的。""艺术作品并不用于消费。"注视没有消耗它所注视的东西——通过注视,它更新了它的饥渴。

2015年6月5日,在江苏省"教海领航 相约童真"教学研讨会上,笔者应邀创课《注视美》。这是一堂"美学启蒙"口语交际课。回放教学流程,让我们共同沐浴在《注视美》中——

## 一、对话入题

师:我们今天刚刚见面,是吗?

生:是的。

师:请问你是几年级学生?能不能简要介绍一下自己?

生:我是南通开发区实验小学六年级的学生,我叫夏瑜。

师:我非常喜欢你的名字,能不能到黑板上写下来?

(生在黑板上工整地书写"夏瑜"。)

师:六年级了,再过一个月我们就要毕业、分手了,书空同学的名字,留下一份美好的记忆。

(生书空"夏瑜"。)

师:夏瑜同学,你怎样认识"我"呢?

生:老师,请问您贵姓?

师:免贵姓孙。请把孙写在你名字后面。

生:老师,您的名字?

师:建锋。

(生一丝不苟书写"建锋"。)

师:夏瑜同学,知道我的名字了吧?带领大家喊一遍。

生(夏瑜):孙建锋。

生（全班同学）：孙建锋。

师：大庭广众之下，对一个刚刚见面的陌生老师直呼其名，心里有什么感受？

生：我感到亲切！

师：第二遍只喊名字，不喊姓。

生：建锋。

师：这次感受与第一次有何不同？

生：更亲切！

师：第三次，只喊我姓名的最后一个字。一般情况下，我不允许别人喊，今天开放，可以一起喊。

生：锋——

师：有何感受？

生：你就像我的同学一样。

师：实质上，我就是你的同学，我和你一起共同学习。

我这位"新同学"刚和你见面，咱们一起玩个游戏好吗？

生：好！

师：有奖猜字——一只大羊没尾巴，打一字。

生：美。

师：奖品——一支粉笔，奖励——一次机会。请写下"美"。

（学生板书：美）

师：（"美"字写在孙建锋的下面）好！孙建锋，美；美，孙建锋。

你的情商很高！

（笑声。）

师：美在哪里？

生：美在我们有童真的眼。

师：美，就在我们的眼里。那么，就让我们用童真的眼——注视美。

## 二、观看微视频1

师：请看这样一段话——（投影）

生：法国著名风景画家柯罗晚年曾说："我每天早上醒过来向上帝祈祷,让我像小孩一样天真地看世界。因为我的岁数越大越明白这句话,孩子们都是我的老师,没有学画这件事情,甚至没有画画这件事情,要紧的是大家都有眼睛。"

师：柯罗为什么这样说？

生：因为他认为小孩的眼睛很天真。

师：你用直觉告诉大家,孩子看世界的眼睛是最真的眼,也是最美的眼。有一段微视频,非常美。想不想一睹为快？

生：想！

师：要想发现这段微视频的"美点",就要做到——（投影）

生："看清每一个人物,听准每一句台词,记住每一个画面。"

师：请欣赏微视频1。

（生观看微视频1,约2分30秒。）

## 三、对话微视频1

师：从孩子们专注的眼神,从台下爽朗的笑声中可见,这段微视频极富磁性,能够吸引你的眼,能够吸引老师们的耳,能够吸引各位在场的心,所以,我们才有如此专注的目光,如此爽朗的笑声。

微视频1中,叙述了开学第一天,记者采访了刚上一年级的孩子,问了他们哪三个方面的问题呢？

生：(1)开学第一天,你心情怎样？(2)上小学和上幼儿园有什么不一样？(3)你长大后想当什么？

师：从微视频1中孩子们的答问表现来看,他们是有一说一、有二说二。如果让你用一个字来概括,那就是——

生：真。

师：如果用两个字来概括孩子们特有的真,那就是——

生：童真。

师：微视频1中,那位戴眼镜小女孩的"理想"最为另类。

她的"理想"是——

219

生：长大做官。

师：想做什么样的官？

生：贪官。

师：为什么？

生：贪官可以获取很多的钱财。

师：后来，微视频被传到网上，"另类"理想，引起热议——

有人说——信口开河；

有人说——童言无忌；

有人说——萌萌哒《皇帝新装》；

有人说——快来围观，小学生要当贪官。

……

对此，你怎么看？

生：我觉得这位小朋友，她童言无忌。

生：我觉得她没有领略贪官的意思，她只是看到贪官好的一面……

师：贪官好的一面？对贪官本人来讲好的一面是吗？

生：是。

师：你也是童言无忌。

生：我觉得她很天真，以为只有贪官能够捞到更多的钱。

生：我觉得她天真烂漫！

师：烂漫在什么地方？

生：她不管贪官是什么意思，只要有钱就好！

师：这就是孩子，不问贪官的内容，不管贪官的性质，凭着直觉，脱口而出。

师：面对网上的热议，学校压力山大。校长让班主任约谈家长。假如，你是班主任，你怎么和这位学生的家长沟通？愿意做班主任的前来。

（生一时无人举手。）

师（笑曰）：班主任津贴每月1000元。

（一男生举手。）

师：你现在身份是？

生：班主任。

师：请你走下讲台，邀请两位听课的老师，最好是一男一女，夫妻档。

（生走下讲台邀请了两位老师来到上课的舞台上。落座之后，"班主任"与"临时一对夫妻家长"对话。）

师：不知道两位家长有没有听到这样一句古话，"近朱者赤，近墨者黑"，是不是你们的孩子接触到了某种不良的现象呢？

家长（妈妈）：孩子的说话是无意的，是偶然的，不是必然的。由此，推测出家庭怎么样，我觉得有点故意放大了。老师，你怎么看？

生：我觉得一个天真的孩子她不应该说出这种话。平时她看过什么样的电视节目，如果有不好的东西，尽可能制止她，不让她看。

师：好，那孩子的爸爸你怎么看呢？

家长（爸爸）：作为家长，我会尽量把孩子引导到正路上去，不去接触一些阴暗的东西。我们会配合学校把孩子教育好！

师（面向其他同学）：刚才，班主任约谈了学生家长，聆听了他们的谈话，你有什么看法？

生：我觉得"班主任"很机智，巧妙引用一句名言来和孩子的妈妈谈话。

生：我们的家长很配合班主任的工作。

师：配合班主任共同教育好孩子。

师：你们会聆听，会表达。让我们给临时的班主任，给那对临时的夫妻搭档，热烈的掌声。

（热烈鼓掌。）

## 四、对话微视频2

师：下面的微视频2更加夺人眼球、美不胜收，想不想看？

生：想！

师：还记得吗？欣赏"美点"，要做到——

生："看清每一个人物，听准每一句台词，记住每一个画面。"

（生观赏微视频2，约30秒。孩子们回答记者问，谈自己的理想……）

师：微视频1和微视频2中的孩子们的言行都有一个共同特点，用一个字来概括，那就是——

生：真。

师：真，是孩子的天性，无论中外，概莫能外。

师：从微视频2中，还能看出孩子们心底的善，譬如——

生：有个孩子想当消防员，帮助灭火。

师：从微视频2中，同时还能看出孩子们懂得美，譬如——

生：有个孩子相当建筑设计师，打造梦幻住宅。

师：真、善、美，是孩子们的本性。亘古至今，永续不变。

师：在微视频2中，每个小男孩的长相不一样，

每个人的笑容_____

生：都不一样。

师：每个人的神情_____

生：都不一样。

师：每个人的声音_____

生：都不一样。

师：每个人的动作_____

生：都不一样。

师：每个人的理想也_____

生：都不一样。

师：由是可知——每个人的音容笑貌都是独特的，每个人的举手投足都是独特的，每个人的生命存在都是独特的。在生命秩序中，一切个体的存在都是独特的。这种独特的存在状态就是真正的美。

师：你会发现"独特"的存在吗？

生：会。

师：愿意做一个"独特"的同学请到前台来。

（一位女生走向前台。）

师：请你目光微微向上，挺胸、昂首、脖子伸长。瞧，这就是形象的变化！站在这里亭亭玉立！

（掌声。）

师(请一位前排的戴眼镜的男同学走到女生的跟前):请你和她对视!发现她的独特之处……

(生只是微笑,但不说话)

师:不来电,是吗?

(笑声。)

师:有没有发现她的独特美的?

(又一名男生走到女生面前。)

师:不虚假、不隐藏、不伪善。

生:我觉得她很有气质。

师:这个气质是用鼻子嗅出来的吗?

生:我用我的心感受出来的。

师:请你俩握握手!

(男生和女生微笑着握了握手。)

师(对那位"不来电"的同学说):你没有握手,很遗憾吧!(笑声)哪里很独特?

(第一位上来的男孩子仍然一言不发,只是抿着嘴笑。)

师:不来电是正常的。(笑声)其他同学还有没有发现?

生(第三位同学走上来):她很自然、大方。

师:自然美,是大美。(转向女生)你叫什么名字?

生:我叫陆佳。

师:你有三位朋友。(指向第一位男同学)他很内秀,把对你的感受隐藏在内心,慢慢品味,日子久了,就会发酵;(笑声)你(面向第二位上场的男生)喜欢她吗?

生:很欣赏!

师:很狡猾!

(笑声。)

师(转向第三位男生):你喜欢她吗?

生:也很欣赏。

师:第一个说欣赏,新鲜;第二个再说欣赏,就一般。愿你说话做到不一般!

(笑声。)

师:请当面表达自己的内心。

生（第二个上台的男生对陆佳说）：我很欣赏你！

生：谢谢！

生（第三个上台的男生对陆佳说）：我也很欣赏你！

生：我也谢谢你！

师：你怎么说（第一位上台的男生）？

（第一位上台的男生只是笑。台下大笑。）

师：请你（陆佳）把他（第一个男生）护送到位。

（陆佳牵着第一个男生的手送他到座位上。）

（掌声。）

## 五、对话微视频3

师：请看微视频3，记者问："你喜欢她（美少女玛蒂娜）的什么？"

孩子们说——

生：——我喜欢她的眼睛。

——她的鞋，还有手。

——她的眼睛，她的头发。

——我发誓，只有她的头发。

——一切。

——她长得挺漂亮的。

——我想做你的男朋友可以吗？

师：男孩子是从喜欢玛蒂娜哪里开始的？

生：从喜欢她的"眼睛、手、头发"到喜欢她的"一切"；从夸奖她"挺漂亮的"到"可以做我女朋友吗"。

师：这是从喜欢她的"局部"到喜欢她的"整体"；从对一个人的"观感"到对一个人的"追求"。我们可以看出——男孩子们喜欢"美"的程度在不断地升级！

师：不管承不承认，身体美是存在的。"不管你来不来电，她都曾亭亭玉立站到过这里，她曾经牵着你的手把你送到座位。"（笑声）在微视频2中，少女玛蒂娜，颜值高——

生（那位站在陆佳面前曾经一言不发的男孩子）：金发碧眼，亭亭玉立。

师：喜欢这样的人吗？

生（脱口而出）：喜欢！

师：难怪！（笑声）这种独特的存在，就是一种存在状态美，一种让人赏心悦目的存在状态美。想让那些男孩子不喜欢都难！

美，有时，可以尽情观赏。

美，有时，可以无邪爱抚。

记者要求："现在，爱抚她！"

猜一猜：男孩子们都会怎么做呢？

生：可能会摸她的手。

生：可能会摸她的眼睛。

师：眼睛不能随便摸。

生：亲她！

（笑声。）

师：虽然赤裸裸，但是很到位。在有些人看来，很过瘾！

（哄笑。）

师：这就是孩子！你很开放！一言既出，四座惊叫！

（鼓掌。）

## 六、对话微视频4

仔细（观看微视频4）看看男孩子们是怎样触摸的。

——第一个男孩，抚摸她的外衣。

——第二个男孩微笑着用左手，轻轻抚摸一下她的头。

——第三个男孩腼腆地用右手，轻抚了一下她的面颊。

——第四个男孩用左手，快速摸了一下她的左侧面颊。

——第五个男孩用左手，深度摸了一下她的左侧面颊，然后甜蜜一笑。

……

师：如果你是这些男孩子中的一员，你心里有什么感受？

生（男生）：我感觉很害羞！

生（女生）：我会很高兴，终于可以和她可以做朋友了！

师：女孩子是高兴的，男孩子是害羞的。不一样的心理感受。请欣赏这段话——

生：羞涩是可贵的，每个人生命的上游都有一段原生态的羞涩。

羞涩是质朴的，它让人回归生命本初。

师：我们一起读——

生：羞涩是从纯洁的心田里自然绽放的花朵。

羞涩是灵魂的镜子，照见的是灵魂的真相。

羞涩是一种美，一种豪奢的美！

师：如果人的羞涩感没有了，离人就越来越远了。

师：我们发现——

生（齐读）：每个男孩的生命里，都具有向美能力，尤其具有"美的欲求"。

师：我们还发现——

生（齐读）：每个男孩子都存在于向着女孩的美的瞬间冲动之中；这种冲动不断更新，每次冲动都是崭新的。

师：美，可以观赏；可以爱抚；但，不可以……

生：破坏！

师：记者喝令："现在，给她（玛蒂娜）一个大嘴巴子！"猜猜看，结果怎样？

生：没有人动手。

## 七、对话微视频5

师：请看微视频5。孩子们——

生：不动。

师：记者呵斥："扇她巴掌，使劲扇！"孩子们都——

生：摇头不干。

师：记者怒斥："打啊！"孩子们依然摇头说——

生："NO！"

师：记者发问："为什么不干？"

（直到现在，这节课还没有参与一次对话的请站起来。）

（一次没有发言的同学都主动站了起来。）

师（专门与这些同学对话）：你能想到的理由是——

生：男生就不应该打女生。

生：男孩子欣赏那个女孩子，所以不去打她。

生：那些男孩子把女生看成了自己的朋友。

生：不应该以强大欺负弱小。

生：如果我们动手打女生，我们就不配当男子汉。

生：他们是朋友，朋友间不能互相伤害，那样会破坏他们之间的友谊。

生：因为这些男孩子不想破坏美！

师：这是一次没有遗憾的机会，为自己抓住了机会与人对话，鼓掌！

（鼓掌。）

# 八、对话微视频6

师：请看微视频6。

（师蹲下来与学生对话。）

那些男孩子的理由是——

生：因为她是女生，我下不了手。

师：懂得尊重女性。

生：因为打女孩是不对的。

师：拥有是非观念。

生：我不想伤害她。

师：运用道德约束。

生：上帝不让我们打别人。

师：具有宗教信仰。

生：我不能打她，因为她是女孩而且很美丽。

师：能够爱美惜美。

生：因为我反对暴力。

师：表明价值观念。

生：不能打女生，就算用花打都不可以。

师：切莫以美毁美。

师：我们可以假设——在"教唆、怂恿、命令、威逼……"之下，每个男孩都狠狠地扇女孩一巴掌，那么，女孩将会变成什么样子？

生：脸会变红。

师：这巴掌扇得她——"白里透红"。

（笑声。）

师：我们晓得——美是脆弱的！

对美施暴是——

生：是不对的！

生：是让大家鄙视的！

师：男孩子说，"我不能打她，因为她是女孩而且很美丽""就算用花打都不可以"。

师：我们相信——

女性美不仅仅是生理演变的结果，它还是一种精神征服！

这种征服告诉我们真正的美是领悟的美和向着美的冲动，它能够激发出爱，丰富了我们爱的观念。

## 九、总结收课

师：美——

生：是生命本身最强大的内在力量；

是生命的本质；

是生命所追求的最高目标；

是生命的最高价值。

没有美，生命就没有意义。

师：美——

生：不仅经常为美，且为其自身而美。如果人生值得活，那只是为了注视美。

师：注视美——

生：是一场洗礼，是一次震荡，也是一种拷问。

师：注视美——

生：是重拾被瓦解了的童真，是从功利与世俗主义的废墟上重识自己的面容。

师：注视美——

生：是为了唤醒美，增值美，提升美！

师：同学们，钦羡你们啊！在你生命的源头，有幸沐浴在一堂美学启蒙中，那么在你以后的生涯里，不管你走到哪里，美都会与你同在，因为美就是一席流动的飨宴！

……

【创课反思】

**沐浴在创课《注视美》中，让美吸引美，美增加美，美提升美。**

美是一种存在。

注视美，是走向"审美境界"的一种开蒙。

"审美境界"是人生最高的精神境界。因为审美意识完全超越了主客二分的思维方式，而进入了主客融为一体的领域。康德曾明确指出，美具有解放的作用。所谓解放，就是把人从各种功利束缚中解放出来。人在美感体验时，是不受功利的束缚的，是最自由的。为什么是这样？黑格尔释解得鞭辟入里，美既超越了认识的限制，也超越了功用、欲念和外在目的以及"应该"的限制，而成为超然于现实之外的自由境界。故此，席勒认为，具有"审美的人"，才是最"自由的人""完全的人"。走进这种境地的人，在海德格尔看来，就是"诗意地栖居"在大地，回到了一种"本真状态"，达到了"澄明之境"，进入了万物一体的审美享受。"美，作为无蔽的真理的一种现身方式。"在我们这个生活世界中充满了意义和美，这些意义和美向我们显示了存在的本来面貌。先哲柏拉图曾畅言："如果人生值得活，那只是为了注视美。"

**注视何种美？**

广义而言，注视天地万物之美。狭义而言，注视人性之美。具体而言，《注视美》，即注视童真美。

在每个人的生命上游，都曾拥有过童真美。童年时代，唯有童真才最美，唯有美才最童真。童真美是生命美的原型。

从生命美的原型出发，才能发现世界的真实美并真实地表现世界美。

岁月流逝，行年渐长，有人嗟叹只剩"一半童真美"，还留"一半成人伤"。

请疗愈"成人伤"，"复归于婴孩"，注视童真美！

**以何注视美?**

以美的目光注视美。

目光的美从何而来?目光之美来自生命存在的心灵深处冒出的光亮,它也能来自外部的某种照亮它的光亮。尤其当目光在瞬间抓住某种美的东西的时候,或者当它和另外一种爱和美的目光相遇的时候。

一遍遍回放《注视美》的公开课录像,我发现——我看到的孩子的眼睛正是孩子看到的我的眼睛。孩子的目光是天真无邪的,无邪的目光是美的。

以美的目光注视美,每个生命存在的内心和辉煌的宇宙便相遇了。听课的现场所有人的脸都动容了,美吸引了美,美增加了美,美提升了美!

**在《注视美》中,美吸引了美,美增加了美,美提升了美。**

《注视美》,是一节"美学启蒙"意义的口语交际课。

这节课,如果完全采取"我对你说,你对我说"的交谈式对话,毫无疑问,师生都会受到话语的束缚,这种束缚之大,往往是令人难以置信的。基于这样的缘故,我摒弃了使用效率最低的话语式交谈,更多采用了交流式——通过感受——进行对话。

感受是灵魂的语言。孩子的感受是真纯的。孩子的灵魂是真纯的。

除了谈感受,我还用思维交流对话。在用思维交流对话的过程中,通常借助微视频图像,这样比单纯的话语增添了更多的妙趣。

当然,在感受、思维之外,我还把行动与经验这种载体当成重要的交流方式。

这种经由"感受、思维、行动、经验"的交流对话,比单纯话语交谈的声浪噪音,更能释放孩子的童真美。因为孩子的童真美是随时可以被召唤的永恒事物,也是随时含有"待发性"的原初生命。

生命本身,在本质上,就是美,也就是说,美是生命本身最强大的内在力量,是生命的本质,是生命所追求的最高目标,也就是生命的最高价值。没有美,生命就没有意义,反过来说,恰恰是美,才使生命具有崇高的意义。